JN096110

学習指導と学校図書館

塩谷京子・鎌田和宏

学習指導と学校図書館（'22）

装丁・ブックデザイン：畑中　猛

s-60

まえがき

本科目『学習指導と学校図書館』は，学校図書館司書教諭資格取得5科目のうちの1科目である。本科目では，特に「学習指導」と学校図書館との関わりを考えながら司書教諭の役割を学ぶことから，本書の内容は，歴史・理論・実践面からの解説から成る。本科目を学ぶにあたり意識してほしいことは，解説されている歴史・理論・実践を少しずつつなげることである。そこでの気づきが，現場で生きると考えている。

司書教諭の重要な役割の一つに，職員会議などでの提案や報告がある。提案したことがどのように実施されたのかなど，成果や課題を整理して報告し，報告内容は次年度の提案に生かされる。この提案が，教員の学習指導に組み入れられ，全校の児童生徒の学びへとつながっていく。司書教諭は，全校の児童生徒・教職員を視野に入れ，教科を横断的に見渡す位置にある。そのため，学校図書館をカリキュラム（教育課程）に位置づけた提案や報告に加え，教科間の連絡調整や学校司書との連携など，コーディネート的な役割が期待されている。

これらを踏まえ，本科目は次のように構成した。まず，第1章で，これからの教育と学校図書館のつながりを概観する。第2章では，教育課程と学校図書館の関わりを考えながら，学校図書館の機能や役割を理解する。次に，第3章～第5章では，学校図書館の読書センター，学習センター，情報センター機能を活用した授業の実際を紹介する。そして，第6章では，情報社会の進展に伴い情報リテラシーの概念が形成された経緯などに触れ，司書教諭が情報リテラシー教育に関わり，推進する立場へと変化してきた背景を理解する。第7章では，その情報リテラシー教育を学校において司書教諭がどのように展開すればよいのかの全体像を示し，第８章～第11章において，情報リテラシーの基本的なスキルについて教育方法を示す。さらに，第12章～第14章では，学習指導と学校図書館のつながりを考えるとき，司書教諭が重視したい視点として，「特別支援教育」「情報メディア」「情報サービス」を取り上げ，学校図書館の整備の仕方や児童生徒への関わり方など具体的な展開例を紹介する。最終章では，まとめとして，学習／教育活動を支えるインフラとしての学校図書館が存在し機能することや，その機能をカリキュラムに位置づける司書教諭の役割について考える。

最後に，本書の趣旨を理解し，貴重な資料を快く提供してくださった多くの方々に謝意を表したい。また，全体をまとめてくださった編集担当の榊原泰平氏に心よりお礼申し上げたい。

2021年10月

塩谷京子

目次

まえがき　塩谷京子　3

1 これからの教育と学校図書館　福本　徹　10
1．これまでの教育改革の経緯と概観　10
2．これからの教育と学校図書館　17
3．まとめ　22

2 教育課程と学校図書館　今井福司　25
1．平成29・30年学習指導要領改訂の動き　26
2．学習指導要領にみる学校図書館　34
3．学校図書館の機能・役割　38

3 学校図書館を活用した授業（1）読書センター機能を中心として　鎌田和宏　44
1．学校図書館の３つの機能　44
2．子どもの読書の実態　48
3．読書センターとしての学校図書館　50
4．読書センター機能を活かした学習活動の実際　54

4 学校図書館を活用した授業（2）学習センター機能を中心として　鎌田和宏　64
1．学校図書館は授業で活用されているか　64
2．学習センターとしての学校図書館　66
3．学習センター機能を活かした学習活動の実際　71

5 学校図書館を活用した授業（3）
情報センター機能を中心として | 鎌田和宏 77
1．情報活用能力，情報リテラシーとは何か 77
2．情報センターとしての学校図書館 80
3．情報センター機能を活かした学習活動の実際 85

6 情報リテラシー教育の理論 | 庭井史絵 95
1．学校図書館利用指導から情報リテラシー教育へ 95
2．情報リテラシー教育の理論 104
3．モデルに基づく情報リテラシー教育 112

7 情報リテラシー教育の推進 | 塩谷京子 119
1．司書教諭はコーディネーター 119
2．協働のための計画案の作成と発信 126
3．実践 138
4．情報リテラシー教育の評価 140
5．まとめ 142

8　情報リテラシーの育成（1）課題の設定

｜塩谷京子　145

1．はじめに　―授業におけるテーマの設定―　145
2．「問い」を見える形にする
―絞りこむときに使う方法―　146
3．「問い」を見える形にする
―広げてから絞り込むときに使う方法―　150
4．問いを立てる　158
5．情報探索の計画を立てる　161
6．まとめ　164

9　情報リテラシーの育成（2）情報の収集

｜塩谷京子　166

1．学校図書館を活用する　166
2．情報・資料の探索　169
3．情報・資料の探索のためのツール　172
4．読むことによる情報収集　177
5．聞くことによる情報収集　184
6．記録する　186
7．まとめ　191

10 情報リテラシーの育成（3）整理・分析

｜塩谷京子　193

1．はじめに　―整理・分析の過程の概観―　193
2．「考えよう」から「考えることを教えよう」　195
3．集めた情報を分類・比較する（仲間分けする・比べる）　201
4．集めた情報を関係付ける（つなげる）　204
5．集めた情報を多面的にみる（いろいろな方向からみる）　207
6．算数・数学におけるデータの活用　211
7．まとめ　212

11 情報リテラシーの育成（4）まとめ・表現

｜塩谷京子　215

1．はじめに　215
2．まとめる　216
3．表現する方法　224
4．保存の仕方　231
5．学習活動の評価　232
6．まとめ　236

12 特別支援教育と学校図書館活用

｜鎌田和宏　239

1．特別支援教育とは何か　239
2．特別支援教育と学校図書館　242
3．特別支援学校における学校図書館　246
4．特別支援教育における学校図書館活用の実際　249

13 情報メディアを活用した授業と学校図書館

| 鎌田和宏 259

1．学校図書館で扱う情報メディア 259

2．情報メディアを活用した授業と学校図書館 262

3．情報メディアを活用した授業 264

14 情報サービスと学校図書館 | 庭井史絵 275

1．情報サービスとは何か 275

2．レファレンスサービス 278

3．学校図書館による情報サービス 288

15 学習／教育活動を支える学校図書館

| 塩谷京子 297

1．学校図書館は学習／教育活動のインフラ 297

2．「学習の基盤となる資質・能力の育成」に関わる学校図書館 299

3．学校図書館活用の評価 308

4．まとめ 317

索　引 321

1 これからの教育と学校図書館

福本　徹

《目標＆ポイント》 現在の教育課程改革の潮流において，児童生徒に求められている資質・能力を確認し，これからの教育において学校図書館がどのような関わりをもつのかを理解する。
《キーワード》 学習指導要領，資質・能力の育成，PISA 調査，読解力，21世紀型の学び，教育課程改革，カリキュラム

1 これまでの教育改革の経緯と概観

（1）情報通信環境の変化

今日，我々をとりまく情報通信環境は大きく変化してきている。令和２年度情報通信白書によると，2019年におけるインターネットの利用率（個人）は89.8％，端末ごとの利用率は，「スマートフォン」が63.3％，パソコンが50.4％であり，おおよそ３人に２人が情報通信機器を身に付けている状況である。

情報通信環境でいうと，例えばApple iPhoneは2007年発売，iPadは2010年発売である。インターネットに接続するためのプロバイダ事業を行う企業として，日本では，株式会社インターネットイニシアティブ（IIJ）が1992年に設立された。サービスでは，Yahoo!（1994），Google（1998），Amazon（1994），Facebook（2004），YouTube（2005），

Twitter（2006），楽天（1997），LINE（2011），などである[注１)]。

仕事や生活のスタイルも変わってきた。仕事に関連する情報のやりとりは，対面，電話やFAXでしていたが，今は電子メール，SNS，オンライン会議ツールなどが主流である。出張や旅行に行くにしても，例えば東京から札幌へ出張する場合は，1960年代ぐらいまでの主流となるルートは青函連絡船を使って片道で丸一日かかっていたが，今では日帰りも選択肢の１つである。どの飛行機に乗ってどのようなホテルに泊まるか，どこを観光するか，おすすめのレストランもすべてインターネットで探し，予約することもできる。

未来の社会像は「Society5.0」と呼ばれ，Society3.0（工業社会），Soceity4.0（情報化社会）に続く，AI（人工知能），ビッグデータ，IoT（Internet of Things）等の先端技術が社会のあらゆるところに取りいれられ，社会の在り方が根本的に変化すると考えられている（内閣府資料）。

図書館関連でいうと，2019年11月における日本の総ダウンロードトラフィックは12.7Tbps，アップロードトラフィックは1500Gbpsであり，対前年（2018年11月）比で15.2％の増加である。ここ最近のオンライン会議の増加により，2020年度はより多くのデータが流通していると推測できる。また，2020年の出版市場（推定販売金額）は１兆6168億円，そのうち紙の市場が１兆2237億円（前年比マイナス1.1％）。電子出版市場が3931億円（前年比28.0％増）であり，２割強が電子出版となっている（公益社団法人 全国出版協会・出版科学研究所，2021）。

（２）コンピテンシーが必要とされる時代

さて，グローバル化，高度情報化，先進国における少子高齢化，といった社会の変化があり，新たな知識・情報・技術が社会のあらゆる分野で

注１）サービス開始と法人化された時期が異なる企業がある場合もあるので注意されたい。

活動の基盤として飛躍的に重要性が増す「知識基盤社会」は，今後一層進展することが予想される。このようなことは，ラングランの「生涯教育入門」(1971) でも言われていることではあるが，近年，より変化の度合いが加速度的に増している。こうした状況下では，「核となる知識をベースとして，生涯にわたり学び続けること，学び方を身に付け活用すること」が求められる。また，逆に，身に付けた学び方や学んだことを生かしつつ，新たな課題に挑戦し続けることも大切である。単なる知識の集合体ではなく，生きて働く知識や思考，それらを活用する方向性のことを，「資質・能力」または「コンピテンシー」と総称している。特に，2000年代初頭に相次いで提言されたことから，「21世紀型の能力」ともくくられることもある。代表的なモデルとして，キー・コンピテンシー，21世紀型スキル，などがある。

(3) キー・コンピテンシーと21世紀型スキル

まず，OECDによる「キー・コンピテンシー」であるが，1990年の「万人のための教育 (EFA) 世界会議」で決議された「万人のための教育宣言」の理念に従い，1997年から2003年にかけて実施されたのが「コンピテンシーの定義と選択」(DeSeCo) プロジェクトである。DeSeCoでは，コンピテンシーは，人が「特定の状況の中で (技能や態度を含む) 心理社会的な資源を引き出し，動員して，より複雑な需要に応じる能力」と定義され，3つのキー・コンピテンシーである「相互作用的に道具を用いる力」，「社会的に異質な集団で交流する力」，「自律的に活動する力」が提示されている。また，コンピテンシーの中核となるものとして，反省性 (考える力) が位置づけられている (図1-1)。キー・コンピテンシーの概念は，PISA (生徒の学習到達度調査) やPIAAC (国際成人力調査) などの国際調査にも取り入れられ，世界に大きな影響を与えてい

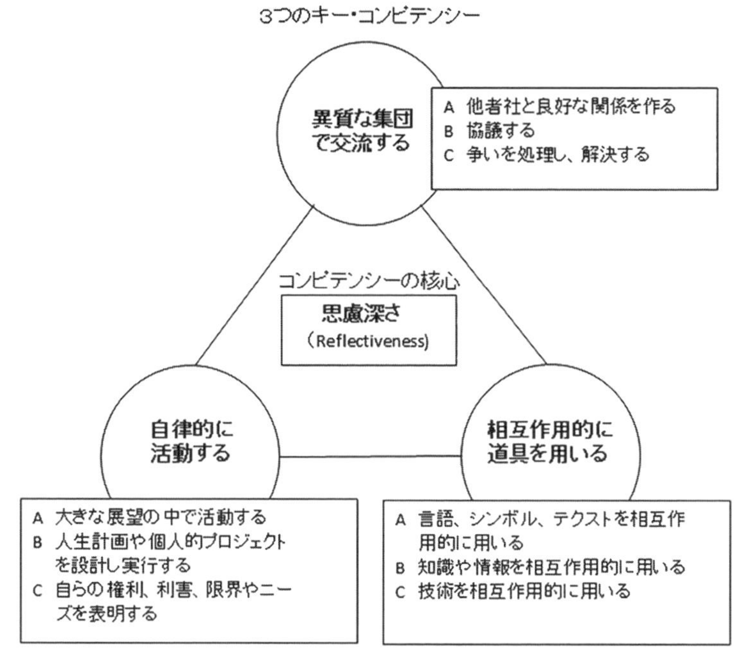

出所：ドミニク・S．ライチェンら（著），立田慶裕（訳）『キー・コンピテンシー』明石書店，2006

図1-1　キー・コンピテンシー

る。例えばPISAでは，「相互作用的に道具を用いる力」の一部を評価可能なように，読解リテラシー，数学的リテラシー，科学的リテラシーとして具体化して，問題の設計が行われている。

次に「21世紀型スキル」運動であるが，「21世紀型スキルパートナーシップ」（P21）は2002年に，教育，ビジネス，地域社会，政治のリーダーの協働的な関係づくりを通して，アメリカにおけるK-12教育（幼稚園から第12学年［日本では高校3年生］）の中心に21世紀型レディネスを位置づけることを目的に設立されている。設立メンバーには，アメリカ教育省の他，マイクロソフトやシスコシステムズなどのICT 関連企業，教育団体や個人が含まれており，教育関係の機関だけではなくビジネスや政府との連携を進めながら教育改革を推進していこうとするところに特徴がある。次の４つのカテゴリーと10のスキルが提示されている（表1-1）。

この他，国際バカロレア（International Baccalaureate）では，「IBの学習者像」として10の人物像[注2)]を掲げ，好奇心や思いやりといった素質を育み，知識やスキルを発展させることの重要性を強調している。

なお，いずれのコンピテンシーモデルについても，スキルを１つ１つ切り刻んで分解し細かく教え込むのではなく，あくまで一体のものをわかりやすいよういくつかに分割しただけに過ぎない。したがって，育成を図る場合には，学習者において一体のものとして育つように配慮が必要である。

表1-1　21世紀型スキル　ATC21s

思考の方法 Ways of Thinking	創造性とイノベーション
	批判的思考，問題解決，意思決定
	学び方の学習，メタ認知
働く方法 Ways of Working	コミュニケーション
	コラボレーション
働くためのツール Tools for Working	情報リテラシー
	ICT リテラシー
世界の中で生きる Living in the World	地域とグローバルでよい市民であること
	人生とキャリア発達
	個人の責任と社会的責任（異文化理解と異文化適応力）

出所：三宅なほみ（監訳），P．グリフィン，B．マクゴー，E．ケア（編集），益川弘如，望月俊男（訳）『21世紀型スキル：学びと評価の新たなかたち』北大路書房，2014

注２）探究する人，知識のある人，考える人，コミュニケーションができる人，信念をもつ人，心を開く人，思いやりのある人，挑戦する人，バランスのとれた人，振り返りができる人。

（４）コンピテンシーに基づく教育改革

まず，諸外国の教育改革を概観するが，より詳しくは，インターネット上で手に入るものとしては，国立教育政策研究所（2016），放送大学の教材としては，坂野・藤田（2015），などがある。

大きくまとめると，コンピテンシーに基づく教育改革は世界的な潮流となっており，今日的な能力は，整理すると「基礎的リテラシー」「認知スキル」「社会スキル」の３つ（表1-2）におおむね分けることができる。また，コンピテンシーの育成をめざした教育課程の編成のアプローチは，各国・地域の制度や慣行に応じて異なるが，コンピテンシーに基づく教育改革の推進には，教員の採用・養成・研修，第三者評価機関，支援体制など様々な試みがある。そして，各国の状況に応じて，そ

表1-2　諸外国におけるコンピテンシーを基軸とした教育改革

DeSeCo		EU	イギリス	オーストラリア	ニュージーランド	（アメリカほか）	
キーコンピテンシー		キーコンピテンシー	キースキルと思考スキル	汎用的能力	キーコンピテンシー	21世紀スキル	
相互作用的道具活用力	言語、記号の活用	第１言語 外国語	コミュニケーション	リテラシー	言語・記号・テキストを使用する能力		基礎的リテラシー
	知識や情報活用	数学と科学技術のコンピテンス	数字の応用	ニューメラシー			
	技術の活用	デジタル・コンピテンス	情報テクノロジー	ICT 技術		情報リテラシー ICT リテラシー	
反省性（考える力） （協働する力） （問題解決力）		学び方の学習	思考スキル （問題解決） （協働する）	批判的・創造的思考力	思考力	創造とイノベーション	認知スキル
						批判的思考と問題解決	
						学び方の学習	
						コミュニケーション	
						協働	
自律的活動力	大きな展望	進取の精神と起業精神	問題解決 協働する	倫理的行動	自己管理力	キャリアと生活	社会スキル
	人生設計と個人的プロジェクト						
	権利・利害・限界や要求の表明	社会的・市民的コンピテンシー 文化的気づきと表現		個人的・社会的能力 異文化間理解	他者との関わり 参加と貢献	個人的・社会的責任	
異質な集団での交流力	人間関係力						
	協働する力					シティズンシップ	
	問題解決力						

出所：国立教育政策研究所『教育課程の編成に関する基礎的研究』報告書５「社会の変化に対応する資質や能力を育成する教育課程の基本原理」，2013

れまでに培ってきた教育システム，リソース，強みなどを生かしながら，コンピテンシーの育成について独自のアプローチをとっている。例えば，フィンランドでは，全国的な教育課程の基準において，汎用的コンピテンスを提示するとともに，教科固有の知識等をおおよそ2年ごとの学年区分別に提示している。また，アメリカ合衆国では，これまでは州ごとであった教育スタンダードを，国全体でまとめたもの（Common Core）を作成し，これに基づいた新たな評価方法の開発・普及が進められている。

コンピテンシーの重要性は日本においても言われており，内閣府による「人間力」(2003)，厚生労働省による「就職基礎能力」(2004)，経済産業省による「社会人基礎力」(2006)，文部科学省による「学士力」(2008) など，様々な領域で人材育成の目標が示されている。基礎学力や専門的な知識・技能だけでなく，より汎用的な認知・社会スキルが求められている。

こうした流れは遡ること，平成29・30年度学習指導要領改訂においても，育成を目指す「資質・能力」を設定し，各教科等における目標・内容・評価を一体的に改革するとともに，授業改善の視点として「主体的・対話的で深い学び」を打ち出した。また，言語能力，情報活用能力（情報モラルを含む），問題発見・解決能力を「学習の基盤となる資質・能力」として，各教科等で育成する資質・能力と合わせて育成することとした。

しかしながら，このような考え方は急に出てきたものではなく，例えば臨時教育審議会による『教育改革に関する第一次答申』（1985）において「情報化への対応」として，後の「情報活用能力」の必要性が示唆されているし，「生きる力」も単なる教科等の知識だけではなく，知・徳・体のバランスが取れた発達を重視するものである。近年でも，平成

20・21年学習指導要領改訂を議論する際，教育課程企画特別部会（第14回）（H18. 9. 5）配付資料「教科横断的に身に付けさせたい力（例）を育むための各教科等の改善の方向性（案)」に，自己と将来，他者や社会，言語と表現，活用と探求，といった資質・能力に近いものが提示されている。

2　これからの教育と学校図書館

ここまではこれまでの教育改革の流れを見てきたが，ここからはこれからの教育の動向を見ていきたい。大きく，カリキュラムレベルと学習レベル[注3)]に分けてみたい。

(1) カリキュラムレベルでのこれからの教育

まず，カリキュラムにかかわる部分である。平成29・30年学習指導要領改訂においても「学習内容は削減しない」とされたところであるが，カリキュラムに入れ込む内容，すなわち，学習者が学ぶべきとされている内容が肥大化してきていて，教師や児童生徒に過度な負担がかかっている状況にある。こうした状況のことを「カリキュラム・オーバーロード」という（白井，2020)。一般的に，カリキュラムに新たな内容を追加するのは，削ることよりも難しいことではない[注4)]。例えば食育における食育基本法のように，新しく制定される法律の規定で学習内容として追加されるケースもある。平成29・30年学習指導要領改訂でいうと，様々な社会的な要請に鑑みて，小学校におけるプログラミング教育や外国語教育の充実，統計リテラシーの強化，などが新たに追加された。日

注３）正確に言うと「意図されたカリキュラム」「実行されたカリキュラム」のほうが意味合いとしては近いが，わかりやすさを優先した。

注４）日本の学習指導要領改訂においては，中央教育審議会教育課程部会を中心とした議論が行われて学習内容が教育課程に追加されるので，難しいかどうかは相対的な話でもある。

本の場合，こうした新しい学習内容については，教科における既存の学習内容とクロスさせる形（クロス・カリキュラム）で対応している。また，学校図書館は，例えば小学校社会科では「指導計画の作成と内容の取扱い」において「学校図書館や公共図書館，コンピュータなどを活用して，情報の収集やまとめなどを行うようにすること」として，各学年の目標及び内容を実現するための留意事項として示している。ところが，いわゆる「○○教育」などは多くあるわけだが，教育課程で取り扱えば○○に関する知識が身についているかというと，必ずしもそうでもないわけである。

コンピテンシーの育成を重視する立場であれば，本来は，育てたい人間像から導かれるコンピテンシーがまずあって，そのために，必要となる，あるいは，コンピテンシーの育成に適した学習内容が選択されてカリキュラムに組み込まれるべきである。また，「少なく教え，多く学ぶ(less teach, more learn)」の考え方で，探究的な学びを通して資質・能力を育成する実践は多いし，もちろんこうした実践の中に学校図書館が組み込まれている事例も多い。本書の後の章にも，そのような実践事例が紹介されている。現実的には，中核的な資質・能力を見定め，教育課程の中では軽重をつけて学習内容を扱う（令和２年度～４年度の教育課程の特例措置がこれにあたる），生活に密着した学習対象を選択し，結果として学習内容を網羅する（伊那市立伊奈小学校の実践など），様々な制度の特例を使って資質・能力の育成に特化する（品川区立学校の「市民科」など），いくつかの方法が考えられるが，いずれにしても現行の学習指導要領や特例措置の枠内で十分に可能なものである。

では，カリキュラムレベルで具体的にどのように探究的な学びを進めていくかであるが，代表的な例として，STEAM学習がある。STEAM学習とは，科学（Science）・技術（Technology）・ものづくり

(Engineering)・芸術（Arts)・数学（Mathematics）の頭文字をとったもので，科学技術を融合的に利用したり，課題解決的に科学技術を学んだりすることの総称である。課題を解決するわけであるから，STEAM学習は本質的に探究的な学びの要素を持っている。本章の最初にも述べたように，コンピュータを中心としたICT技術の進歩は，人々のコミュニケーションの在りようや行動パターンも変化させている。こうした社会の変化を生み出す人材も必要である。また，教科の枠を超えた課題解決的・探究的な学びによって，学び方を学ぶことにもつながる。特にコンピュータを活用したSTEAM学習は，大がかりな製造機器を準備する必要もなく，様々なサービスを少しづつリリースすることで，実社会の課題を解決することも十分に可能である。様々な教科を一体的・融合的に課題解決を探究的に行うことで，カリキュラム・オーバーロードの削減にもつながるし，何よりも，学習者の意欲の向上につながる学習形態である。

(2) 学習レベルでのこれからの教育

ここではまず，ICT機器を活用した学習形態として，EdTechとGIGAスクール構想を取り上げる。

EdTechとは，「Education」と「Technology」を合わせた造語で，教育におけるテクノロジー，特にICTを活用したものをいう。代表的なものとしては，AIドリル，学習履歴の活用，教育ビッグデータの流通，などがある。AIドリルとは，学習者の学習状況（どのような問題に対してどのような解答をするか）に基づき，ドリル形式で問題を出題するツールである。学習状況の把握や過去の解答状況，つまずきの整理にAI技術を活用するものである。学習履歴の活用は，例えばe-portfolioのように，学習者がこれまで学んできた経過や学習成果を整理し，自己の学びの振り返りや，教師や指導者からの指導助言，ハイステイクスなテストに活用するものである。このようにして生まれてくる教育に関連するデータを（匿名加工した上で）ビッグデータとして取り扱い，指導の改善や教育課程の改訂に役立てるのが教育ビッグデータの流通である。これまでも，優秀な教師や，その教科が専門の教師であればつまずきの原因やなぜつまずきが起こるのか，既習事項との理解度など，瞬時に把握をして指導に生かしてきた。これらを AI の力を借りて指導していこうというのが AI ドリルである[注5)]。学習履歴やビッグデータの活用についても，紙データを蓄積してきた場合がほとんどであるが，ICT の活用により，保管や運搬，再利用などが容易となる。また，学習活動を再現し評価に生かすことも考えられる。インターネット上のサービスであれば，遠隔地でも活用できる。GIGA スクール構想ともあいまって，ますますの利活用が期待されている。

GIGA スクールとは，児童生徒向けの１人１台端末と，高速大容量の通信ネットワークを一体的に整備する事業の総称である。文部科学省が発行したパンフレットによると「１人１台端末と，高速大容量の通信ネットワークを一体的に整備することで，特別な支援を必要とする子供を含め，多様な子供たちを誰一人取り残すことなく，公正に個別最適化され，資質・能力が一層確実に育成できる教育環境を実現する」「これまでの我が国の教育実践と最先端ののベストミックスを図ることにより，教師・児童生徒の力を最大限に引き出す」としている。当初は2023年度末を目標に整備する計画であったが，大幅に前倒しし，2020年度末に整備がおおむね完了した。

この背景には，PISA2018調査で明らかになった，学校におけるデジタル機器の使用時間は OECD 加盟国で最下位であること，学校外での ICT 利用は学習面では OECD 平均以下であるが学習外では OECD 平均

注５）AI が利用するデータ（教師データ）を人手で組み込むこともあるが，AI に学習させてサービスを行うこともある。

以上であること，学校のICT環境整備が十分ではなく地域間での格差が大きいこと，などが挙げられる。特にPISA2018の調査結果では，読解力のうち「質と信ぴょう性を評価する」「矛盾を見つけて対処する」が定義に追加され，これらを問う問題の正答率が低かった。調査方法がコンピュータ使用型となったことで読解力（読解リテラシー）の定義がデジタルテキスト（オンライン上の多様な形式を用いたテキスト：Webサイト，投稿文，電子メールなど）を取り込んだものとなり，出題形式が変わったことも影響している可能性がある。

いずれの学習形態においても，どのような学習を行うのか（学習活動）を決定するのは教師と学習者（児童生徒）である。「AIドリルでは主体性が育たない」とか「パソコンに向かって黙々と作業するより他人と対話したほうがよいのでは」といった意見が聞かれるが，それは学習活動の設計に依るのであって，友達との対話によってAIドリルの問題に挑戦したり，１人１台端末で様々な情報を取り入れつつ学び合いを行ったりすることで，「主体的・対話的で深い学び」が十分に実践できるのである。

１人１台端末の学習環境が整うことで，より自律的な学びが可能となる。指導方法・教材や学習指導時間等の柔軟な提供・設定を行うとともに，主体的に学習に取り組む態度を育成する「指導の個別化」と，子どもたちの興味・関心等に応じ，自ら学習を調整するなどしながら，主体的に学習を最適化することを教師が促す「学習の個性化」を実現しやすくなる。こうした学びを学習者の視点で捉えたものが「個別最適な学び」である。こうした「個別最適な学び」はICT環境が整う以前から行われていたものであり，例えば，単元内自由進度学習（佐野，2020）は学習者一人一人が自律的に学び進められるシステムである。一斉学習ではなく個別に学ぶ形態であり，教師は直接的に教えることはしないが児童生徒の近くでサポートを行いつつ，カードやワークシート，具体物など教材・教具を様々に使いながら学習環境を整えている。これを GIGA スクール環境でいうと，１人１台端末の学習環境を用いて個別に学び，必要であれば教師が支援し学習者は多様なスタイルで学びを進めていく(指導の個別化)。また，１人１台端末や教材・教具を用いて，児童生徒の得意な領域や分野の学びを深める（学習の最適化），といった指導・学習形態が考えられる。

3 まとめ

これまでの教育改革やこれからの学習成果を見てきたが，家庭環境に起因する ICT 環境による差を GIGA スクール構想で埋め，生育環境によるコンテクストの違いを探究活動によって緩和するのである。そのために学校図書館に求められる機能は変化し大きくなってきていることがわかるだろう。資質・能力を育成するための学習内容の整理，探究的な学びのための蔵書をはじめとした学習環境，STEAM 学習を行うためのツールの提供，など，多くの役割が求められる。教育課程が新しくなるに合わせて「教育課程の展開に寄与する」（学校図書館法第２条）ための学校図書館の変革が必要である。

理解を確実にするために

1 次の用語を説明しましょう。

①資質・能力

②カリキュラムと教育課程

③ STEAM 教育

2 この問題に答えましょう。

これからの教育をよりよくしていくためにはどういった取り組みが必要となるでしょうか。教育課程のレベル，授業のレベル，学習者のレベルで考えてみましょう。

理解を深めるために

① 『次代の学びを創る知恵とワザ』奈須正裕，ぎょうせい，2020

② 『深い学び』田村　学，東洋館出版社，2018

③ 『キー・コンピテンシー』ドミニク・S. ライチェンら（著），立田慶裕（訳），明石書店，2006

④ 『21世紀型スキル：学びと評価の新たなかたち』三宅なほみ（監訳），P. グリフィン，B. マクゴー，E. ケア（編集），益川弘如，望月俊男（訳），北大路書房，2014

参考文献

① 出版科学研究所「出版月報」2021年１月号　公益社団法人 全国出版協会，内閣府 Society 5.0，https://www8.cao.go.jp/cstp/society5_0/

② ポール・ラングラン（著），波多野完治（訳）「生涯教育入門」全日本社会教育連合会，1971

③ 総務省「情報通信白書令和２年版」 2020，https://www.soumu.

go.jp/johotsusintokei/whitepaper/r02.html
④ 国立教育政策研究所「資質・能力を育成する教育課程の在り方に関する研究」研究報告書２～諸外国の教育課程と学習活動～，2016，https://www.nier.go.jp/05_kenkyu_seika/pdf_seika/h28a/syocyu-1-2_a.pdf
⑤ 国立教育政策研究所「『教育課程の編成に関する基礎的研究』報告書５　社会の変化に対応する資質や能力を育成する教育課程編成の基本原理」2013，https://www.nier.go.jp/05_kenkyu_seika/pdf_seika/h25/2_10_all.pdf
⑥ 坂野慎二・藤田晃之『海外の教育改革』放送大学教育振興会，2015
⑦ ヤング吉原麻里子・木島里江『世界を変えるSTEAM人材』朝日新書，2019
⑧ 白井俊『OECD Education2030プロジェクトが描く教育の未来』ミネルヴァ書房，2020
⑨ 佐野亮子「個が自律的に学ぶ単元内自由進度学習」奈須正裕編著『ポスト・コロナショックの授業づくり』東洋館出版社，2020

2 教育課程と学校図書館

今井福司

《目標＆ポイント》 教育課程における学校図書館の意義・機能を明確にするとともに，学習指導要領やその解説で記述されている学校図書館の役割を押さえ，実際に学校図書館を活用するとはどういうことかを理解する。
《キーワード》 学習指導要領，学習指導要領解説，学校図書館の役割，学校図書館の機能，言語活動の充実，探究的な学習，総合的な学習の時間

日本の学校では，教育活動を行う際に教育課程を編成する必要がある。現在の教育課程編成においては，文部科学省が定める学習指導要領を参照することになっている。各学校種の『学習指導要領総則編』の冒頭においては，「理念の実現に向けて必要となる教育課程の基準を大綱的に定めるもの」で，公の性質を有する学校における教育水準を全国的に確保する役割を持っているとされている。

また，『学習指導要領総則編』において教育課程は「学校教育の目的や目標を達成するために，教育の内容を児童の心身の発達に応じ，授業時数との関連において総合的に組織した各学校の教育計画」と定められている。そしてその計画において，特に示す場合を除き，学習指導要領の内容は，いずれの学校においても取り扱わなければならない内容とされている。このことから学校で教育活動を行う上で，教育課程ならびに学習指導要領は避けて通れない要素である。

本章では平成29・30年（2017・2018）の学習指導要領を検討しながら，

教育課程において学校図書館がどのような役割を果たすのかを確認していく。

1 平成29・30年学習指導要領改訂の動き

（1）中央教育審議会答申

学習指導要領改訂に先だって，中央教育審議会は学習指導要領改訂の方向性についての答申「幼稚園，小学校，中学校，高等学校及び特別支援学校の学習指導要領等の改善及び必要な方策等について」（以下「同答申」とする）[注1)]を出している。

「同答申」では子どもたちの現状を指摘する際に，PISA 調査の結果を取り上げて説明を行っている。具体的には，前回の平成20年学習指導要領改訂から比較して，学力が向上したものの，根拠や理由を明確に示しながら自分の考えを述べることや，学ぶことの楽しさや意義が実感できていない，読解力に関する課題があるなどの問題を指摘している。答申の第２章「各教科・科目等の内容の見直し」では，国語，算数・数学，理科，高等学校における数学・理科にわたる探究的科目，そして総合的な学習の時間で PISA 調査についての指摘が含まれている。

また複雑で予測困難な社会の変化に対応できるよう，従来から学校教育で育成が目指されてきた「生きる力」について，その理念を具体化すべきだとし，以下の４つの課題があることを述べている。

1．教科等を学ぶ意義の明確化と，教科等横断的な教育課程の検討・改善に向けた課題

2．社会とのつながりや，各学校の特色づくりに向けた課題

注１）中央教育審議会「幼稚園，小学校，中学校，高等学校及び特別支援学校の学習指導要領等の改善及び必要な方策等について（答申）（中教審第197号）」文部科学省，https://www.mext.go.jp/b_menu/shingi/chukyo/chukyo0/toushin/__icsFiles/afieldfile/2017/01/10/1380902_0.pdf,（参照2020-12-26）

3．子供たち一人一人の豊かな学びの実現に向けた課題
4．学習評価や条件整備等との一体的改善・充実に向けた課題

そして学習指導要領の改訂に向けて，社会や世界の状況を幅広く視野に入れ，よりよい学校教育を通じてよりよい社会を創るという目標を持ち，教育課程を介してその目標を社会と共有していくために，「社会に開かれた教育課程」を実現すべきだとしている。

その実現に向けて，学習指導要領では学校教育を通じて子どもたちが身につけるべき資質・能力や学ぶべき内容などの全体像を分かりやすく見渡せる「学びの地図」であるべきだとした上で，以下の６つの観点を生かして枠組みを作ることが求められている。

1．「何ができるようになるか」（育成を目指す資質・能力）
2．「何を学ぶか」（教科等を学ぶ意義と，教科等間・学校段階間のつながりを踏まえた教育課程の編成）
3．「どのように学ぶか」（各教科等の指導計画の作成と実施，学習・指導の改善・充実）
4．「子供一人一人の発達をどのように支援するか」（子供の発達を踏まえた指導）
5．「何が身に付いたか」（学習評価の充実）
6．「実施するために何が必要か」（学習指導要領等の理念を実現するために必要な方策）

さて，これまでも個々の教員による指導案や，年間指導計画の作成によって教育課程の編成が行われてきたが，同答申が求める活動は，授業の場面以外に関連する場所や関係者が増えてくるため，一人の教員だけでの実現は困難である。同答申では，校長のリーダーシップのもと，学校全体で教育課程を配列し，評価し，修正し，外部資源を活用する「カリキュラム・マネジメント」を行うことを提示している。「カリキュラ

ム・マネジメント」の場面としては，具体的には以下の３つの側面が想定されている。

1．各教科等の教育内容を相互の関係で捉え，学校教育目標を踏まえた教科等横断的な視点で，その目標の達成に必要な教育の内容を組織的に配列していくこと。
2．教育内容の質の向上に向けて，子供たちの姿や地域の現状等に関する調査や各種データ等に基づき，教育課程を編成し，実施し，評価して改善を図る一連のPDCAサイクルを確立すること。
3．教育内容と，教育活動に必要な人的・物的資源等を，地域等の外部の資源も含めて活用しながら効果的に組み合わせること。

加えて，子供たちが学習内容を人生や社会の在り方と結びつけて深く理解し，これからの時代に求められる資質・能力を身に付け，生涯にわたって能動的に学び続けることができるよう，「主体的・対話的で深い学び」の実現に向けた取り組みを活性化すべきだとしている。ここで，「主体的・対話的で深い学び」は審議の過程においてアクティブ・ラーニングと呼ばれていた概念であり，一方向的な講義形式の教育とは異なり，学修者の能動的な学修への参加を取り入れた教授・学習法の総称である[注２)]。

（２）平成29・30年学習指導要領の概要

中央教育審議会の答申を受けて，平成29年（2017）に小学校，中学校の学習指導要領が，平成30年（2018）には高等学校の学習指導要領が公表された。また，特別支援学校の学習指導要領が平成29年（2017）ならびに平成31年（2019）に公表されている。学校種ごとに学習指導要領の

注２）中央教育審議会「新たな未来を築くための大学教育の質的転換に向けて～生涯学び続け，主体的に考える力を育成する大学へ～（答申）用語集」文部科学省，https://www.mext.go.jp/component/b_menu/shingi/toushin/__icsFiles/afieldfile/2012/10/04/1325048_3.pdf,（参照2020-12-26）

記載は異なっているが，大枠としては同様の記載が見られる。以下，平成29年（2017）小学校学習指導要領を題材に概要を検討する。

まず，小学校学習指導要領の改訂の方向性として，以下の３項目が挙げられる。

1．教育基本法，学校教育法などを踏まえ，これまでの我が国の学校教育の実践や蓄積を活かし，子供たちが未来社会を切り拓くための資質・能力を一層確実に育成。その際，子供たちに求められる資質・能力とは何かを社会と共有し，連携する「社会に開かれた教育課程」を重視。

2．知識及び技能の習得と思考力，判断力，表現力等の育成のバランスを重視する現行学習指導要領の枠組みや教育内容を維持した上で，知識の理解の質をさらに高め，確かな学力を育成。

3．先行する特別教科化など道徳教育の充実や体験活動の重視，体育・健康に関する指導の充実により，豊かな心や健やかな体を育成。

また中央教育審議会の答申で挙げられた，知識の理解の質を高め資質・能力を育む「主体的・対話的で深い学び」と「各学校におけるカリキュラム・マネジメントの確立」の２点も挙げられている。

そして教育内容の主な改善事項として，１）言語能力の確実な育成，２）理数教育の充実，３）伝統や文化に関する教育の充実，４）道徳教育の充実，５）体験活動の充実，６）外国語教育の充実，そして主権者教育，消費者教育，防災・安全教育などの充実，情報活用能力（プログラミング教育を含む）が挙げられている。

このうち，学校図書館に関係が深いと思われる「言語能力の確実な育成」について前回の学習指導要領改訂では，知識や技能の習得およびそれらを活用した学習活動や，その成果を踏まえた探究活動の充実において，これらの学習が言語により行われるために言語に関する能力の育成を重視して各教科等における言語活動を充実させることが求められていた[注3]。

今回の改訂においても，『小学校学習指導要領（平成29年告示）解説』（総則編）（以下「総則編解説」）において，「言語は児童の学習活動を支える重要な役割を果たすものであり，言語能力は全ての教科等における資質・能力の育成や学習の基盤となるもの」とされ，以下の３点が強調されている。

1．各学校において学校生活全体における言語環境を整える。

2．言語能力を育成する中核的な教科である国語科を要として，各教科等の特質に応じた言語活動を充実すること。

3．言語能力を向上させる重要な活動である読書活動を充実させる。

１の学校生活全体における言語環境については，教師の話し言葉，書き言葉を簡潔かつ正しい使い方をするようにすること，２の各教科の言語活動については，各教科に対して，それぞれどのような言語活動が含まれているかが例示されている。そして３の読書活動の充実については，次の通り記載されている。

> また，読書は，多くの語彙や多様な表現を通して様々な世界に触れ，これを疑似的に体験したり知識を獲得したりして，新たな考え方に出合うことを可能にするものであり，言語能力を向上させる重要な活動の一つである。そのため，本項において，読書活動の充実について規定し，具体的な充実の在り方については，学校図書館等の活用と関連付けて第１章総則第３の１(7)に規定している。
>
> こうした，読書活動の充実や，前述の児童の言語環境の整備のためにも，学校図書館の充実を図ることが重要である。

注３）「小学校学習指導要領　総則編」 文部科学省，https://www.mext.go.jp/a_menu/shotou/new-cs/youryou/syo/sou.htm,（参照2020-12-26）

このように，学校全体の学習に関わる言語活動において，言語能力を向上させる活動として読書活動が位置づけられ，その充実のために学校図書館の活用が重要であると述べられている。学校図書館が学校教育の基盤として想定されていることが伺える箇所である。

（３）探究的な学習について

それまでの学習指導要領でも取り上げられ，平成29・30年（2017・2018）学習指導要領でも引き続き強調されている点として探究的な学習が挙げられる。平成29・30年学習指導要領の「総合的な学習の時間」では，目標として次のように書かれている。

> 探究的な見方・考え方を働かせ，横断的・総合的な学習を行うことを通して，よりよく課題を解決し，自己の生き方を考えていくための資質・能力を次のとおり育成することを目指す。
>
> ⑴探究的な学習の過程において，課題の解決に必要な知識及び技能を身に付け，課題に関わる概念を形成し，探究的な学習のよさを理解するようにする。
>
> ⑵実社会や実生活の中から問いを見いだし，自分で課題を立て，情報を集め，整理・分析して，まとめ・表現することができるようにする。
>
> ⑶探究的な学習に主体的・協働的に取り組むとともに，互いのよさを生かしながら，積極的に社会に参画しようとする態度を養う。

ここで探究的な学習は「物事の本質を探って見極めようとする一連の知的営みのこと」であるとされ，**図2-1**に挙げるような学習のプロセスを辿ることが示されている。

> ①日常生活や社会に目を向けた時に湧き上がってくる疑問や関心に基づいて，自ら課題を見付け，②そこにある具体的な問題について

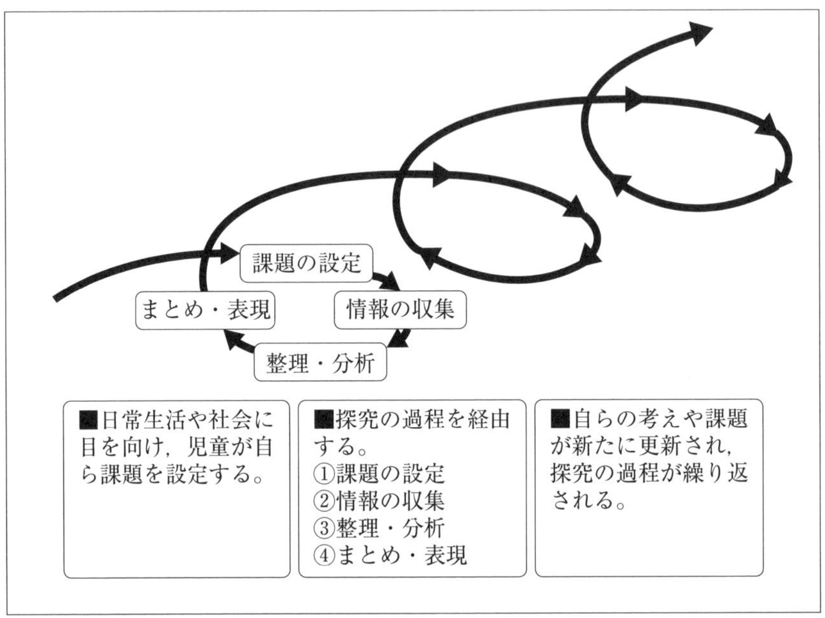

出所：『今，求められる力を高める総合的な学習の時間の展開』「小学校学習指導要領（平成29年告示）解説　総合的な学習の時間編」 文部科学省，2017，https://www.mext.go.jp/component/a_menu/education/micro_detail/__icsFiles/afieldfile/2019/03/18/1387017_013_1.pdf,（参照2020-12-26）

図2-1　探究的な学習における児童の学習の姿

情報を収集し，③その情報を整理・分析したり，知識や技能に結び付けたり，考えを出し合ったりしながら問題の解決に取り組み，④明らかになった考えや意見などをまとめ・表現し，そこからまた新たな課題を見付け，更なる問題の解決を始めるといった学習活動を発展的に繰り返していく。

この探究的な学習は，従来学校図書館で行ってきた調べ学習と呼ばれてきた活動とも重なるものである。資料や情報を用いて主体的に調べ，自分で判断しまとめる学習活動を教科横断的に，知識の「応用」の段階として総合的な学習の時間のなかで展開されることが推奨されているのである。このため，総合的な学習の時間の時間は，学校図書館を活用した教育でも親和性が高い時間であると言えよう。

また平成29・30年（2017・2018）学習指導要領では，「カリキュラム・マネジメント」の考え方を取り入れるため，図2-2のような総合的な学

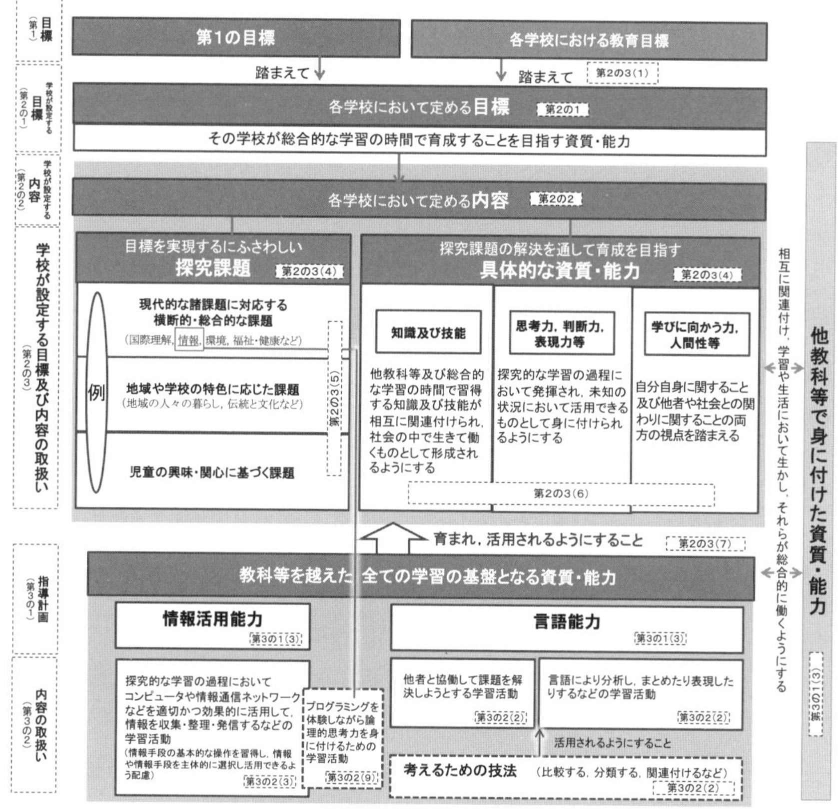

出所：「小学校学習指導要領（平成29年告示）解説　総合的な学習の時間編」 文部科学省，https://www.mext.go.jp/component/a_menu/education/micro_detail/__icsFiles/afieldfile/2019/03/18/1387017_013_1.pdf，(参照2020-12-26)

図2-2　総合的な学習の時間の構造イメージ

習の時間の構造イメージが掲載された。このイメージでは総合的な学習の時間を展開していくための全体計画や，年間指導計画を作成する上で各学校が定めておく要素が提示されており，総合的な学習の時間の規定の要素である，目標，内容，内容の取扱い，指導計画の相互の関係が示されている。

総合的な学習の時間は，検定を受けた教科書を使って行う教科ではなく，各地域や学校の事情に合わせた教育を展開する以上，従来から学校の教育目標との繋がりは意識されていたところであるが，より一層の連携が必要になってくることは意識しておきたい[注4)]。

2 学習指導要領にみる学校図書館

ここまで学習指導要領の概要を検討してきた。それでは，学習指導要領の中で学校図書館という用語はどの程度登場するのであろうか。以下，例を取り上げながら検討しておきたい。

（1）総則での記載

まず小学校，中学校，高等学校のいずれにおいても学習指導要領の総則では，次のように記載されている。

> 学校図書館を計画的に利用しその機能の活用を図り，生徒の主体的・対話的で深い学びの実現に向けた授業改善に生かすとともに，生徒の自主的，自発的な学習活動や読書活動を充実すること。また，地域の図書館や博物館，美術館，劇場，音楽堂等の施設の活用を積極的に図り，資料を活用した情報の収集や鑑賞等の学習活動を充実すること。

注4）イメージ図の中では，学校図書館そのものは登場していないが，後述する総合的な学習の時間の『学習指導要領解説』では，（第３の２）の内容の取扱いの解説として，学校図書館の役割が詳述されている。あくまでもイメージ図は一例であることに注意をしておきたい。

記載としてはこの箇所のみであるが，総則についての学習指導要領解説では，より詳細な説明が行われているため，次節で説明を行う。

（2）各教科での記載

次に，各教科の学習指導要領においても学校図書館は各所に現れる。具体的には小学校では国語科，社会科において，中学校では国語科，社会科，美術科において，高等学校においては国語科，地理歴史科，公民科，芸術科，音楽科，美術科において，それぞれ学校図書館の記述が見られる。

特に記載が多いのは小学校の国語科である。小学校の「第２　各学年の目標及び内容」は学年段階ごとに２学年ずつ分かれ，３つの項目立てが行われている。この内容の「C　読むこと」において，全ての学年で「次のような言語活動を通して指導するもの」とした上で，学校図書館の活用が挙げられている。

第１学年及び第２学年

学校図書館などを利用し，図鑑や科学的なことについて書いた本などを読み，分かったことなどを説明する活動。

第３学年及び第４学年

学校図書館などを利用し，事典や図鑑などから情報を得て，分かったことなどをまとめて説明する活動。

第５学年及び第６学年

学校図書館などを利用し，複数の本や新聞などを活用して，調べたり考えたりしたことを報告する活動。

そして「第３　指導計画の作成と内容の取扱い」においても，学校図書館が登場し，学校図書館における指導との関連を考えて指導が必要であること，学校図書館などを目的に沿って計画的に利用しその機能の活用を図るようにすることが強調されている。

学年段階ごとに使用する異なるメディアの活用が記載され，全ての学年で学校図書館の活用が求められていることを踏まえると，国語科においての学校図書館活用が重要であることは明らかであろう。

一方，中学校の国語科では内容の「C　読むこと」では，第１学年でのみ「学校図書館などを利用し，多様な情報を得て，考えたことなどを報告したり資料にまとめたりする活動」を行うことが挙げられ，それより上級学年の内容では記載が見られない。また，高等学校では内容での言及はなくなる。しかし「第３　指導計画の作成と内容の取扱い」では，学校図書館の計画的な利用が引き続き記載されており，同教科においては小学校から高等学校まで学校図書館の活用が求められていることが伺える。

その他の教科においては，全て「第３　指導計画の作成と内容の取扱い」で登場する。例えば，小学校と中学校の社会科，高等学校の地理歴史科，公民科では表現の差異はあるが，情報の収集，処理，発表などにあたって，学校図書館や公共図書館，地域の公共施設の活用が求められている。また中学校の美術科では学校図書館における鑑賞用図書，映像資料の活用が挙げられ，高等学校の芸術科，音楽科，美術科では，学校の実態に応じた学校図書館の活用が求められている。

(３) 特別活動，総合的な学習の時間での記載

特別活動と総合的な学習の時間でも，学校図書館の記載がそれぞれ見られる。まず特別活動では，小学校から高等学校まで全て「一人一人のキャリア形成と自己実現」という項目立ての中で記載が行われている。小学校と高等学校は「主体的な学習態度の形成と学校図書館等の活用」として，自主的に学習する場としての学校図書館を活用することが挙げ

られ，中学校では，「社会生活，職業生活との接続を踏まえた主体的な学習態度の形成と学校図書館等の活用」として，同様に自主的に学習する場としての学校図書館の活用が挙げられている。

次に総合的な学習の時間では「指導計画の作成と内容の取扱い」で，小学校から高等学校までで「学校図書館の活用，他の学校との連携，公民館，図書館，博物館等の社会教育施設や社会教育関係団体等の各種団体との連携，地域の教材や学習環境の積極的な活用などの工夫を行うこと」と共通の記載が行われている。この部分について総合的な学習の時間の学習指導要領解説では，「学校図書館の整備」が立項され，学校図書館の３つのセンター機能が取り上げながら，以下の機能を果たすべきであると示されている。

1．学校図書館には，総合的な学習の時間で取り上げるテーマや児童の追求する課題に対応して，関係図書を豊富に整備する必要がある。
2．学校図書館では，児童が必要な図書を見付けやすいように日頃から図書を整理したり，コンピュータで蔵書管理したりすることも有効である。
3．図書館担当は，学校図書館の物的環境の整備を担うだけでなく，参考図書の活用に関わって児童の相談に乗ったり必要な情報提供をしたりするなど，児童の学習を支援する上での重要な役割が期待される。
4．教師は全体計画及び年間指導計画に学校図書館の活用を位置付け，授業で活用する際にも図書館担当と十分打ち合わせを行っておく必要がある。
5．総合的な学習の時間において児童が作成した発表資料や作文集などを，学校図書館等で蓄積し閲覧できるようにしておくことも，児童が学習の見通しをもつ上で参考になるだけでなく，優れた実践を学校のよき伝統や校風の一つにしていく上で有効である。

他の教科の学習指導要領解説に比べても説明の分量は多く，学校図書館が果たす役割は大きいと思われる。

3 学校図書館の機能・役割

（1）3つのセンター機能

学校図書館の機能については総則の解説編では，読書センター機能，学習センター機能，情報センター機能の3つのセンター機能を有しているとして，次のように説明が加えられている[注5)]。

①読書センター

児童の想像力を培い，学習に対する興味・関心等を呼び起こし，豊かな心や人間性，教養，創造力等を育む自由な読書活動や読書指導の場

②学習センター

児童の自主的・自発的かつ協働的な学習活動を支援したり，授業の内容を豊かにしてその理解を深めたりする（場）

③情報センター

児童や教職員の情報ニーズに対応したり，児童の情報の収集・選択・活用能力を育成したりする（場）

また，文部科学省の学校図書館担当職員の役割及びその資質の向上に

注5）文献によっては，学習センターと情報センター機能を合わせて，「学習・情報センター機能」とするものや，情報センターについて授業に活用される教材を蓄積，提供する役割を強調して「教材センター機能」があると提唱しているものがある。本書では学習指導要領の解説編に従って，「読書センター機能」，「学習センター機能」，「情報センター機能」を使用する。

<読書センター機能>	<学習センター機能>	<情報センター機能>
● 学校図書館が読書活動の拠点となるような環境整備 ● 学校における読書活動の推進や読む力の育成のための取組の実施　等	● 司書教諭や教員との相談を通じた授業のねらいに沿った資料の整備 ● 児童生徒に指導的に関わりながら行う各教科等における学習支援　等	● 図書館資料を活用した児童生徒や教員の情報ニーズへの対応 ● 情報活用能力の育成のための授業における支援　等

出所：学校図書館担当職員の役割及びその資質の向上に関する調査研究協力者会議「これからの学校図書館担当職員に求められる役割・職務およびその資質能力の向上方策等について（報告）（前半）」文部科学省, https://www.mext.go.jp/component/b_menu/shingi/toushin/__icsFiles/afieldfile/2014/04/01/1346119_2.pdf,（参照2020-12-26）

図2-3　学校図書館のセンター機能について

関する調査研究協力者会議の報告書「これからの学校図書館担当職員に求められる役割・職務およびその資質能力の向上方策等について」（以下,「学校図書館担当職員報告書」とする）では３つのセンター機能は, 図2-3のように整理され, 読書センター機能の実現のためには,「読書活動の拠点となるような環境整備」を行うなどの対策例が示されており, 実際に行う業務がイメージしやすくなっている。

（２）学校図書館の役割

「総則編解説」では, この記載に続いて, 学校図書館は読書活動の推進のために利活用されることに加え, 各教科等の様々な授業で活用されることにより, 学校における言語活動や探究活動の場となること, 主体的・対話的で深い学びの実現に向けた授業改善に資する役割を果たすことが期待されていることが述べられている。そして, 学校図書館の役割が最大限に発揮されるように, 以下の対応を行うことが挙げられている。

１．学校図書館が生徒が落ち着いて読書を行うことができる, 安らぎのある環境や知的好奇心を醸成する開かれた学びの場としての環境として整えられるよう努めること。

2．各教科等において，学校図書館の機能を計画的に利活用し，生徒の自主的・自発的な学習活動や読書活動を充実するよう努めること。

3．各教科等を横断的に捉え，学校図書館の利活用を基にした情報活用能力を学校全体として計画的かつ体系的に指導するよう努めること。

4．教育課程との関連を踏まえた学校図書館の利用指導・読書指導・情報活用に関する各種指導計画等に基づき，計画的・継続的に学校図書館の利活用が図られるよう努めること。

それ以外にも学校図書館における図書，雑誌，新聞，視聴覚資料，電子資料によって構成される図書館資料の充実や，運営にあたる司書教諭及び学校司書の配置の充実やその資質・能力の向上が必要であることが，同解説では取り上げられている。

（3）学校図書館の利活用の意義

以上，学習指導要領を中心に教育課程と学校図書館の関係を検討してきた。では学校図書館担当職員の１つである司書教諭は，どのように学校図書館を活用していくべきだろうか。この問いに答えるためには学校図書館がそもそもどのような施設であるかに立ち返った上で，これまで取り上げた学習指導要領や学習指導要領解説の記載を参照する必要があるだろう。

例えば，学校図書館は学校内の他の場所に比べて，多種多様な資料を収集・整理・保存・提供できる状況が整えやすく，情報センター機能としての機能を果たしやすい特性がある。この特性は「総合的な学習の時

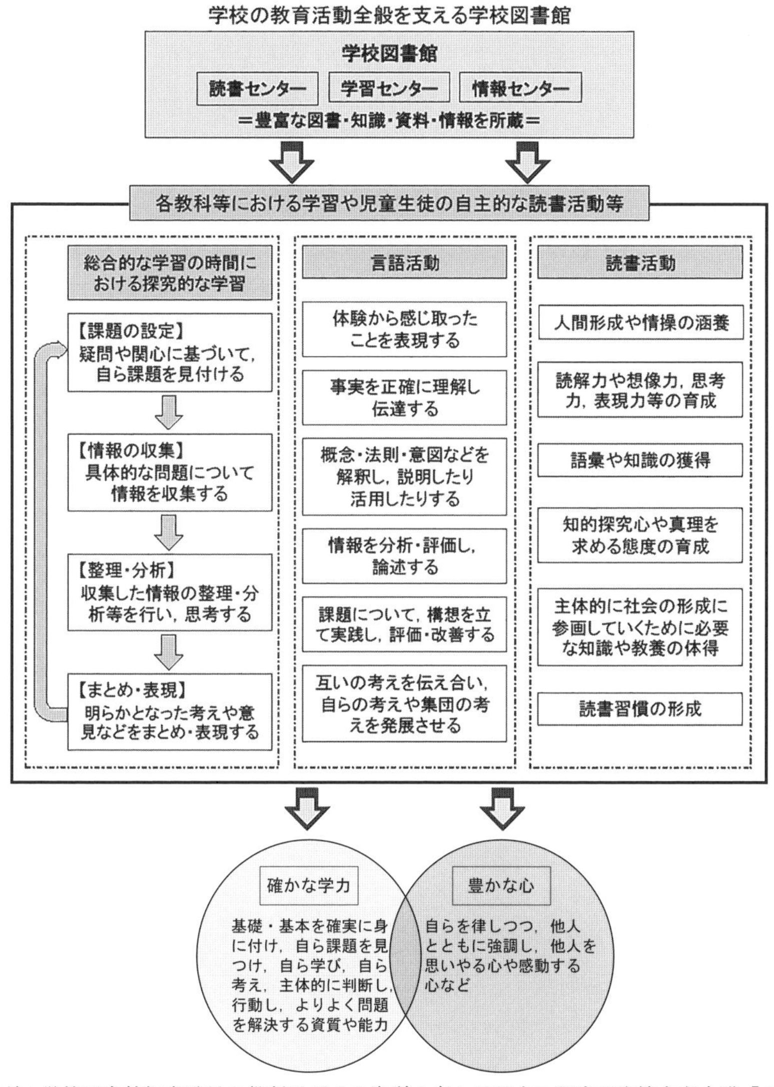

出所：学校図書館担当職員の役割及びその資質の向上に関する調査研究協力者会議「これからの学校図書館担当職員に求められる役割・職務およびその資質能力の向上方策等について（報告）（前半）」 文部科学省，https://www.mext.go.jp/component/b_menu/shingi/toushin/__icsFiles/afieldfile/2014/04/01/1346119_2.pdf,（参照2020-12-26）

図2-4　学校図書館の利活用の意義（イメージ図）

間」においては，教科横断的な学びを展開するにあたっては，教科書や資料集以外の多くの資料が必要となるメリットとなり得る。これはあくまでも一例であるが，学校図書館の機能や役割に照らせば，教育課程の様々な場面で学校図書館の活用が計画できるだろう。

このような整理として，平成20・21年の学習指導要領を前提としているため，最新の学習指導要領の状況を反映できてはいないが，図2-4のような「学校図書館担当職員報告書」の学校図書館の利活用の意義（イメージ図）は，教育課程と学校図書館の関係を整理する上では１つのモデルとなると思われる。

こうした教育課程との関係を整理することは，平成29・30年（2017・2018）学習指導要領が目指している「カリキュラム・マネジメント」の方向性とも一致する取り組みである。実際の活動は計画策定から始まらない場合も考えられるが，学校という教育機関で組織的かつ計画的な活動を続けるためには，全ての学校図書館担当職員が教育課程との関係を意識しておく必要があるだろう。

■ 理解を確実にするために

1 次の用語を説明しましょう。

①主体的・対話的で深い学び

②探究的な学習

2 この問題に答えましょう。

学校の教育課程において学校図書館の活用はどのように位置づけることができますか。インターネットなどで実際の学校の教育課程を検索し，例を挙げながら説明してください。

■ 理解を深めるために

① 無藤隆解説，馬居政幸・角替弘規制作『無藤隆が徹底解説　学習指導要領改訂のキーワード』明治図書出版，2017

② 日本学校図書館学会編『学校図書館を活用した学習指導実践事例集』教育開発研究所，2013

■ 参考文献

① 田中耕治・鶴田清司・橋本美保・藤村宣之『新しい時代の教育方法』改訂版（有斐閣アルマ，Interest）有斐閣，2019

② 今井福司編著『情報教育と学校図書館が結びつくために』（学びの環境デザインを考えるシリーズ；第２巻）悠光堂，2022

3　学校図書館を活用した授業（1）読書センター機能を中心として

鎌田和宏

《目標＆ポイント》 学習指導要領によれば，学校図書館は３つのセンター機能を期待されている。その１つが読書センター機能である。読書センターとしての学校図書館は豊かな人間性，教養，想像力等を育む自由な読書活動や読書指導の場と位置づけられている。読書は人格形成に大きな役割を果たすだけでなく，学習活動の基盤ともなっている。学習活動の中で読むことがどのように育てられるのか検討する。

《キーワード》 読書センター，人格形成，汎用的資質・能力，言語能力，読書センター，読書指導，読解力，リーディングリテラシー，個に応ずる

1 学校図書館の３つの機能

本章から３章にわたって，学校図書館の３つの機能について検討していく。本章では読書センター機能について検討する。

そもそも学校図書館とは，どのようなものなのだろうか。わが国においては1953年に公布（施行は1954年）された学校図書館法では，小中高等学校等において「図書，視覚聴覚教育の資料その他学校教育に必要な資料（以下「図書館資料」という。）を収集し，整理し，及び保存し，これを児童又は生徒及び教員の利用に供することによって，学校の教育課程の展開に寄与するとともに，児童又は生徒の健全な教養を育成することを目的として設けられる学校の設備」（下線筆者）とされている。

これからは，学校図書館が児童生徒（及び教員）に対して

①学校教育に必要な資料を収集・整理・保存・提供する

②教育課程の展開に寄与する

③健全な教養を育成する

の３点を行う「設備」（すなわち施設や器具・装置）だということがわかるだろう。

教育課程とは，文部科学省によれば「学校教育の目的や目標を達成するために，教育の内容を子供の心身の発達に応じ，授業時数との関連において総合的に組織した学校の教育計画」[注1)] とされており，ごくおおづかみに言えば学校が行う教育活動の全体計画である。それ故，学校図書館は学校教育全般に寄与することが求められている。

教育課程の展開に寄与する学校図書館という観点からすると，教育課程の編成基準である学習指導要領ではどのように位置づけられているだろうか。小学校を例に見てみると，学習指導要領の総論である総則の第３教育課程の実施と評価，１．主体的・対話的で深い学びの実現に向けた授業改善の（７）として，以下が示されている。

（７）学校図書館を計画的に利用しその機能の活用を図り，児童の主体的・対話的で深い学びの実現に向けた授業改善に生かすとともに，児童の自主的，自発的な学習活動や読書活動を充実すること。また，地域の図書館や博物館，美術館，劇場，音楽堂等の施設の活用を積極的に図り，資料を活用した情報の収集や鑑賞等の学習活動を充実すること。（下線筆者）

この文章と同趣旨のものは，中学校，高等学校の学習指導要領の総則にもある。ここで示されている「その機能」については，それぞれに学習指導要領解説[注2)] に説明があり，すでに第２章で触れたように，３つの

注１）文部科学省『小学校学習指導要領（平成29年告示）解説　総則編』（2017年告示）11頁，https://www.mext.go.jp/component/a_menu/education/micro_detail/__icsFiles/afieldfile/2019/03/18/1387017_001.pdf（2021年２月20日確認，以下同様）

注２）文部科学省『小学校学習指導要領（平成29年告示）解説　総則編』

センター機能があるとされている。３つのセンター機能とは

①読書センター

②学習センター

③情報センター

であり，本章で検討する読書センターについては，以下の様に説明されている。

児童の想像力を培い，学習に対する興味・関心等を呼び起こし，豊かな心や人間性，教養，創造力等を育む自由な読書活動や読書指導の場である。

これによれば，読書センター機能が発揮されることにより，読書指導がなされ，自由な読書活動が行われることによって，子どもの想像力が培われ，学習に対する興味・関心等が喚起され，豊かな人間性，教養，想像力等が育まれるということになる。

この背景には「子どもの読書活動の推進に関する法律」（2001年）とそれに基づいて策定される「子どもの読書活動の推進に関する基本的な計画」（国）がある。「子どもの読書活動の推進に関する法律」は子ども読書年を契機に，超党派による「子どもの未来を考える議員連盟」による議員立法で成立した法律で，子どもの読書活動の推進に関する理念を定め，国，都道府県，市町村が担う役割等を定めている。国は「子どもの読書活動の推進に関する基本計画」を策定し，これを元に都道府県，市町村が「子どもの読書活動推進計画」を策定している。学校図書館の運営に際しては，国の計画はもとより，学校の設置者である自治体の計画を把握しておく必要があるだろう。

さて，読書活動とはどのようなものか考える際に参考になるのが文化審議会の答申「これからの時代に求められる国語力について」（2004年）である[注3)]。答申では，読書について，文学作品を読むことに限らず，

自然科学・社会科学関係の本や新聞・雑誌を読んだり何かを調べるために関係する本を読んだりすることも含めたものだとしている。また，読書の意義を，楽しく知識がつき，ものを考えることができる人類が獲得した文化で重要だとし，読む対象として，あらゆる分野が用意され，簡単に享受でき，それほど費用もかからないという特色を有し，一生の財産として生きる力ともなるとしている。また読書は「考える力」「感じる力」「想像する力」「表す力」「国語の知識等」を育てる上で中核となるものだとし，情報化が進展する社会においても，考えずに断片的に情報を受け取るだけの受け身姿勢とはならず，文字で考える必要があることから，読書は一層必要になるものとしている。

ここでいう読書の定義は2004年のものであるから，現在定義し直すとすれば，電子書籍やWebサイト上のテキストや動画等のメディアを読み解くことも含まれることだろう。

答申は続けて「２　学校における読書活動の推進の具体的な取組」として学校教育で取り組む読書活動についても述べており，①学校図書館の計画的な整備，②学校教育における「読書」の位置付け，③望ましい「読書指導」の在り方，④子どもたちが読む本の質的・量的な充実の４つの観点が必要だとしている。

①では学校図書館図書標準を確実に達成し，子どもたちの意向も十分に取り入れた図書選定をし，保護者の「読書」に対する意識改革を進めながら，「人がいる」学校図書館の実現にむけて整備することが重要だとしている。②では読書活動の位置づけを「国語科」の中でのみ行われるものとの認識を改め，全ての教科，全校で取り組むものと改める必要があることを指摘している。また，読書活動について子どもの自主性・

注３）文部科学省「これからの時代に求められる国語力について（文化審議会答申）」(2004年２月３日)，20頁。「Ⅱ　これからの時代に求められる国語力を身に付けさせるための方策について」の「第２　国語力を身に付けるための読書活動のあり方」，「１　読書活動についての基本的認識」より。https://www.mext.go.jp/b_menu/shingi/bunka/toushin/04020301/015.pdf

自発性が尊重されることは重要だが学校教育の中で適切に指導することの必要性も指摘している。③では子ども個々の実態に応じたきめ細やかな読書指導をする必要性を指摘しており，とりわけ子どもと本の橋渡しをする教員の役割を重視し，教員自らの読書経験を活かした読書指導の必要性なども指摘し「本を読まない教員は求められていない」とまでしている。また，家庭との連携の重要性も指摘している。④では教科書に掲載される文章だけでは子どもたちの読みたいという気持ちに十分応えられていないのではないかという認識から，より広く読書できるようにブックトークなどの読書活動を取り入れる必要性を指摘している。

この答申は12学級以上の学校での司書教諭配置直後の2004年に出されたものであり，現在までに多くの時間が経過してしまっているが，残念ながらここで指摘されている問題点は現在も存在し，改善の方向性は現在においても必要なもので，読書指導・読書活動の基本を示したものとして重要である。

2 子どもの読書の実態

子どもの読書実態を知るために，よく参照される調査に，全国学校図書館協議会と毎日新聞が行っている「学校読書調査」がある。毎年６月に５月の読書状況を調査している。本稿執筆最新調査の「５月１カ月間の平均読書冊数」を見てみると**図3-1**のようである[注4)]。

５月の１カ月に小学生は11.3冊，中学生は4.7冊，高校生は1.4冊の本を読んでいる。読書冊数は小・中・高等学校へと進むほどに減っている。年齢が進むにつれて，読んでいる本の質が変化することを考えると，単

注４）全国 SLA 研究調査部「子どもの読書の現状（第65回学校読書調査）」（公益社団法人 全国学校図書館協議会『学校図書館』829号，2019年11月）。学校読書調査は毎年『学校図書館』の11月号に掲載されている。同調査は1954年から1964年と2020年を除き，毎年行われている抽出調査である。調査結果の一部は全国学校図書館協議会のウェブサイトでも公表されている。https://www.j-sla.or.jp/material/research/dokusyotyousa.html

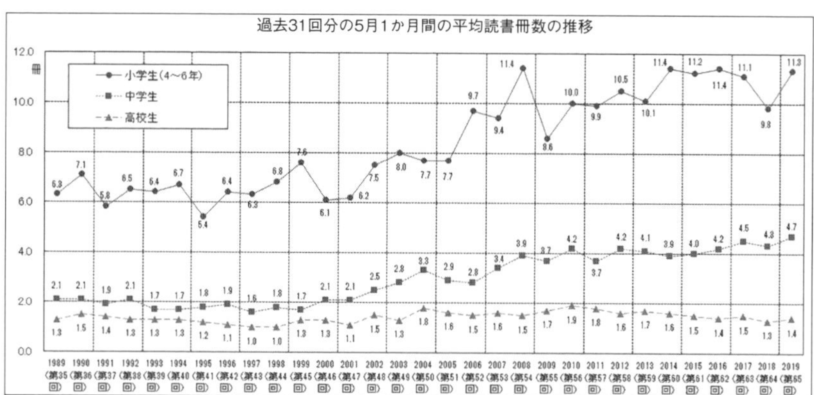

出所：全国 SLA 研究調査部「子どもの読書の現状（第65回学校読書調査）」（公益社団法人 全国学校図書館協議会『学校図書館』829号，2019年11月号）

図3-1

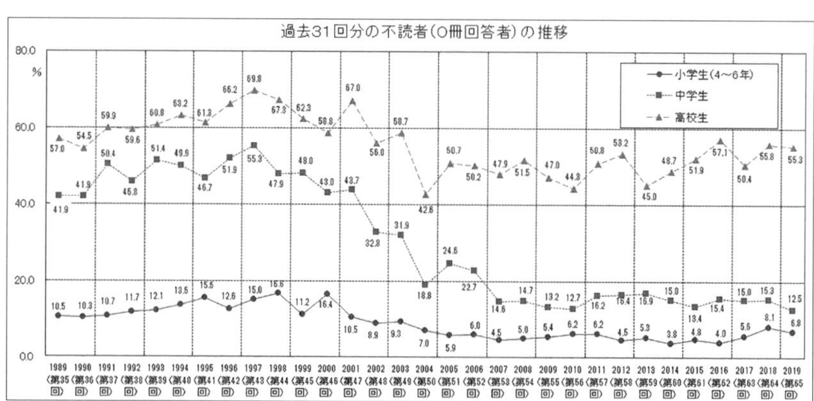

出所：全国 SLA 研究調査部「子どもの読書の現状（第65回学校読書調査）」（公益社団法人 全国学校図書館協議会『学校図書館』829号，2019年11月号）」

図3-2

純に判断できないが，同時に行われている５月に１冊も読まなかった回答者の割合を見ると，気になる読書実態が見えてくる。５月の０冊回答者は小学生6.8%，中学生12.5%，高校生55.3%となっている[注5)]。年齢が進むにつれて，読書離れが進んでいることが見えてくる。

この傾向は，高校生で止まるわけではなく，大学生[注6)]や大人[注7)]の読書離れが進んでいることも報告されている。高校生以降，読書から離れる傾向は固定化するようである。読書活動の推進における学校教育の担う役割の重要性を認識したい。

3 読書センターとしての学校図書館

先に触れたように，読書センターとしての学校図書館の役割は，子どもの自由な読書活動を推進し，読書指導を行うことによって，児童生徒の想像力を培い，学習に対する興味関心を喚起し，豊かな人間性や教養，想像力等を育むことである。

平成29年告示の学習指導要領が作成される前提となった中教審答申（第197号）では読書活動について，次のように指摘されている。

> 子供たちの読書活動についても，量的には改善傾向にあるものの，受け身の読書体験にとどまっており，著者の考えや情報を読み解きながら自分の考えを形成していくという，能動的な読書になっていないとの指摘もある。教科書の文章を読み解けていないとの調査結果もあるところであり，文章で表された情報を的確に理解し，自分の考えの形成に生かしていけるようにすることは喫緊の課題であ

注５）注４）に同じ。

注６）「第54回　学生の消費生活実態調査」によれば，調査対象の大学生の48%が１日の読書時間が０分と回答したという。全国『CAMPUS LIFE DATA 2018（学生生活実態調査報告書）』

注７）大人の読書については文化庁「国語に関する世論調査（平成30年度）」によれば，１カ月に１冊も読んでいないと回答した47.3%であった。https://www.bunka.go.jp/tokei_hakusho_shuppan/tokeichosa/kokugo_yoronchosa/pdf/92701201_01.pdf

る。特に，小学校低学年における学力差はその後の学力差に大きく影響すると言われる中で，語彙の量と質の違いが学力差に大きく影響しているとの指摘もあり，言語能力の育成は前回改訂に引き続き課題となっている。(下線筆者)

ここに示されるように教科書の文章が読み解けていない，すなわち読解力がついていない，リーディングリテラシーが身についていない[注8)]ということをふまえ，学習指導要領が作成されていると言うことも把握しておきたい。

さて，学校図書館が読書センターとして機能するためには，どのような取り組みが必要なのだろうか。以下の３点が必要だと考えられる。

①環境整備

②読書への働きかけ（読書指導計画と行事）

③読書活動推進支援

①の環境整備は，子どもの関心を読書に向ける施設・設備環境の整備と読書材（学校図書館コレクション）の整備がある。前者においては，学校図書館の装飾や，資料展示に工夫を凝らし，子どもの関心を喚起する働きかけがあるだろう[注9)]。学習指導の面からすると，学校図書館に，授業で扱うテーマに応じた本の展示コーナーを作成したり，新聞や雑誌に触れられるコーナーを作成したりということがあげられるだろう。何より重要なのは学校図書館の資料の総体であるコレクションの構築であろう。授業等で扱うテーマや，子どもが興味・関心を持ちそうなにテーマに関連した本などの資料や，その他の情報源を整備することで，読書

注８）中央教育審議会「幼稚園，小学校，高等学校及び特別支援学校の学習指導要領等の改善及び必要な方策等について（答申）（中教審第197号）」2016年12月。新井紀子『AI vs 教科書が読めない子どもたち』（東洋経済新報社，2018）

注９）例えば，吉岡裕子・遊佐幸枝『発信する学校図書館ディスプレイ』（少年写真新聞社，2015），さわださちこ『楽しもう！学校図書館ディスプレイ』（公益社団法人 全国学校図書館協議会，2009）。

に対する意欲が高まってくる。近年，教科書等にも扱う主題に関連する読書案内が掲載されているようになってきている。教科書で取り上げられている文章や関連資料をそろえることをからはじめ，子どもの興味・関心を引き出すような資料をそろえたい[注10)]。

②の読書の働きかけは，読書指導計画を策定し，見通しを持って系統的な指導をすることは重要で，読書計画の作成については，本章末に示した「横浜モデル　読書活動を通して育成を目ざす資質・能力体系表」のような長い期間を見通した全体計画を元に，各校で計画を立てるとよいだろう（章末資料参照）。また，多忙な学校生活の節目に，学校図書館発の行事を行うことで，読書活動を活性化させる取り組みも重要である。多くの学校では４月23日の子ども読書の日からはじまる「子どもの読書週間」（～５月12日）と，文化の日を中心とした10月27日から11月９日の「読書週間」に，読書を進める様々な取り組みをしている。この行事をきっかけに，読書に向かうようになったという事例も多く聞く。とくに中・高等学校では図書委員の活動による働きかけも大きな意味を持つ。同世代による読書の勧めは効果的だと言われている[注11)]。

③は，子どもの読書活動を推進する学習活動で，読書センターとしての学校図書館が **図3-3** のような読書活動が行われるよう支援することが考えられる[注12)]。

ここで紹介している読書活動は，読書していること（または活動に取り組むことをきっかけに読書に取り組むこと）を前提としつつ，学習活動としての読書活動に取り組むことによって，読書の質が深まったり，

注10）片岡則夫『「なんでも学べる学校図書館」をつくる１・２』（少年写真新聞社，2013・2017）

注11）図書委員会の活動については，例えば次がヒントを与えてくれる。吉岡裕子，村上恭子『図書委員アイデアブック』（少年写真新聞社，2019），また読書にかかわるイベントについては，牛尾直枝，高桑弥須子『学校図書館が動かす読書イベント実践事例集』（少年写真新聞社，2016）がある。

注12）拙著『入門情報リテラシーを育てる授業づくり』（少年写真新聞社，2016）p.60を元に修正・加筆。

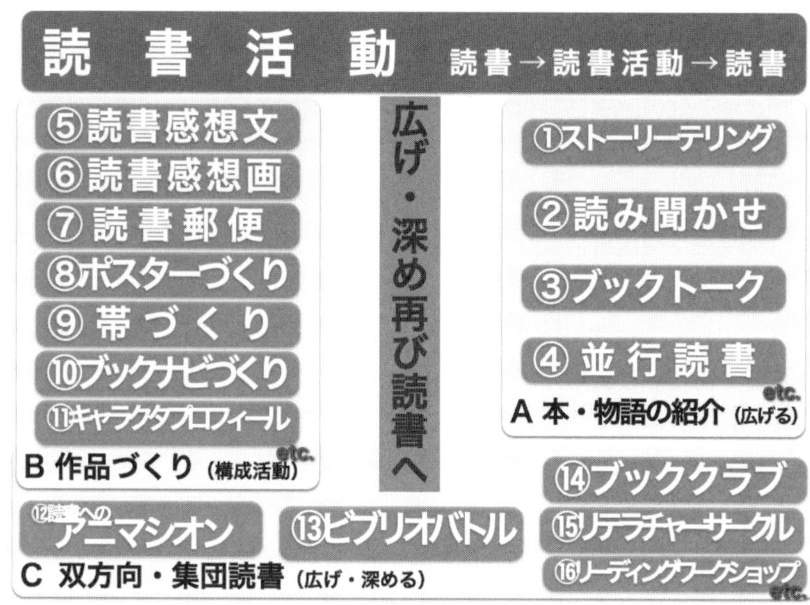

出所：鎌田和宏『入門情報リテラシーを育てる授業づくり』（少年写真新聞社，2016）p.60を元に修正・加筆。

図3-3　読書活動

より広く読書したりすることが期待される学習活動である。

Ａグループの読書活動は，本や物語を紹介する活動である。読書に親しんでいない子どもたちの実態として，何を読んでよいかわからない，読みたいものに出合っていないということがよくあげられる。①～④は本等を紹介したり，直接読み聞かせたりする活動であり，授業等の中で取り入れる場合には，授業の構成を大きく変えずに位置づける事ができ，導入しやすく，効果的なものである。特に並行読書は効果的で，様々な教科等の授業で，取り上げるテーマに応じた本等を紹介し，読むことを推奨することによって，テーマに対する知識や理解が深まり・広がり，授業への意欲が向上することが報告されている。

Ｂグループの読書活動は読んだことを元に，文章を書いたり，作品をつくったりする構成活動で，構成活動に取り組むことをきっかけに，再読が行われ，理解が深まることや広がることが期待される活動である。

Ｃグループの読書活動は双方向・集団の読書活動で，他者の読みに触れることによって，理解が深まることや広がることが期待される活動である。これらを授業や特別活動等で行いやすくするような支援をする事が重要である。これらの読書活動に取り組む方法を簡潔に紹介した資料を作成して行いやすくしたり，学校図書館行事に位置付けて実際に体験する機会を設けたりすることが取り組まれている。

この他にも，創意によって多くの読書活動が構成できるだろう。子どもが夢中になって取り組み，読書のよさを味わえる様な読書活動を考案し実践していただきたい。

4 読書センター機能を活かした学習活動の実際

本節では学校図書館の読書センター機能を活用した，実際の学習活動を紹介する。ここでは，東京学芸大学学校図書館運営専門委員会による「先生のための授業に役立つ　学校図書館データベース」[注13)]を中心に事例を紹介することにする。このデータベースは学校図書館の活用方法を具体的に示すために，東京学芸大学附属学校での実践事例を中心としつつ，全国のすぐれた事例を収集して，学習指導案や，提供したブックリストなども示しつつ，授業の具体的なイメージが捉えられるようにした

注13）東京学芸大学学校図書館運営専門委員会「先生のための授業に役立つ学校図書館データベース」http://www.u-gakugei.ac.jp/~schoolib/htdocs/　学校図書館を活用した授業事例が豊富だが，学校図書館の整備や情報活用能力育成に関する資料など，学校図書館活用を考える際の資料が豊富に提供されている。事例の検索にあたっては，管理番号をサイト内検索に入力すると検索しやすいので活用いただきたい。

ものである。

【小学校】

①小学校２年　国語　音読劇をしよう「お手紙」（2015年の実践　管理番号 A0251）

授業者の意図としては，教科書教材として取り上げられているアーノルド・ローベルの「お手紙」を読んだことを契機に，この物語に登場するがまくんとかえるくんへの理解と，２人が登場するローベル作品，また作者であるローベルに対する理解を深めさせるために，ローベルの他の作品を用意して，並行読書に取り組ませている。本事例には，学習指導案と提供されたブックリストが添付されている。公立小学校の実践。

②小学校４年　国語　ウナギのなぞを追って（2016年の実践　管理番号 A0249）

教科書教材「ウナギのなぞを追って」（光村図書）の学習と並行して，子どもたちが普段手に取ることが少ない科学読み物に触れさせたいという授業者の意図に応じて，司書教諭がブックトークを行い，科学読み物を紹介した。実践当時，国際宇宙ステーションの若田さんが話題になっていたことから，ブックトークでは若田さんの国際宇宙ステーションに関する本を皮切りに，宇宙に関わる本を合計８冊紹介するブックトークを行った。公共図書館から団体貸し出しを受けた科学の本も紹介して，子どもたちは読後に本を紹介するライブラリーナビ[注14)]を作成し，展示して見合った。本事例には，ブックトークのシナリオが添付されている。公立小学校の実践。

③小学校５年 国語 大造じいさんとガン（2014年の実践 管理番号 A0240）

注14）ライブラリーナビ（Library NAVI）は，神奈川県の高等学校の学校司書によって生み出された構成作品の名称で，様々な応用的な利用が考えられる。次のサイトを参照のこと。http://librarynavi.seesaa.net/

国語の教材文「大造じいさんとガン」の学習を契機に，動物と人間の関係を描いた作品を多く読ませたいとの授業者の意図から，動物と人間に関わる作品を紹介し，読んだ作品について POP を作成した。本事例には提供された動物と人間の物語のブックリストが添付されている。公立小学校の実践。

【中学校】

④中学校　1年　社会　『明日をさがす旅』から考える難民問題（2019年の実践　管理番号 A0366）

アラン・グラッツ著・さくまゆみこ訳『明日をさがす旅』（福音館，2019年）を使って，難民について学ぶ授業をしたいが，1冊の文学作品を全員で読む時間はとれないので部分的にでも読んで，同世代の主人公に寄り添いながら難民について学ばせたいと言うことが授業者の意図であった。そこで難民をテーマにした翻訳文学のリストを作成・資料提供した。本事例には学習指導案と提供した「文学から始まる歴史授業」という資料リストが添付されている。

⑤中学校　3年　国語「批評」を考える（2015年の実践　管理番号 A0236）

万葉集の中から好きな歌を一首選び，批評文を書かせたいので万葉集に関する資料提供をして欲しいというのが授業者の意図であった。生徒たちは提供された資料から，自分の選んだ和歌を先人たちがどのように解釈・評価していたのか文献で調べ，それらをふまえながら，最後には自分の言葉で選んだ和歌の批評文を書いていった。本事例には提供されたブックリストと，学習指導案が添付されている。

【高等学校】

⑥高校　１年　国語　詩（2014年の実践　管理番号　A0227）

教科書では１人の作家の詩は一篇ごとに出てくるが，詩集としてまとまって読むとまた印象が違ってくる。詩集をまるごと読ませたいということが授業者の授業意図であった。生徒はひとり１つ詩集を選び，その中から選んだ一篇をグループで読み合い，「額に入れておきたい詩」を一篇選ぶ活動に取り組んだ。公立高校の実践。

⑦高校　２年　国語　現代文　点検読書（2020年の実践　管理番号 A0378）

修学旅行を前に，奈良・京都が舞台の小説を読ませたいということが，点検読書を取り入れ生徒各自の興味関心に沿った選書をさせたい授業者の意図である。授業者によると，新書を読む際に点検読書を取り入れることが多いが，小説を読む際にも有効だと捉えているとこのことで，２～３頁を読み，判断させるという活動を行った。生徒は用意された５つのグループに分けられた合計40タイトルの本から５点を点検読書したが，生徒の選書のポイントがタイトルやブックデザインも重要であることがわかったとのことであった。残念ながらCOVID-19の感染第３波のために修学旅行は中止となったということであった。公立高校の実践。

以上，小学校から高等学校まで７つの授業事例を紹介した。この「学校図書館データベース」には，この他にも多くの読書センター機能を活用した授業事例が紹介されている。また，読書活動をキーワードに実践書を探すと，多くの授業事例を紹介した書籍を見つけることができるだろう。先行実践に学び，自校の状況に合わせながら実践に取り組んでいただきたい。

■ 理解を確実にするために

1 次の用語を説明しましょう。

①子どもの読書活動の推進に関する法律

②読書センター

2 次の問いに答えましょう。

全国学校図書館協議会・毎日新聞社による「学校読書調査」では，小中高校生の読書実態はどの様ですか。説明しましょう。

■ 理解を深めるために

① M. J. アドラー，C. V. ドレーン『本を読む本』講談社，1997

② 塩谷京子，小谷田照代『小学校明日からできる！　読書活動アイデア事典』明治図書，2018

■ 参考文献

① プロジェクト・ワークショップ『読書家の時間　自立した読み手を育てる教え方・学び方』新評論，2014

② 山元隆春『読書教育を学ぶ人のために』世界思想社，2015

③ 日本読書学会『読書教育の未来』ひつじ書房，2019

資料

横浜モデル　読書活動を通して育成を目指す資質・能力　体系表
(1)小学校・中学校・高等学校

分類	目標	資質・能力	小学校（低学年）	小学校（中学年）	小学校（高学年）	中学校	高等学校	子どもの活動の姿
A 習慣形成	いろいろな本や文章に触れる機会を設け、本や読書に対して日常的に親しみ、興味・関心をもち続けようとする。	①習慣化	○ 読む前に手を洗い、大切に本を扱う。	○ 並べ方に気を付けて本をそろえたり、持ち運び方に気を付けたりして、本を大切に扱う。	○ 本の分類に従って図書を整理し、本を大切に扱う。	○ 身近に本を置くなど読書環境を整え、適切に本を扱う。	○ 一般公共施設の使用に準ずるマナーを理解して、適切に本を扱う。	親しむ
			○ 明るさに気を付け、本と目との距離を30cm以上離す。					
			○ 本の借り方、返し方、取り出し方など学校図書館や公共図書館のきまりや約束、本の扱い方を知る。			○ 公共図書館などの利用のマナーを身に付ける。	○ 図書館の配架方式を理解する。	
			○ 本の読み聞かせやストーリテリングなどを聞くことを楽しんだり、設定された時間（10〜15分）の中で本を読んだりする。	○ 自分なりに読書時間を決め、継続的に読む。	○ 計画的に読書時間を設けて、本を読む。	○ 生活の中で読書の時間を見いだし、計画的・継続的に読書時間を設定して読む。	○ 興味・関心をもった事柄について、読書する習慣をつくる。	
			○ 教師と共に簡単な読書記録を付けることにより、本に親しもうとする。	○ 読書記録の付け方を知って記録し、読書への励みとする。	○ 読書記録を読み返し、読書の楽しみや広がり、深まりのきっかけとする。	○ 読書記録を書いたり読み返したりして読書生活を振り返り、自分の読書に役立てたり、今後の方向性を考えたりする。	○ 読書週間・読書月間等を利用し、継続・計画的な読書習慣を確立し、生涯学習としての読書・教養としての読書へと、つなげていく。	
			○「はまっ子読書ノート」の使い方を知り、教師と共に簡単な読書計画を立てたり、読んでみたい本を探そうとしたりする。※「はまっ子読書ノート」は、YCANウェブページからダウンロード可。	○「はまっ子読書ノート」を活用したり、学習をきっかけにして出会った本を取り上げげたりして、読書計画を立てる。	○「はまっ子読書ノート」や簡単なリストを活用したり、学習に関わる本や読んでみたい本を取り上げたりして、自分に合った読書計画を立てる。	○ 教科書の関連書籍情報や公共図書館が発行しているブックリストなどを活用して、自分に合った読書計画を立てる。		
			○ デジタルコンテンツの扱い方を知り、本や簡単な読み物を読む。	○ デジタルコンテンツを活用し、様々な読み物を読む。	○ デジタルコンテンツを活用し、自分に必要な情報を集めて読む。	○ デジタルコンテンツを活用し、必要な情報を集めて読む。	○ デジタルコンテンツを活用し、必要な情報を集めて読む。	
		②領域の拡大	○ 読み聞かせや本の紹介などから、絵本や簡単な読み物に興味をもつ。					
			○ 楽しんだり知識を得たりするために、本を選んで読む。	○ 自分の興味・関心や目的に応じて、いろいろな本を選んで読む。	○ 自分の興味・関心や目的に応じて、複数の本を選んで比べて読む。	○ 自分の興味・関心や目的に応じて、複数の本を選んで比べて読む。	○ 多種多様な図書があることを知り、積極的に様々なジャンル・著者・表現形式の読書を行う。	
			○ 日本や外国の物語などを楽しんで読む。	○ 詩や物語、ファンタジーなどを幅広く読む。	○ 伝記、推理小説・冒険小説、SF、芸術、料理、スポーツなどの様々なジャンルの本に目を向け、進んで幅広く読む。	○ 日常生活の中で興味・関心をもったベストセラーの小説、趣味・実用の本など、様々なジャンルの本に目を向け、進んで幅広く読む。	○ ある著作から別の著作へと関連をたどる。	
			○ 昔話・民話・神話・伝承などを読む。	○ 易しい文語調の短歌や俳句を音読したり暗唱したりして、言葉のリズムや響きに親しむ。	○ 親しみやすい古文、漢文、近代以降の文語調の文章を読む。	○ 歴史的背景等を理解しながら、古文、漢文、文語調の文章を積極的に読み、その世界に親しむ。		
			○ いろはうたやかぞえうた、しりとり、なぞなぞ、回文、折句、早口言葉、かるたや地域に伝わる言葉遊びなどの本を読む。	○ ことわざ・慣用句・故事成語などの本を読んだり、意味を知り、使う。	○ 古典について解説したり、作品の大体を紹介したりする本を読む。			
			○ 教科等の学習をきっかけとして、9分類以外の読み物を読んだり、簡単な図鑑、科学的な読み物や事典、簡単な説明書などを読んだりする。	○ 科学的な読み物や図鑑などと同じような内容の本に目を向けて読む。	○ 新聞や雑誌、パンフレットや年鑑など、日常生活の様々な場面で出会う文章を読む。	○ 情報を広く集めるために、新聞や雑誌、書評や専門誌など日常生活の様々な場面で出会う文章を進んで読む。	○ 書評欄・推薦図書・読書会などを活用する。	
		③量の拡充	○ 教科書に紹介されている絵本や易しい読み物を読む。	○ 学習した作者の本や楽しかったシリーズの本などを読む。	○ 同じ作者の本や類似したテーマの本など、自分で適切な本を選び、計画的に読む。	○ 興味をもった作者の複数の作品や、類似したテーマ・ジャンル、関連図書を積極的に読んで、読書量を増す。	○ 全集やシリーズを読み進めたり、あるテーマやジャンルの様々な著作に当たってみたりして、読書量を増す。	
			○ 2年間で「はまっ子読書ノート」の推薦図書（★〜★★★）の中の100冊以上を読む。	○ 2年間で「はまっ子読書ノート」の推薦図書（★★〜★★★★）の中の70冊以上を読む。	○ 2年間で「はまっ子読書ノート」の推薦図書（★★★〜★★★★★）の中の50冊以上を読む。	○ 自分で読書量の目標を決めて（3年間で50冊以上を目安として）より多くの本を読む。	○ 自分で読書量の目標を決めて（3年間で30冊以上を目安として）より多くの本を読む。	
			○ 友達同士で本を紹介し合ったり交換し合ったりして読む。	○ 友達同士で本を紹介し合ったり、同じような内容の本を交換し合ったりして多くの本を読む。	○ 友達同士で本を紹介し合ったり、様々な分野の本を交換し合ったりして多くの本を読む。	○ 友達同士で様々な本を紹介し合って読み、より多くの本を読む。	○ インターネットを活用する。	
					○ 長編を読み通す。	○ 長編やシリーズの本を読み通す。	○ 関連する事柄や背景などを調べて読む。	

B 読書力の育成	目的や意図に応じて、必要な本や文章を選び、言葉や文章を的確に読み、内容を捉えたり、人物の心情を考えたりするとともに、文章表現の特徴を捉えたりする。	①選書	○ 本の題名や表紙、挿絵、写真、知りたいことや読んでみたい内容などから、読みたい本を探して選ぶ。 ○ レファレンスを活用する。 ○ 作者や目次、見出し、本のリスト(「はまっこ読書ノート」など)などから、必要な本や文章を探し選ぶ。 ○ 自分の読んだ本の中から、友達に紹介する本を選んだり、紹介された本から自分の読みたい本を選んだりする。 ○ 学校図書館の読書案内(ショーケースやポスター、表紙カバーなど)にも興味をもち、読みたい本を見付けようとする。 ○ 教師や友達と一緒に、簡単な本のリストを作る。	○ 本の題名や本の厚さ、ページ数や文字の大きさなどから、自分の興味・関心、目的などを基に、自分に合った本を選ぶ。 ○ レファレンスを活用する。 ○ 索引の本のリスト(作者や本の題名)などにも目を向け、必要な図書館資料を探して選ぶ。 ○ 本の「はじめに」(まえがき)、「おわりに」(あとがき)、著者名などを参考にして本を選ぶ。 ○ 友達と紹介し合った本の中から自分に必要な本(学習に役立つなど)を選ぶ。 ○ 学校図書館の読書案内(本の帯やポップ、新刊紹介など)を積極的に利用し、本を選ぶ。 ○ 目的に応じて本を選び、自分で本のリストを作る。	○ 良書や適書の選択について初歩的な知識をもち、自分に合った本を選ぶ。 ○ レファレンスを活用する。 ○ 図書目録やインターネットによる検索方法を知り、目的に照らして本を探して選ぶ。 ○ 本の発行年、著者名、発行所などを参考にして本を選ぶ。 ○ 友達と紹介・推薦し合った本の共通点や相違点を見付け、自分の目的に合った本を選ぶ。 ○ 学校図書館の読書案内(書評、読書便りなど)を効果的に利用し、本を選ぶ。 ○ 目的に応じて、必要な本や資料のリストを作り、生かす。	○ 良書や自分に合った適書の選択についての知識をもち、自分に合った本を選ぶ。 ○ レファレンスを活用する。 ○ 図書目録やインターネットによって本を検索し、目的に照らして効果的に本を選ぶ。 ○ 本の目次や奥付などを参考にして、目的や意図に応じて本を選ぶ。 ○ 学校図書館便りや公共図書館の発行物、新聞の本に関する記事・広告などを参考にして本を選ぶ。 ○ 目的や意図に応じて、テーマに合った本や資料のリストを作り、生かす。	○ ジャンルや内容また書名・著者・序文・あとがき・参考文献などを手掛かりとして、自分の求めている図書を探し出す。 ○ 図書館の蔵書検索システムやレファレンスを活用する。 ○ インターネットの情報を吟味して本や資料を選ぶ。 ○ 読書案内・書評欄などを活用する。	深める
		②文章表現の特徴	○ 物語文(昔話、神話、伝承など)と説明文(科学的な読み物、図鑑など)の違いを捉えて読む。	○ 物語文、説明文、記録文、報告文、観察文、解説文、紹介文などの違いを捉えて読む。	○ 物語文、説明文、伝記(自伝・評伝)、報告文、提案文、随筆、解説文、鑑賞文、意見文、推薦文、報道文、案内文などの特徴を捉えて読む。	○ 様々なジャンルの文章の特徴を捉えながら読む。 ○ 効果的な表現を自らの文章表現に取り入れようとする。	○ 様々なジャンルの文章を読み、それぞれの目的・テーマ・用途にふさわしい表現様式があることを学ぶ。 ○ 表現の多様性・独創性を考えたり、身に付けた様々な表現の特徴を生かして、自らの考えを効果的に発信したりしようとする。	
		③効果的な読み方	○ 黙読や音読、群読、会話文と地の文読み、役割読みなど、様々な読み方で読む。 ○ 話の中に出てくるものを動作化したり、実際に見たり作ったりして読む。 ○ 表紙や挿絵と文や文章を結び付けて読む。	○ 目的に応じて、部分読みや場面読み、重ね読み、比べ読みなど、様々な読み方で読む。 ○ 資料のよさを考えながら読む。	○ 目的や意図に応じて、比べ読み、速読、摘読、通読、精読、多読など、多様な読み方の中から効果的な方法を選択して読む。 ○ 資料の効果を考えながら読む。	○ 目的や意図に応じて、比べ読み、速読、摘読、通読、精読、多読など、多様な読み方から効果的な読み方を選択して読む。 ○ 資料の価値を考えながら読む。	○ 目的や意図に応じて、多様な読み方から効果的な読み方を選択して読む。 ○ 資料の効果や価値を考えながら読む。	
		④読みの深まり(読みのプロセス) ア 語句・文の把握と理解、語彙	○ 学年別漢字配当表の当該学年までに配当されている漢字を読む。 ○ 言葉には、意味による語句のまとまりがあることに気付く。 ○ 言葉には、事物の内容を表す働きや、経験したことを伝える働きがあることに気付く。 ○ 文の中における主語と述語の関係に注意して読む。 ○ 敬体で書かれた文章に慣れる。 ○ 語のまとまりや言葉の響きなどに気を付けて読む。	○ 学年別漢字配当表の当該学年までに配当されている漢字を読む。 ○ 言葉には、考えたことや思ったことを表す働きがあることに気付く。 ○ 様子や行動、気持ちや性格を表す語句の量を増し、語句には性質や役割による語句のまとまりがあることを理解する。 ○ 主語と述語、修飾と被修飾との関係、指示語や接続語の役割について理解し、文の構成、内容のつながり、文や段落相互の関係をつかみ、文章を正しく読む。 ○ 文章全体における段落の役割を理解し、文章を正しく読む。 ○ 表現したり理解したりするために必要な文字や語句について、辞書を利用して調べる方法を理解する。 ○ ことわざや慣用句、故事成語などの意味を知る。	○ 学年別漢字配当表の当該学年までに配当されている漢字を読む。 ○ 時間の経過による言葉の変化や世代による言葉の違いに気付く。 ○ 思考に関わる語句の量を増し、言葉には相手とのつながりをつくる働きがあることを理解する。 ○ 敬語・方言・文語調、外来語などの言葉についての知識を活用して読み、語感を豊かにする。 ○ 文や文章にはいろいろな構成があることについて理解する。 ○ 表現したり理解したりするために必要な語句や事柄について、辞書や事典などを活用して調べる。 ○ 親しみやすい古文・漢文・近代以降の文語調の文章を音読して、言葉の響きやリズムを味わう。 ○ 比喩や反復などの表現の工夫に気付く。	○ 常用漢字の大体を読む。 ○ 語句の効果的な使い方など文章の表現上の工夫に注意して読む。 ○ 抽象的な概念を表す語句、類義語と対義語、同音異義語や多義語について理解し、語感を磨き、語彙を豊かにする。 ○ 辞書・事典類を活用し、文脈における語句の意味を的確に捉えて読む。 ○ 慣用句・四字熟語などに関する知識を広げ、和語・漢語・外来語などの使い分けに注意し、語感を磨き、語彙を豊かにする。 ○ 比喩や反復、対句などの表現の技法について理解する。	○ 語彙を豊かにする。 ○ 必要に応じて辞書・事典類を活用し、恣意的にならないように正確に読む。	

		イ 内容の把握と理解	○ 時間的な順序や事柄の順序などを考え、図や絵や写真なども参考にしながら内容の大体を捉える。 ○ 場面の様子に気を付けて、登場人物の行動を中心に読む。 ○ おもしろいと思った場面の人物の様子を基に、具体的にイメージしたり、行動の理由を想像したりしながら読む。	○ 段落相互の関係に着目し、考えとそれを支える理由や事例の関係などについて捉える。 ○ 場面の移り変わりに注意しながら、人物の境遇や性格を基に、行動や会話、地の文などから、登場人物の行動や気持ちなどについて読む。	○ 目的に応じて、文章の内容を的確に押さえたり、事実と感想、意見などとの関係を把握したりして、効果的に読む。 ○ 目的に応じて、文章と図表を結び付け、必要な情報を見付ける。 ○ 登場人物の相互関係や心情などについて、描写を基に表現の仕方に注意して読む。 ○ 複数の文章や情報を比較・分類したり、関係付けたりする。 ○ 古典について解説した文章を読み、昔の人のものの見方や感じ方を知る。	○ 論説的文章の表現や論理の展開の仕方を捉え、文章の内容を的確に押さえて、内容の理解に役立てる。 ○ 韻文や古典作品の表現の特徴や技法を捉え、内容を的確に捉える。 ○ 文学的文章の場面や登場人物の設定を捉え、描写をもとに心情を的確に捉える。 ○ 様々な資料を活用し、背景、関連する事象を踏まえて読む。 ○ 古文や漢文などの古典を読み、昔の人のものの見方や感じ方を知る。	○ 文章の種類を踏まえて、内容や構成、論理の展開などを的確に捉える。 ○ 文章の種類を踏まえて、資料との関係を把握し、内容や構成を的確に捉える。 ○ 文章の種類を踏まえて、内容や構成、展開、描写の仕方などを的確に捉える。 ○ 背景（時代・思想など）について調べ、表現されたものについての理解をより深める。 ○ 古典特有の表現に注意して内容を的確に捉える。	
		ウ 要旨の把握と理解	○ 身の回りの事柄や事象の説明の内容を捉える。 ○ 人物の言動や場面の様子から好きなところや興味をもったことについて捉える。 ○ 書き手が伝えたいこと、自分が知りたいことについて、大事な言葉や文を見付けて選び出し、それを書き足したり書き換えたりして、分かったことや考えたことなどを整理する。	○ 目的意識や必要感をもち、文章の中心を考えながら読む。 ○ 場面の美しさや人物の心の結び付きの強さなど、作品に込められた思いなどを考える。 ○ 目的や必要に応じて、文章の要点や細かい点に注意しながら読み、文章などを引用したり要約したりする。 ○ 物語全体を見通し、複数の叙述を基に行動や気持ちなどを捉える。 ○ 書き手の考えとそれを支える理由や事例、結論と理由との関係に着目して、文章を基に正確に読む。	○ 目的意識や必要感をもち、文章の内容を的確に押さえ、要旨を捉える。 ○ 優れた叙述を味わいながら鑑賞し、作品のテーマ等を考え、作品を解釈する。 ○ 文章全体の構成を捉え、事実と感想、意見などとの関係を押さえ、要旨を把握する。 ○ 人物像や物語などの全体像を思い描いたり、優れた叙述に着目しながら、表現の効果を捉える。 ○ 目的に応じて、多様な本を読み、課題に対する書き手の考えをまとめる。	○ 文章中の論拠を読み取り、筆者のものの見方や考え方を捉える。 ○ 作品のテーマや作者のメッセージ等を考え、作品の解釈を深める。 ○ 文章を読み比べるなどして、構成や展開、表現の仕方について批評しながら読む。	○ 文章全体の構成を理解し、その要旨を把握する。 ○ 作品に表れているものの見方、考え方を捉え、作品が成立した背景や他の作品との関係を踏まえ、作品の解釈を深める。 ○ 著者の意見や著作の意図を総合的・客観的に読む。	
		エ 感想・意見	○ 事物や事象について新しく知る喜びを味わい、知ったことや分かったことから自分の考えや感想をもつ。 ○ 人物の言動や場面の様子から、心に残った事柄を捉え、感想をもつ。 ○ 文章の内容と自分の想起した経験とを結び付け、感想をもつ。	○ 読んだ内容について感想や考えをもったり、友達と比べたり、疑問に思ったことを進んで調べたりして、自分の考えをまとめる。 ○ 人物の行動や考えに対して、自分の意見をもつ。 ○ 文章を読んで理解したことに基づいて、感想や考えをもつ。	○ 文章における事実の述べ方と感想の述べ方の違いを捉え、書き手のものの見方や感じ方、考え方などに触れ、自分の感想や意見をもつ。 ○ 人物の行動のおもしろさや様々な生き方や考え方から、作品の底に流れている考えに気付き、自分のものの見方や考え方を明確にする。 ○ 本の内容や構造を捉え、理解したことについて、既有の知識や理解した内容と結び付けて、自分の考えをまとめる。	○ 論説的文章における述べ方の違いや、書き手のものの見方や感じ方、考え方に対して、自分の感想や意見をもつ。 ○ 文学的文章における表現の特徴や、登場人物のものの見方、感じ方、考え方、生き方について感想や意見をもつ。 ○ 文章を読んで人間、社会、自然などについて考え、自分の意見をもつ。	○ 読後の感想や気付いたことなどをまとめる。 ○ 読んだ内容や意図を自己の意見と照らし合わせる。 ○ 作品の内容や解釈を踏まえ、人間、社会、自然などについて自分の考えを深める。	
C 心情形成	もののの見方や考え方を広げたり深めたりしながら、豊かな心情を培い、自分らしくよりよく生きようとする。	①自己の考えの形成・自己変容・自己判断	○ 事柄のおもしろさや不思議なことに触れ、自分の興味・関心に基づいて情報を得ようとする。 ○ 人物の言動や場面の様子などに共感し、身の回りを見つめようとする。 ○ 読んだことや強く心に残ったことを人に伝えたり、発表し合ったりすることで、読みの世界を広げ、自分の言動に取り入れようとする。	○ 未知の事柄を知る喜びを味わったり進んで調べたりして、積極的に情報を活用しようとする。 ○ 場面の様子や情景、人物の心情の変化を読み、自然や人間について見つめ、自分の体験や既習の内容と結び付けて、感想や考えをまとめる。 ○ 読んだ内容について感想や意見を交流し、一人ひとりの感じ方や考え方には違いがあることに気付き、それらを大事にしながら自分の考えをまとめる。 ○ 詩や物語、伝記などを読み、登場人物と自分とを比べたり、自分自身に生かそうとしたりする。	○ 自然現象の不思議な事やおもしろさなどに関心をもち、作品の自然観や人生観に触れ、科学的、論理的に見つめ直そうとする。 ○ 人物の多様な生き方から深い心情を捉え、価値ある生き方について自分の考えをもったり、自分の生き方について考えようとしたりする。 ○ 自分の考えを明確にしながら読み、互いの考えがどのように共通していたり相違していたりするのかを明らかにし、自分のものの見方や考え方を広げたり深めたりする。 ○ 詩や物語、伝記などの登場人物の生き方から、これからの自分の生き方をよりよくしようと考える。	○ 読書で得られた知識や情報から、科学的・論理的な思考を身に付け、自己を客観的に捉えようとする。 ○ 優れた表現描写を味わい、作品に描かれた人物の多様な生き方から、人間の生き方について思索しようとする。 ○ 読書を通して、自分の考えを明確にするとともに、他者と考えを交流することで、さらに新たな視点に気付き、自分の意見を構築したり、実践に取り入れようとしたりする。	○ 読書で得られた知識や情報から、科学的・論理的な思考を身に付け、自己を客観的に捉える。 ○ 作品から得られた感動や著者の意見を、自己の生き方や考え方、状況と照らし合わせることによって、自己の客観化・相対化を図る。 ○ 読書を通して、自分の考えを明確にするとともに、他者と考えを交流することで、さらに新たな視点に気付き、自分の意見を構築したり、実践に取り入れたりする。	自分をつくる
		②人間性の向上・行動変革	○ 本や文章を通して身近な動植物や事物の特色、仕組みなどを知り、未知の事柄に興味・関心をもとうとする。 ○ 興味をもって易しい読み物を読み、自分のしたい事やできる事を増やそうとする。	○ 未知の事柄に興味・関心をもったり、身近な生活の中から疑問や課題を見付けたりして、必要な知識を得ようとする。 ○ 人物の行動や気持ちの変化など、感動したことについて意見を交流し、一人ひとりの感じ方の違いを認めようとする。	○ 自分の生活をよりよくするため、知識や情報・資料を活用し、自分の考えを深め、豊かにする。 ○ 優れた叙述を味わいながら読み、多様な考え方を受容し、感性を豊かにする。	○ 得られた知識や情報によって視野を広げ、世界観を新たにし、自己の生活の変容に結び付けようとする。 ○ 読書によって多様な価値観・人生観に触れ、自分の人生について模索し、互いに高めたり深めたりしようとする。	○ 著者の人生観や著作の世界観を理解し、自己と他者、社会との関係についての認識を深める。 ○ 自己の人生観などについて考えを深める。人生について思索を深め、それを実践し、よりよい人生を模索する。	

D コミュニケーション	目的や意図に応じて、読書で得た感動や、ものの見方や考え方、新たに発見した事実や獲得した知識などを伝え合ったり、表現し合ったりする。	①表現 ア 音声	○ 登場人物のしたことや自分の好きなところを、順序立てて話す。 ○ 語のまとまりや言葉の響きなどに気を付けて音読する。 ○ 自分の選んだ本の好きなところについて伝え合う。	○ 心に強く残ったことや感じたことなどを、中心をはっきりさせながら相手に分かりやすく話す。 ○ 内容の中心や場面の様子がよく分かるように音読する。 ○ 読んだ本の内容などについて感じたことを話し合う。 ○ 文章全体の構成や内容の大体を意識しながら音読する。	○ 自分のものの見方、考えを深めた点などを、相手に分かりやすく話す。 ○ 自分の思いや考えが伝わるように音読や朗読をする。 ○ 読んだ本の内容や表現などについて考えたことを話し合って読み深め、集団で読書を楽しむ。 ○ 読書を通しての交流を楽しむ。(例:読書会など)	○ 自分の感想や感動を、相手に分かりやすく話す。 ○ 感動を込めて作品を朗読したり群読したりする。 ○ 自分の感想や考え、意見を発表したり話し合ったりして読み深め、集団で読書を楽しみ味わう。 ○ 読書を通しての交流を楽しむ。(例:ビブリオバトルなど)	○ プレゼンテーションソフト・ポスター・模造紙などを用いて、目的や場に応じた効果的な表現の工夫をしながら、自己の考えを表現する。 ○ 読書を通しての交流を楽しむ。(例:ビブリオバトル、ポスターセッションなど)	世界を広げる
		イ 文字	○ 登場人物のしたことや自分の好きなところについて、順序に気を付けて書く。(例:読書紹介文や手紙など) ○ 自分の選んだ本の好きなところについて伝え合う。(例:読書紹介文やカルタなど)	○ 心に強く残ったことや感じたことなどについて、中心点がはっきり分かるように書く。(例:読書ノートや本の帯、感想文など) ○ 心に強く残ったことや感じたことを、相手に分かるように表し、伝え合う。(例:本の帯やポスター、新聞、紹介リーフレット、感想文など)	○ 自分のものの見方、考えを深めた点などが相手に伝わるように、表現の効果を考えて書く。(例:本の推薦文や感想文、リライトなど) ○ 本の内容や表現などについて考えたことや読み深めたことを効果的に表し、伝え合う。(例:随筆や短歌・俳句、ポップなど)	○ 自分の感想や感動を、論理の展開や表現を工夫して書く。(例:読書ノートや読書感想文、創作など) ○ 自分の考えや意見、読み深めたことを表し、伝え合う。(例:本の帯、詩や読書郵便、創作など)	○ 効果的な表現となるように、論理の展開や文体を工夫し、様々な形式の表現を行う。(例:感想文・レポート・手紙など) ○ 文章化することを通して、自分の考えを整理・客観化する。	
		ウ 絵や立体	○ 本を読んで、自分の好きなところを材料や用具を選んで表現する。(例:読書感想画など) ○ 身近な素材を選んで作り、自分の好きなところについて伝え合う。(例:ペープサートや紙芝居など)	○ 本を読んで、自分の強く心に残ったことや想像したことについて、材料や用具の特徴を生かして表現する。(例:読書感想画など) ○ 心に強く残ったことや感じたことを材料の特徴を生かして作り、相手に分かるように伝え合う。(例:読書ボックス、ポップなど)	○ 本を読んで、作品のテーマ等をつかみ、自分が表したいことについて、材料の特徴や技能や表現の効果を考えて表す。(例:読書感想画など)	○ 絵画や造形で、読書から得た感動を表現するために、材料の特徴や技能や表現の効果を考え、工夫して表す。(例:読書感想画、布の本など)	○ 絵画・絵本・造形など様々な表現方法を試みたり効果的な表現になるように工夫したりする。	
		エ 身体及び総合的な表現	○ 本を読んで、登場人物の行動を中心にして場面の表し方を工夫し、音読と動きを合わせて動作化したり、動作化から劇化して演じたりして表現する。(例:音読劇、影絵、オペレッタなど) ○ 自分が読んでおもしろかった物語の続き話など、想像を広げて書く。 ○ 読書から得た知識を互いに紹介し合う。(例:読書クイズなど)	○ 本を読んで、場面の移り変わりに注意しながら、登場人物の性格や気持ちの変化について、表し方を工夫して表現する。(例:パネルシアターや人形劇など) ○ 自分が読んでおもしろかった物語の続き話や空想、登場人物や情景などについての憧れなどを基にした物語を書く。(例:リレー物語など) ○ 文章や図表や絵、写真などから読み取ったことを基に、考えたことを発表し合う。(例:読書会など)	○ 読書して得た感動など、自分の伝えたいことをまとめて表現する。(例:フリップなど) ○ 自分の願いや夢、考えを託した物語や脚本などについて、表現の効果を考えて作り、創作する喜びを味わう。 ○ 考えたことや伝えたいことを的確に話したり、相手の意図をつかみながら聞いたりして交流する。(例:ポスターセッションやパネルディスカッションなど)	○ 読書から得た感動、自分の考え・意見を、演劇や音楽や舞踊などの創作活動により表現する。(例:小説の戯曲化やテーマソングの作詞・作曲など) ○ 読書から発展した様々な創作活動を通して、ものの見方や考え方を深め、自らの読書生活に役立てる。	○ 音楽・映画・演劇・ダンスなどによる表現を試みる。 ○ 幅広いジャンルにわたって創作し、効果的な表現になるように工夫し、表現を広げる。	
		オ 電子媒体等による多様な表現	○ 電子機器を表現に生かす。(例:テンプレート、テレビ、お絵かきソフト、デジタルカメラ、ボイスレコーダなど) ○ 電子機器を使って、自分の作品を作ったり、記録したりする。	○ 電子機器を表現に生かす。(例:プロジェクタ、OHC、総合ソフトなど) ○ 電子機器を使って、自分の作品を作ったり、学習の記録をしたりする。	○ 電子機器を表現に生かす。(例:パソコン、プロジェクタ、スキャナなど) ○ 電子機器を利用し、写真などを貼り付けたり、必要なコメントを入力したりして、記録や発表用の資料を作る。	○ 読書で得られた感想や感動などを多様なメディアを複合して発表や発信をする。 ○ WEBページなど、多様なメディアを複合した表現を通して、作品について相互に評価し合う。	○ 電子媒体を積極的に使用し、表現の場を広げ、価値のある情報を判断し、発信する。 ○ 双方向的な電子媒体の特徴を生かし、自己の世界を広げ、社会と交流する。	
		※参考 「横浜市立学校 カリキュラム・マネジメント要領 国語科編」における表現方法の例	◆説明的な文章を読む活動 ・クイズブック ・ひみつカード ・紹介カード ・読書感想文 ・読書郵便 ◆文学的な文章を読む活動 ・おすすめカード ・本の小箱 ・お話かるた ・お話すごろく ・本のしおり ・音読発表会 ・紙芝居 ・ペープサート劇 ・音読劇 ◆本などから情報を得て活用する活動 ・図鑑づくり ・紹介スピーチ	◆説明的な文章を読む活動 ・パンフレット ・リーフレット ・ブックレット ・カード ・新聞 ・〇〇発表会 ・本の紹介 ◆文学的な文章を読む活動 ・紹介文 ・紹介スピーチ ・読書ポスター ・本の帯 ・感想文 ・一つのテーマによる読書会 ・詩を読んで感想を述べ合う ・詩のアンソロジーを編む ◆本などから情報を得て活用する活動 ・ポスター ・新聞 ・パンフレット	◆説明的な文章を読む活動 ・意見交流会 ・ポスターセッション ・書評 ・提案文 ・図表を基にした説明文 ・レポート ◆文学的な文章を読む活動 ・ポップ ・推薦文 ・推薦スピーチ ・書評 ・登場人物の履歴書 ・ブックトーク ・読書感想文 ・読書会 ◆本などから情報を得て活用する活動 ・報告スピーチ ・フリップやポスターを用いたプレゼンテーション ・新聞記事などのスクラップ	◆説明的な文章を読む活動 ・説明 ・書評を書く ・意見交流会(パネルディスカッション) ・討論会、ディベート ◆文学的な文章を読む活動 ・書評 ・本の帯、ポップ ・ブックトーク、読書会 ・物語ガイドブック ・登場人物の履歴書 ・作者への手紙 ◆古典を読む活動 ・音読、朗読 ・古典新聞 ・古典紹介ポスター ・古典の韻文を現代詩に書き換える ◆本などから情報を得て活用する活動 ・新聞記事の比較 ・ニュースの解説 ・時事問題報告会		
		②共有	○ 友達の感想や考えとその基になる叙述を聞き合い、認め合い、自分の感想に生かす。 ○ 自分が気付かなかった読みに共感したり自分の感想や考えに自信をもったりする。	○ 本を読んで着目した叙述、関連させた思考や感情、経験など、一人ひとりに違いがあることに気付く。 ○ 互いの感じたこと・考えたことを理解し、他者の感じ方のよさに気付く。	○ 互いの意見や感想の違いを明らかにしたり、互いの意見や感想のよさを認め合ったりする。 ○ 友達などと意見や感想を共有し、自分の読みの視点を広げる。	○ 互いの立場や考えを尊重する。 ○ 互いの考えを共有し、自分の考えを広げたり深めたりする。	○ 他者との交流により、感じ方や考え方の違いやよさを認め合い、自己の自覚につなげる。 ○ 互いの考えを共有し、自分の考えを客観的に捉えたり、新たな読書観を形成したりする。	

(2)特別支援学校及び個別支援学級

※小学校、中学校、高等学校に準ずる教育課程は「小学校・中学校・高等学校の体系表」を参照

分類	目標	資質・能力	※3段階に分けたので、個人の特性に合わせて使用する。 I	【全】:視覚障害・聴覚障害・知的障害・肢体不自由・病弱・個別支援学級 II	III	子どもの活動の姿
A 習慣形成	いろいろな本や文章に触れる機会を設け、本や読書に対して日常的に親しみ、興味・関心をもち続けようとする。	①習慣化	【全】読書の楽しさを知る。[2(1)] 【全】興味・関心のある図書を探す。[2(1)] 【全】読書に必要な環境を整える。(音声教材、斜面台等)[4(3)] 【全】姿勢(リラックスした姿勢)を整える。[5(2)]	【全】読書に集中する環境を整える。[4(3)] 【全】姿勢(座位)を整える。[5(2)] 【全】図書館等の利用方法を知る。[4(4)(5)] 【視】自分に合った読書手段を探す。(点字、拡大文字等) 【聴】公共図書館等での利用のマナーや支援の依頼方法を知り、実践する。[5(4)]	【全】自分に合った読書手段で活動する。[4(2)] 【全】自分のペースで読書を進める。[2(1)] 【全】余暇活動の一環として図書館資料に親しんだり、図書館等の利用をしようとする。	親しむ
		②領域の拡大	【全】読み聞かせの活動を通して、幅広い分野の本に触れる。[2(1)] 【全】触れる絵本やDAISY図書、電子書籍などいろいろな図書を知る。[4(1)(2)]	【全】読書に興味・関心をもち、幅広い分野の本に親しむ。[2(2)(3)] 【視】点字やDAISY図書など自分に合った図書や図書以外の資料を選択する。[4(3)]	【全】幅広い分野の図書に触れ、興味・関心の幅を広げる。[3(2)(3)] 【聴】聴覚障害者情報提供施設や一部公共図書館などの字幕付きDVDや手話絵本など聴覚障害者向けの貸出サービスを知り、利用する。[5(4)]	
		③量の拡充	【全】読み聞かせの活動を通して、幅広い分野の本に親しむ。[2(1)][3(1)]	【全】興味・関心のある分野についての本をたくさん読む。[2(2)(3)][3(2)(3)][6(2)(3)(4)]	【全】幅広い分野の本を積極的に読み進める。[3(4)][6(5)]	
B 読書力の育成	目的や意図に応じて、必要な本や文章を選び、言葉や文章を的確に読み、内容を捉えたり、人物の心情を考えたりするとともに、文章表現の特徴を捉えたりする	①選書	【全】興味のある登場人物や著者などを見付ける。[3(1)] 【全】いろいろな言葉に親しむ。[4(1)(2)] 【全】いくつかの選択肢の中から選ぶ。[2(1)]	【全】興味のある登場人物、著者などの本を選ぶ。[3(2)(3)]	【全】テーマや目的に合った本を効果的に選ぶ。[3(4)]	深める
		②文章表現の特徴	【全】読み聞かせなどで、いろいろな言葉に触れる。[3(1)][4(1)(2)]	【全】読書を通して様々な言葉を知る。[6(2)(3)]	【全】言葉の違いが分かり、文章を理解する。[6(5)] 【視】点字の正しい表記ルールを知る。[3(4)][6(4)] 【聴】効果的な表現を自らの文章に取り入れる。[4(5)]	
		③効果的な読み方	【肢病】読書時の姿勢を整える。[5(2)] 【肢】斜面台など、読書時の環境を整える。[5(2)] 【全】いろいろな読書手段を経験する。[4(1)(2)] 【全】興味・関心のある図書館資料を探す。[2(1)][3(1)] 【視聴】身近な物の名や事象・言動を表す語句に触れる。[2(1)(2)][3(1)][4(1)(2)(3)] 【聴】黙読や音読に加え、文章をもとにした手話表出、動作化などにより意味を捉え、言葉を学ぶ。[6(3)]	【全】自分に合った読書手段で読む。[2(3)][5(5)] 【全】自分に合った読みやすい本を読む。[2(3)] 【全】興味・関心のある本を読んで、内容を意識する。[3(2)] 【知肢】読書をする環境を探す。[2(1)(2)(3)] 【視】身近な物の名や事象・言動を表す語句を知り、語彙を豊かにする。 【聴】辞書や辞典などを活用し、文章を正確に理解する。[4(5)]	【全】場面や状況に応じた読み方を選択する。[2(2)][3(4)] 【視聴】抽象的な概念を表す語句や同音異義語、慣用句、オノマトペなどを生活の中で場面に応じて使い分けられるように語彙を豊かにする。[4(5)]	
		④読みの深まり(読みのプロセス)	【全】自分の感情を表出する。[2(1)][4(1)][6(2)] 【全】図書に触れ、その内容を意識する。[4(1)(2)(5)]	【全】読書を通じて様々な人の意見や感想を知る。[3(2)(3)] 【全】興味・関心のある本を読んで、内容をイメージする。[3(2)] 【全】登場人物や展開に興味・関心をもつ。[3(2)]	【全】読書を通じて様々な人の考えや感情を共有、共感する。[3(2)]。 【全】登場人物や他者と自己の考えや感情を比較する。[3(3)(4)]	
C 心情形成	ものの見方や考え方を広げたり深めたりしながら、豊かな心情を培い、自分らしくよりよく生きようとする	①自己の考えの形成・自己変容・自己判断	【全】多くの作品に触れ、気付くことのおもしろさを知る。[2(1)(2)] 【全】多くの作品に触れ、いろいろな表現方法があることに気付く。[3(1)(3)] 【全】本を介して、他者とのやりとりを楽しむ。[3(3)(4)]	【全】友達と感想や意見を交換することの楽しさに気付く。[3(2)] 【全】読書で未知の事柄を疑似的に体験し、新しい知識を得たり、価値観に触れたりする。[3(2)(3)]	【全】読書で未知の事柄を疑似的に体験し、自分のものの見方や考え方を広げたり深めたりする。[2(1)(2)]3[3(2)(3)][4(5)]	自分をつくる
		②人間性の向上・行動変革	【全】登場人物の心情に共感する。[2(1)][3(2)(3)] 【全】友達の意見や感想に共感する。[3(4)]	【全】登場人物の心情を考える。[3(2)] 【全】友達の意見や感想に共感する。[3(2)] 【聴】本の内容や友達の感想・意見と、自らの経験を結び付ける。[6(3)]	【全】自分と同じ障害のある人の生き方に触れたり、その他の障害についての知識を学び、得られた情報を日常生活に生かす。[2(3)]	
D コミュニケーション	目的や意図に応じて、読書で得た感動や、ものの見方や考え方、新たに発見した事実などを表現したり伝え合ったりする	①表現	【全】サイン、視線、発声、機器等、自分の表現方法で表す。[4(1)(4)][5(2)][6(1)(4)] 【全】感じたこと考えたことを表現する楽しさを知る。[6(1)] 【全】表現したい内容を整理する。[6(3)] 【聴】心に強く残ったことや感じたことを、丁寧な言葉と普通の言葉の違いに気を付けて話す。[4(5)]	【聴】自分の感想や感動を、5W2Hを意識してまとめたり、事実と意見を区別してまとめたりする。[4(5)][6(2)(3)]	【聴】読書から得た感動を込めて作品を朗読(手話表出も含む)したり、読書発表会やビブリオバトルなどの行事を通じて表現を楽しんだりする。[6(2)] 【聴】パワーポイント資料を表現に生かし、視覚情報として相手に伝える方法を工夫する。[6(2)]	世界を広げる
		②共有	【全】絵や写真、コンピュータ等を有効に活用して自分の思いを表現して伝える。[2(1)][3(1)][6(1)(4)] 【全】相手の考えや思いを知る。[3(2)] 【全】目的や相手を考え、それぞれに応じた表現方法で伝える経験を積み重ねる。[3(1)(2)][6(1)(4)] 【聴】話者(発表者)に注目しながら、話を聞く習慣を付ける。[3(1)]	【全】他者と感想や意見を交換することの楽しさに気付く。[3(2)][6(2)(3)(4)] 【聴】話が分からなときや興味をもった事柄について質問する習慣を付け、言葉の意味について理解を深める。[3(4)]	【聴】目的や相手に応じて自分の表現を工夫してコミュニケーションを図る。[6(4)(5)]	

※[　　]は、「自立活動の内容の6区分27項目」に対応。
「横浜市立学校 カリキュラム・マネジメント要領 特別支援教育編」P. 80参照

4　学校図書館を活用した授業（2）学習センター機能を中心として

鎌田和宏

《目標＆ポイント》 学習指導要領によれば，学校図書館は３つのセンター機能を期待されている。その１つが学習センター機能である。学習センターとしての学校図書館は子どもの自発的・主体的・協働的な学習活動を支援したり，授業の内容を豊かにしてその理解を深めたりするとされている。授業での学校図書館活用は読書の動機と意義を子どもに実感させ，探究的な学習を経験する場となる。学習活動の中で読めることが生かされることがどのように活用されるのか検討する。

《キーワード》 学習センター，情報活用能力，問題発見・解決能力，探究的学習，課題設定，情報検索，読解，思考，判断，表現

1　学校図書館は授業で活用されているか

学校図書館の機能の１つとして学習センターがあげられていることは前章で取り上げた。学習指導要領解説によれば，児童生徒の「自発的・主体的・協働的な学習活動を支援したり，授業の内容を豊かにしてその理解を深めたりする」とあるが，果たして学習センターとしての学校図書館は，学習活動の支援を行ったり，授業の内容を豊かにしているだろうか。

鳥取県は県立図書館に学校図書館支援センターを設置し，学校図書館の利活用について，県内の小中高等学校，特別支援学校に支援事業を展

開している[注1)]。鳥取県の学校図書館支援センターは，2018年6月に学校図書館を活用した授業について，県内の小中高等学校，特別支援学校を対象に調査を行っている[注2)]。授業で学校図書館が利用されるのであれば，年間の授業計画等にその利用が位置付けられているはずである。鳥取県の調査によれば，学校図書館を活用した年間授業計画を作成している学校は小学校で95.2%，中学校で75.4%，高等学校で29.2%，特別支援学校では80%となっている。これに続けて，作成していると回答した学校に対して，学校図書館は授業計画通りに活用されていますかという問いに対して，計画通りまたは部分的に活用されていると回答した小学校は95.8%，中学校は90.7%であった。

島根県松江市の学校図書館支援センターは図書館を活用した教科の時数について調査をしており，1クラスあたり，小学校では37.5時間，中学校では14.4時間が学校図書館を活用した授業となっている[注3)]。標準時数から年間時数を平均すると小学校で約960時間，中学校で1015時間になるので小学校総時数の3%程度，中学校1.4%程度で，標準時数は35週で計算しているので，小学校は週に1時間強，中学校は2週に1時間弱程度行われていることになるのである。これらのデータが何を意味するのかを考えることは難しい。他で比較するデータが見あたらないのである。鳥取県や島根県は，学校図書館活用を教育政策の重点にしている県で，学校図書館活用を展開するために有用な施策を様々行っている。そのような自治体でこのような現状であるということを把握しておきた

注1）鳥取県の学校図書館支援センターについては以下を参照のこと。https://www.library.pref.tottori.jp/support-center/

注2）鳥取県学校図書館授業利用調査結果（2018年実施）については以下を参照。https://www.library.pref.tottori.jp/support-center/306.html

注3）松江市学校図書館支援センターだより「RAINBOW」には，学校図書館支援センターの支援業務や，市内各小中学校の学校図書館活用の実態が記されている。授業で学校図書館を活用した時数については，最新のもので，84号（2019）に掲載されている。http://www1.city.matsue.shimane.jp/kyouiku/gakkou/gakkoutosyokan/rainbow.data/84rainbow_.pdf

い（このような調査があること自体，学校図書館活用に力を入れていることの表れであり，統計自体を持っている都道府県，市区町村はごく限られているのである[注4)]）。

ただ，平成29・30年告示の学習指導要領で目標とされる学力は，学校図書館機能の活用に期待されるところが大であると考えられる。次節ではその点について見てみよう。

2 学習センターとしての学校図書館

平成29・30年告示の学習指導要領は改訂によって，育成を目ざす学力を大きく変えた。教育基本法の改定に伴い，学力の三要素によって学力を整理した[注5)]。「何を学ぶか」（知識・技能），「どのように学ぶか」（思考力・判断力・表現力等），「何ができるようになるか」（学びにむかう力・人間性等）が目ざすところとなった。これは2030年の社会を見据え，急激で大きな変化を続ける社会においては，予測不可能な事態が起きた時に，問題を解決することができる，汎用的な資質・能力が必要であり，それを育成する必要があるとされたからである。これまでの知識・技能に大きく重点がかけられた教育を改善しようというのである。

学習指導要領は，この汎用的な能力を育成するために，学習の基盤となる３つの資質・能力を育成することが必要だとしている。それは①言語能力，②情報活用能力，③問題発見・解決能力である[注6)]。

①の言語能力は，創造的・論理的思考の側面，感性・情緒の側面，他者とのコミュニケーションの側面から重要なものである。児童生徒の学

注4）文部科学省は，令和２年度を対象として行った「学校図書館の現状に関する調査」に於いて，「授業における学校図書館の活用状況」を調査した。この調査データをどう受け取るかについては検討すべき点があるが，悉皆調査に於いて，この項目が設定されたことは重要である。

注5）文部科学省「学習指導要領改訂の考え方」https://www.mext.go.jp/content/1421692_6.pdf

注6）文部科学省『小学校学習指導要領（平成29年告示）解説　総則編』2017，pp.49-52

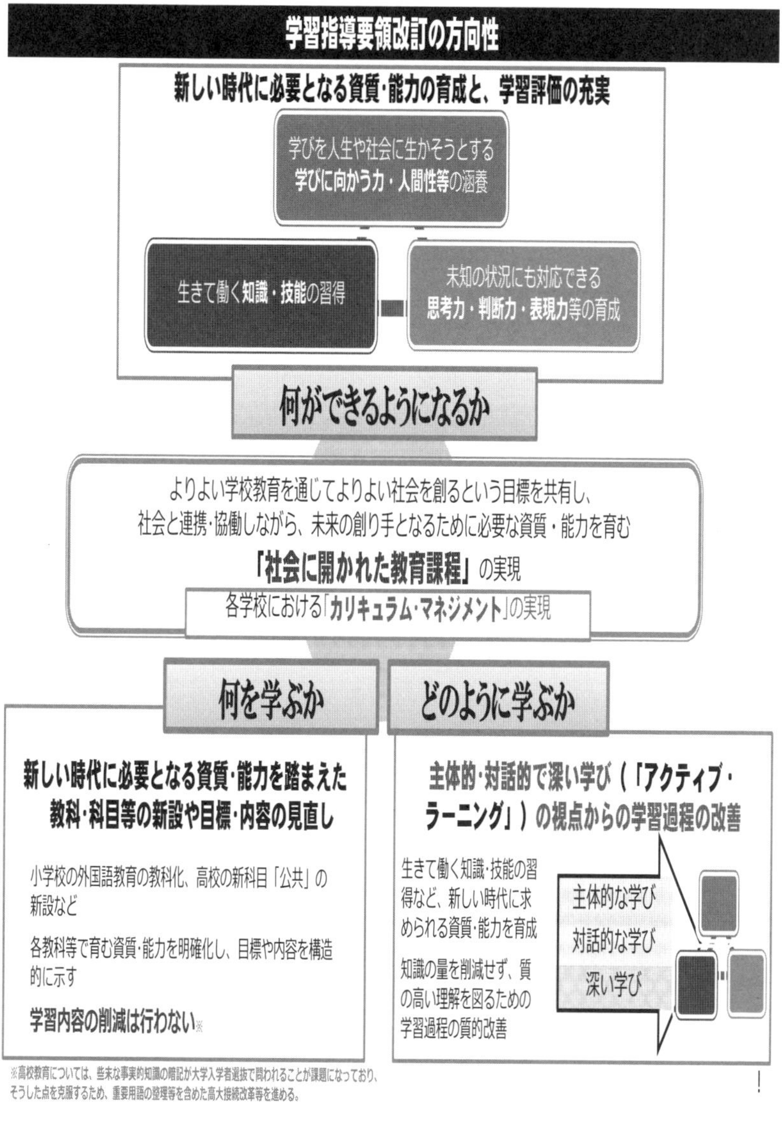

学習指導要領改訂の方向性

新しい時代に必要となる資質・能力の育成と、学習評価の充実

学びを人生や社会に生かそうとする
学びに向かう力・人間性等の涵養

生きて働く**知識・技能**の習得

未知の状況にも対応できる
思考力・判断力・表現力等の育成

何ができるようになるか

よりよい学校教育を通じてよりよい社会を創るという目標を共有し、
社会と連携・協働しながら、未来の創り手となるために必要な資質・能力を育む
「社会に開かれた教育課程」の実現
各学校における「**カリキュラム・マネジメント**」の実現

何を学ぶか

新しい時代に必要となる資質・能力を踏まえた教科・科目等の新設や目標・内容の見直し

小学校の外国語教育の教科化、高校の新科目「公共」の新設など

各教科等で育む資質・能力を明確化し、目標や内容を構造的に示す

学習内容の削減は行わない※

どのように学ぶか

主体的・対話的で深い学び（「アクティブ・ラーニング」）の視点からの学習過程の改善

生きて働く知識・技能の習得など、新しい時代に求められる資質・能力を育成

知識の量を削減せず、質の高い理解を図るための学習過程の質的改善

主体的な学び
対話的な学び
深い学び

※高校教育については、些末な事実的知識の暗記が大学入学者選抜で問われることが課題になっており、そうした点を克服するため、重要用語の整理等を含めた高大接続改革等を進める。

出所：文部科学省「学習指導要領の考え方」https://www.mext.go.jp/content/1421692-6.pdf

図4-1

習活動を支える重要な役割を果たすものであり，全ての教科等における資質・能力の育成や学習の基盤となるものである。資料の読解等によって新たな知識を得たり，事象を観察して必要な情報を取り出したり，自分の考えをまとめたり，他者の思いを受けとめ自分の思いを伝えたり，目的を共有して協働したりすることができるのも言葉の役割に負うところが大きい。この能力は国語科を要として，全ての教育活動の中で育てられるとされている。

②の情報活用能力は，世の中の様々な事象を情報とその結びつきとして捉え，情報及び情報技術を適切・効果的に活用して問題を発見・解決したり，自分の考えを形成したりしていくために必要な能力である。予測が難しい社会において，情報を主体的に捉えながら，何が重要かを主体的に考え，見い出した情報を活用しながら他者と協働し，新たな価値の創造に挑んでいく際に必要となる能力で，ICT 機器や情報検索をはじめとする情報ネットワークの活用に関わる知識や技術の習得を含むものである。

③の問題発見・解決能力は，各教科等において，物事の中から問題を見い出し，その問題を定義し，解決の方向性を決定し（課題設定），解決方法を探して計画を立て，結果を予測しながら情報を読解し，それをもとに思考・判断・表現をくり返しながら探究を深め，振り返って次の問題発見・解決につなげていく能力である。これは各教科等のそれぞれの分野の学習で培われた問題の発見・解決に必要な力や，総合的な学習（探究）の時間における横断的・総合的な探究課題や特別活動における集団や自己の生活上の課題に取り組むことなどを通じて培われた力を，統合的に活用できる探究的学習の過程で発揮されるもので，学校図書館の利活用も位置付けられるものである。

これまで，学校図書館で育成されるのは，言語能力はもちろんのこと，情報活用能力であると言われてきた。今回の学習指導要領の改訂で強調されている学習の基盤となる資質・能力や社会の変化からすると，学校図書館で育成するのは，言語能力，情報活用能力，問題発見・解決能力と，学習指導要領が目ざしている学習の基盤となる能力全般であると言えるだろう。

これら３つの資質・能力は，それぞれが重なり合う領域を持つため，切り分けることが難しく，学校図書館の読書センター機能，学習センター機能，情報センター機能が総掛かりで育成する必要があるものだと言えよう。

以上を踏まえつつ，学校図書館の学習センター機能を考える時，ユネスコの学校図書館宣言が重要な示唆を与えてくれる[注7)]。ユネスコの学校図書館宣言では，学校図書館の使命について，次のように述べている。

> 学校図書館は，情報がどのような形態あるいは媒体であろうと，学校構成員全員が情報を批判的にとらえ，効果的に利用できるように，学習のためのサービス，図書，情報資源を提供する。学校図書館は，ユネスコ公共図書館宣言と同様の趣旨に沿い，より広範な図書館・情報ネットワークと連携する。（下線筆者）

利用主体については，学校の構成員全員とあるのは教職員を含む全員とし，その全員が情報を鵜呑みにせず，批判的に捉え，効果的に利用することができるようにすることが目標とされている。

また，学校図書館がそなえる資料については次のように述べている。

> 図書館職員は，小説からドキュメンタリーまで，印刷資料から電子資料まで，あるいはその場でも遠くからでも，幅広い範囲の図書やその他の情報源を利用することを支援する。資料は，教科書や教材，教育方法を補完し，より充実させる。（下線筆者）

本などの印刷された資料だけでなく，電子資料も含めた資料で，必要と

注７）長倉美恵子・堀川照代訳「ユネスコ学校図書館宣言」（公益社団法人 日本図書館協会『図書館雑誌』94（３）pp.170-171，2000）

されるあらゆる情報源を対象としている。学習指導要領の総則解説においても，今回の改訂で学校図書館がそなえるべき資料の拡張が明示された。「図書館資料については，図書資料のほか，雑誌，新聞，視聴覚資料，電子資料（各種記録媒体に記録・保存された資料，ネットワーク情報資源（ネットワークを介して得られる情報コンテンツ）等）等の図書以外の資料」となっている。そして，そのような資料をそなえることによって教科書や教材，教育方法を補完し，充実させるとしていることは極めて重要である。日本の公教育は，学習指導要領とそれに基づき作成される教科書によって，全国どこの地域でも，一定の水準を確保できているといってよいだろう。しかし，教育課程の編成基準となる学習指導要領は現在までの所，約10年に一度の改訂であり，教科書も１冊の教科書が企画・作成されて使用されるまで，５年程度の時間がかかり，それが５年程度使用されている。これらについては，教育の中立をうたいつつも，政権を担っている勢力の価値観を一定程度反映したものとなっている。急速で急激な変化の起きている現代においては，このようなしくみと方法で作成された主たる教材である教科書だけでは，十分に子どもの興味・関心に応じ，その時代に求められる健全な教養の育成に資することができるか不安が残る。そこで学校図書館コレクションが貢献するのである。

そして，

> 図書館職員と教師が協力する場合に，児童生徒の識字，読書，学習，問題解決，情報およびコミュニケーション技術の各技能レベルが向上することが実証されている。

とされていることも注目に値する。学校図書館のスタッフと教師の協働によって，より効果的に言語能力，情報活用能力，問題発見解決能力が育成されると解釈することができるだろう。

さらに，

学校図書館サービスは，年齢，人種，性別，宗教，国籍，言語，職業あるいは社会的身分にかかわらず，学校構成員全員に平等に提供されなければならない。通常の図書館サービスや資料の利用ができない人々に対しては，特別のサービスや資料が用意されなければならない。

学校図書館のサービスや蔵書の利用は，国際連合世界人権・自由宣言に基づくものであり，いかなる種類の思想的，政治的，あるいは宗教的な検閲にも，また商業的な圧力にも屈してはならない。

とされており，学校図書館の使命や機能が基本的人権にもとづくものである事も忘れてはならないだろう。

3　学習センター機能を活かした学習活動の実際

ここでは，学習センター機能を活かした学習活動の実際を検討していくことにしたい。前章で取り上げた読書センター機能の活用事例も，「教科書や教材，教育方法を補完し，より充実させる」（ユネスコ学校図書館宣言）ものであった。ここでは学習指導要領の総則解説にあった「調べ学習や新聞を活用した学習など，各教科等の様々な授業で活用されること」に焦点をあて，授業における探究活動での利用についてみていくことにしたい。なお，授業での利活用の前提として，学校図書館の利用方法が理解できていることが重要で，学校図書館の利用指導計画の策定が必要であるとしている。

ここでも前章同様「学校図書館データベース」掲載の事例を取り上げることにする。

【小学校】

①小学校　2年　生活科　町へ出かけよう：町のマークを調べよう（2004年　管理番号 A0115）

生活科で行う町探検の際に，子どもたちの気づきを促す視点としてマークやサインに注目させ，それを元に気づきを高めたいと言うことが授業者の意図であった。そこで学校図書館からマークが意味することは何かを調べることのできる資料を提供した。子どもたちはマークやサインの意味を調べた結果，禁止や警告に関するもの，注意に関するもの，案内に関するものに分類できることに気づき，マークが人々の利便性や安全のための工夫であることに気付いたという。この単元の本を使って調べる経験は，その後の調べる学習においても活用されたという。本事例には授業の流れと授業者へのインタビュー，提供された本のリストが添付されている。公立小学校の実践である。

②小学校　4年　総合的な学習の時間　ともに生きる「だれもが関わり合い共によりよく生きる」（2018年　管理番号 A0310）

この事例は総合的な学習の時間で，共生社会で生きていくことを考えるために，障がいのある人について調べさせたいという授業意図に応じて，調べるための資料提供を行ったものである。資料提供の他に，ペンタゴンチャートや NDC マップ，情報カードの使い方といった探究のためのスキルの指導支援も行っている。たくさんの資料提供があったため，スムーズに調べる学習ができたと授業者は実践を振り返っている。本事例には提供されたブックリストと，授業計画，ワークシートとその使い方，調べ方ガイドが添付されている。公立小学校の実践である。

③小学校 5年 理科 人のたんじょう（2015年の実践 管理番号 A0355）

この事例は，司書教諭であり理科専科教員である立場の教員が，理科の人の誕生の単元で，調べるための本の使い方（目次・索引の利用）に慣れながら調べることができるようにしたいという意図で構成した単元である。子どもたちは人の誕生の鍵となる子宮，胎盤，へその緒，羊水のキーワードについて手分けをして本で調べ，発表を行った。十分な資料を用意したことにより，子どもは本を手に取りながら深く知りたいという意欲が出てきたという。本事例には学習指導案と提供された本のリストが添付されている。公立小学校の実践である。

【中学校】

④中学校　１年　社会科　学校に通う世界の子どもたちの姿から地理を学習してみよう！（2019年の実践　管理番号 A0342）

この事例は入学直後の社会科地理的分野の授業のオリエンテーションとして，世界への興味や関心を拡げたいという授業者の意図から，ドキュメンタリー「世界の果ての通学路」のDVDを一部視聴したあとで，世界の子どもたちの興味深い生活について紹介するブックトークを行い，提供した本の中から生徒が本を選んで読み，簡単なレポートを書くというものであった。映像とブックトークによる書籍紹介をつなげることによって，生徒の興味を喚起することができ，図書資料の提供によって知識量の差をうめ，固定的な学習のイメージを広げる事ができたと授業者は振り返っている。本事例には提供されたブックリストとワークシートが添付されている。

⑤中学校　３年　家庭　幼児との触れ合い，かかわり方の工夫（2014年の実践　管理番号 A0174）

この事例は，家庭科で取り組んでいる幼稚園実習を前に，実習で行う絵本の読み聞かせの指導をしたいという授業意図に応じて，学校図書館が資料提供と，読み聞かせの実演の支援を行ったものである。導入で生徒は絵本の読み聞かせの実演者（学校司書のコーディネート）による読み聞かせを体験し，それをモデルに選書，実演に取り組んだ。提供した絵本は物語の本だけでなく，科学絵本・しかけ絵本・言葉遊びの絵本など公共図書館からの団体貸出システムを利用して十分に用意した。生徒の抱く幼児イメージが，実習前に「うるさい・わがまま」であったのが「かわいい。しっかりしている」に変化したという。本事例には提供したブックリスト（ビッグブック，参考資料を含む），授業計画とワークシートが添付されている。公立中学校の実践。

【高等学校】

⑥高校　1年　外国語　Lesson6 Water Shortranges around the world（2012年　管理番号 A108）

本事例は高等学校ではじめて英語の論説文を扱うので，内容を深めさせるために学校図書館で調べる活動に取り組ませたいという授業意図に応じて，学校図書館が資料提供と資料の探し方の指導を支援したものである。論説文は潅漑・地盤沈下・水不足の影響を扱ったテーマなので，英文だけでは理解が難しい。そこで日本語の資料を用意して班ごとにテーマを分担して調べ，プレゼンテーションを行った。本事例には提供されたブックリストと資料の探し方に関するワークシートが添付されている。公立高校の実践。

⑦高校　2年　保健体育　課題学習（2020年　管理番号 A0365）

本事例は，保健に関わる課題について，グループで調べて発表させたいとの授業意図に応じて，学校図書館が資料提供，パスファインダー提供，レファレンスを行った。生徒は通常インターネットを使って情報検索をして調べることは行っているが，本を使って調べることに慣れておらず，資料を読み込む，必要な情報を集める等の作業が難しいようだったが，学校図書館から提供されたパスファインダーや分野別に分類されて提供された資料によって取り組みやすくなっていた。課題設定からレポートの作成，発表までの一通りを行ったので，他の学習で活用されることが期待される。本事例にはパスファインダーと授業計画が添付されている。公立高校の実践。

以上，小学校から高等学校まで７つの授業事例を紹介した。「学校図書館データベース」には，この他にも多くの学習センター機能を活用した授業事例が紹介されている。また，探究活動をキーワードに実践書等をさがすと，多くの授業事例を紹介した書籍を見つけることができるだろう。あらゆる教科で実践が可能である。先行実践に学び，自校の状況に合わせながら実践に取り組んでいただきたい。

■ 理解を確実にするために

1 次の用語を説明しましょう。

①学習の基盤となる資質・能力

②学習センター

2 次の問いに答えましょう。

学習指導要領において，汎用的な資質・能力が求められるのはどういう社会状況を想定しているからですか，説明しましょう。

■ 理解を深めるために

① 稲井達也『授業で活用する学校図書館―中学校・探究的な学習を目ざす実践事例―』公益社団法人 全国学校図書館協議会，2015

② 鎌田和宏『入門情報リテラシーを育てる授業づくり』少年写真新聞社，2016

③ 塩谷京子編著『すぐ実践できる情報スキル50　学校図書館を活用して育む基礎力』ミネルヴァ書房，2016

■ 参考文献

① プロジェクト・ワークショップ『増補版　作家の時間　「書く」ことが好きになる教え方・学び方［実践編］』新評論，2018

② 鎌田和宏『小学生の情報リテラシー　教室・学校図書館で育てる』少年写真新聞社，2007

③ 鎌田和宏・中山美由紀『先生と司書が選んだ調べるための本―小学校社会科で活用できる学校図書館コレクション』少年写真新聞社，2008

5　学校図書館を活用した授業（3）情報センター機能を中心として

鎌田和宏

《目標＆ポイント》　学習指導要領によれば，学校図書館は３つのセンター機能を期待されている。その１つが情報センター機能である。情報センターとしての学校図書館は子どもや教職員の情報ニーズに対応したり，情報の収集・選択・活用能力を育成したりするとされている。これからの教育においては汎用的な資質・能力の育成が課題となるが，そのために鍵となるのは言語能力を基盤とする情報活用能力，問題発見・解決能力である。これらの育成にどのように活用されるのか検討する。

《キーワード》　情報センター，情報活用能力，情報リテラシー，探究的な学習，情報ニーズ，汎用的資質・能力

1　情報活用能力，情報リテラシーとは何か

学校図書館の機能の１つとして情報センターがあげられていることは既に取り上げた。学習指導要領解説によれば「児童や教職員の情報ニーズに対応したり，児童の情報の収集・選択・活用能力を育成したりする」[注1)]とある。平成20年告示の学習指導要領では「学習・情報センター」としてあげられ「教育課程の展開を支える資料センターの機能を発揮しつつ，①児童が自ら学ぶ学習・情報センター」と解説には記されていた[注2)]。これが平成29年告示の学習指導要領では２つに分離され，上記の様な解説が付されるようになったのである。これは，学習指導要領を

注１）文部科学省『小学校学習指導要領（平成29年告示）解説　総則編』（2017）
注２）文部科学省『小学校学習指導要領解説　総則編』（2008），p.82

作成する前提として，現在の社会が情報化，グローバリゼーション等の進展によって，急激で劇的な変化を続ける知識基盤社会であるとの認識から，児童生徒の情報ニーズに応じ，情報の収集・選択・活用能力を育成することが重視されたものと考えられる。

これまで学校図書館で育成するのは情報活用能力だと言われてきた。しかし，前章で指摘したように，平成29・30年告示の学習指導要領で登場した学習の基盤となる資質・能力を見ていくと情報活用能力にはこれまでとは異なる意味が付与されたように読み取れる。前章では学習指導要領の総則解説を引きながら，情報活用能力とは「情報活用能力は，世の中の様々な事象を情報とその結び付きとして捉え，情報及び情報技術を適切かつ効果的に活用して，問題を発見・解決したり自分の考えを形成したりしていくために必要な資質・能力」として説明したが，そのしばらくあとに「情報活用能力をより具体的に捉えれば，学習活動において必要に応じてコンピュータ等の情報手段を適切に用いて情報を得たり，情報を整理・比較したり，得られた情報を分かりやすく発信・伝達したり，必要に応じて保存・共有したりといったことができる力であり，さらに，このような学習活動を遂行する上で必要となる情報手段の基本的な操作の習得や，プログラミング的思考，情報モラル，情報セキュリティ，統計等に関する資質・能力等も含むものである。」[注3] といった記述が続いている。平成29・30年告示の学習指導要領では，コンピュータやネットワークを用いた能力に傾斜をかけられて記述されているのである。

平成29・30年告示学習指導要領では，学校図書館は問題発見・解決能力を育成する要となる総合的な学習（探究）の時間での貢献が期待されている様に記述されている[注4]。総合的な学習（探究）の時間では，探究的な見方・考え方を働かせて展開する探究的な学習が期待されており，学校図書館はそこで貢献することが期待されている。探究的な学習とは，

注3）文部科学省『小学校学習指導要領（平成29年告示）解説　総則編』（2017）pp.50-51

注4）文部科学省『小学校学習指導要領（平成29年告示）解説　総合的な時間編』pp.59-60

第２章で示した**図2-1**のように，以下の４つの過程を往還しつつスパイラルに発展する学習過程をとるものとして説明されている[注5)]。

【1．課題の設定】　体験活動などを通して，課題を設定し課題意識をもつ。
【2．情報の収集】　必要な情報を取り出したり収集したりする。
【3．整理・分析】　収集した情報を，整理したり分析したりして思考する。
【4．まとめ・表現】　気付きや発見，自分の考えなどをまとめ，判断し，表現する。
※１～４は必ずしも順序ではない。

学習指導要領解説によれば，学校図書館はこれらの過程で生ずる情報ニーズに応ずることが期待されているのである。

ただ，これらは学校図書館を活用して育てる情報リテラシーとしてこれまでも扱われてきたものである。情報リテラシーとは，「様々な情報源の中から必要な情報にアクセスし，アクセスした情報を正しく評価し，活用する能力」と定義され①情報へのアクセス，②情報の評価，③情報の活用を具体的な過程として説明している[注6)]。筆者としては，学習指導要領の改訂の度に微妙に定義を変えて用いられる「情報活用能力」よりも，学校図書館の利活用を視野に入れた場合には安定して利用できる「情報リテラシー」の語を利用しているが，学習指導要領からすれば，情報センターで育てるのは学習の基盤となる３つの資質・能力全てに関わるが，重点としては情報活用能力と問題発見・解決能力ということになるのだろう。

注５）Ｈ２文部科学省『小学校学習指導要領（平成29年告示）解説　総合的な時間編』p.9, pp.114-119

注６）日本図書館情報学会用語辞典編集委員会編『図書館情報学辞典　第５版』（丸善，2020，p.11）。図書館情報学での定義は概ねこのようであるが，教育工学の分野で用いられる「情報リテラシー」はICT 技術を用いたもののニュアンスが強くなっている。

2 情報センターとしての学校図書館

(1) 情報センター機能を活用して育てる情報リテラシーと体系表

情報センターとしての学校図書館で育てる資質・能力を考える際に，「情報活用能力」や「情報リテラシー」を子どもの成長に伴ってどのように育てていくのかを見通した体系表が役に立つ。

例えば鳥取県教育委員会は「学校図書館を活用する事で身に付けたい情報活用能力」として，幼稚園・保育所・認定こども園から高等学校までにどのような「情報活用能力」を身に付けさせたいのかを整理している 表5-1[注7]。

また，島根県松江市教育委員会は「松江市小中一貫基本カリキュラム『学び方指導体系表』～子どもの情報リテラシーを育てる～」（第7章 表7-2 をご覧いただきたい）を作成し，管下の学校の教育課程編成の参考資料として提供している[注8]。

鳥取県や島根県松江市の体系表は，全国学校図書館協議会の「情報資源を活用する学びの指導体系表」（この指導体系表に関しては，第6章の 表6-3 を参照されたい）や学習指導要領，その地域で採択されている教科書等を参考に作成されている[注9]。

注7）鳥取県立図書館のウェブサイトの学校図書館支援センターのページを参照されたい。体系表は https://www.library.pref.tottori.jp/support-center/%E3%80%90HP%E5%85%A8%E7%B7%A8%E3%80%91%E3%81%A8%E3%81%A3%E3%81%A8%E3%82%8A%E5%AD%A6%E6%A0%A1%E5%9B%B3%E6%9B%B8%E9%A4%A8%E6%B4%BB%E7%94%A8%E6%8E%A8%E9%80%B2%E3%83%93%E3%82%B8%E3%83%A7%E3%83%B3.pdf

注8）松江体系表 http://www1.city.matsue.shimane.jp/kyouiku/gakkou/gakkoutosyokan/gakkoutosyokannkyouiku.data/hpsidoutaikei.pdf なお，本体系表については，林良子編著『学びをつなぐ学校図書館～松江発！学び方指導体系表を活用しよう～』（悠光堂，2021）がある。

注9）全国SLA体系表 https://www.j-sla.or.jp/pdfs/20190101manabinosidoutaikeihyou.pdf

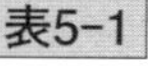

表5-1

学校図書館を活用することで身に付けたい情報活用能力

（別表）

	幼稚園・保育所・認定こども園	小学校 低学年	小学校 中学年	小学校 高学年	中学校	高等学校
育てたい子ども像	◆絵本や物語を楽しみ、表現することを楽しむ子ども	◆読書や調べる楽しさを知り、図書館の正しい利用の仕方を身につけた児童	◆いろいろな種類の本を読み、課題解決に向けて、友達と関わり合いながら意欲的に学ぶ児童	◆目的に応じて、図書館を適切に利用し、学び方を身につけ、課題解決に向けて主体的・協働的に学ぶ児童	◆主体的に考えて判断し、課題解決に向けて多様な資料から必要な情報を活用することを通して、主体的・協働的に学び続ける生徒	◆将来の進路を見据え、自己実現のための課題解決に向けて、的確な情報を適切に活用することを通して主体的・協働的に学び、自分の考えを表現する生徒
課題の設定と情報収集	○読み聞かせを楽しむ。	○身近なことや経験したことなどから興味・関心に応じて学習課題を決める。	○興味・関心に応じて具体的な課題を決める。	○目的を把握し、適切な学習課題を決める。	○学習課題を解決するための適切な資料や収集方法について考え、具体的な学習課題を立てる。	○中学校までの知識やスキルを基に学習課題を解決するための資料の読み解きや収集方法について検討しながら、適切な学習課題を立てる。
	○好きな本を見つけ絵本を楽しみながら読もうとする。	○題名や表紙などに着目して必要な図書を見つける。	○目的に応じて、複数の資料の中から必要な資料を選ぶ。	○目的に応じて、複数の資料の中から課題解決に役立つか判断し、資料を選ぶ。	○目的や意図に応じて多様な情報源を活用し、必要な各種資料を選ぶ。	○自分の設定した課題が見通しを持って解決できるか考察しながら、根拠となる多様な資料収集を的確に行う。 ○目的に応じて多岐にわたる検索方法で情報の特性を生かした様々な資料を選ぶ。
情報の活用（選択・整理・分析）	○友達や先生の話を関心をもって聞こうとする。 ○図鑑を見て楽しく調べようとする。	○資料の中から目的に合わせて情報を選ぶ。	○二つ以上の情報の中から、目的に合ったものを選ぶ。	○複数の情報の中から、適切な方法を使って課題解決に必要なものを選ぶ。	○複数の情報を目的に応じて比較、分類、関連づけ、多面的・多角的に分析する。	○常に複数の情報を適切に比較、検討、分類し、情報の持つ価値や希少性等を判断しながら情報を選択する。 ○自分の考えとは異なる意見の資料も取り入れ、様々な考えや解釈のあることを理解した上で総合的に判断して活用する。
	○友達の思いを受け止めようとする。 ○生活の中で必要な言葉を使おうとする。	○気づいたことや分かったことを記録し、必要に応じて簡単な絵や文で書く。	○必要な情報を箇条書きで要点をまとめる。	○事実、引用、要約などと自分の考えを区別して、分かりやすくまとめる。 ○構成、レイアウトを工夫したり、絵や文、グラフ、図や表などを使ったりして、効果的にまとめる。	○様々な情報を比較、分類、単純化したり、情報追加したり、再構築したりする。 ○情報を整理して、目的や意図に応じてわかりやすく要点を押さえて自分の意見の関係性を考えてまとめる。	○目的に応じて選択した資料を論理的に読み解き、資料を多面的、多角的に分析し自分の課題に関連付けることができる。 ○選択した情報を自分の意見と比較、分析しながら構成を考え、論点をまとめる。
情報の伝達と評価	○考えたことを自分なりに表現しようとする。	○多様な発表方法を経験して表現する。 ○順序に気をつけて、わかりやすく伝える。	○相手や目的に応じて適切な表現方法を選んで表現する。 ○自分の考えが分かるように筋道を立てて、相手や目的に応じて伝達する。	○目的や意図に応じて効果的に表現するよう工夫する。 ○考えたことや自分の意図が分かるように、構成を工夫しながら、目的や場に応じて伝達する。	○表現手段の特徴を理解し、相手や目的、意図に応じて効果を考えながら工夫して表現する。 ○情報発信手段としての機器の特徴を理解し、根拠を明確にして効果的に伝達する。	○表現手段の特徴を理解し、相手や目的、意図に応じて効果を考え、自分の考えとの関係性を考えながら工夫して論理的に表現する。 ○情報発信手段としての機器の特徴を理解し、根拠を明確にして最も効果的な方法で伝達する。
	○自分の思ったことを相手に伝えようとする。 ○友達や先生とのコミュニケーションを楽しむ。	○教師と共に課題を決め、内容の見通しを持って課題解決できたか振り返る。 ○友達の表現のよいところを見つけて感想を伝え合う。	○具体的な課題を決め、内容の見通しを持って計画を立て、課題解決できたか振り返る。 ○友達の表現のよさについて意見を述べ合う。	○課題が適切で、見通しを持って内容や方法について学習を立て、解決することができたか振り返る。 ○学習課題や学習過程について友達の表現のよさを伝えたり、助言したりする。	○課題が明確なもので、課題解決に向けての内容、方法、表現が効果的であったか振り返る。 ○表現、伝達されたものの中から、課題解決のために集めた情報の有効性、必要性、信頼性を判断し話し合う。	○課題設定から調査、発表までの一連の取組みについて、客観的な自己評価を行う。 ○課題設定から調査、発表までの一連の取組みについて、客観的な相互評価を行い、自分の学びにいかす。
学校図書館の利活用に支援を必要とする子どもについては、実態やニーズに応じて、上記の表を活用する。						

※幼稚園指導要領、保育所保育指針、幼保連携型認定こども園教育・保育要領、学習指導要領、鳥取県教育振興基本計画を基本に、横浜市教育委員会「学校図書館教育指導計画の手引き」、京都市教育センター「学校図書館の活用を通して付けたい力系統表（小・中学校版）」、松江市学校図書館支援センター「学び方指導体系表」を参考に作成

ところで，ICT 機器の活用を重視した「情報活用能力」については，文部科学省の研究開発委託によって作成された「情報活用能力の体系表例（IE-School における指導計画を基にステップ別に整理したもの）」[注10] がある（この体系表については第７章 表7-1 を参照いただきたい）。

これらの「情報活用能力」の体系表が学校図書館を用いたものと，ICT 機器活用に重点をおいたものの２系統があることは，学校現場にとっては煩雑で活用しづらいものだろう。これを整理統合しようと試みたのが章末に示した 表5-2 の神奈川県横浜市の体系表である[注11]。

学校図書館や ICT 機器を活用して情報を扱う情報リテラシーを育てる事は短期間では難しい。よって，ここまで見てきた体系表を活用しながら中長期の見通しを指導にあたるものが共有し，学習に位置付けていくことが重要である（体系表の詳細については第７章を参照されたい）。

（２）情報リテラシーを育てる学校図書館に求められること

学校図書館は問題発見・解決能力を育成する要となる総合的な学習（探究）の時間の学習指導要領の「第３　指導計画の作成と内容の取り扱い」の第２―（７）（内容の取り扱いの配慮事項）として「（７）学校図書館の活用，他の学校との連携，公民館，図書館，博物館等の社会教育施設や社会教育関係団体等の各種団体との連携，地域の教材や学習環境の積極的な活用などの工夫を行うこと。」（下線筆者，高校は（９）。）と記されている。総合的な学習（探究）の時間では，問題発見・解決能力を育成するために探究的な学習の展開を求めている。その探究的な学習を展開する際に学校図書館の活用が必要だとしている。例えば『小学

注10）文部科学省生涯学習政策局情報教育課「次世代の情報化推進事業（情報教育の推進等に関する調査研究）成果報告書　情報活用能力を育成するためのカリキュラム・マネジメントの在り方とデザイン―平成29年度情報教育推進事業（IE-School）の取り組みより」（2018）

注11）横浜市教育委員会「学校図書館利活用の手引～学習センター・情報センター・読書センター機能を活かした学びづくり」（2020年３月）

校学習指導要領（平成29年告示）解説　総合的な学習の時間編』では，「第９章　総合的な学習の時間を充実させるための体制づくり」の「第４節　環境整備」の「３　学校図書館の整備」として次のように示されている[注12)]。

学習の中で疑問が生じたとき，身近なところで必要な情報を収集し活用できる環境を整えておくことは，探究的な学習に主体的に取り組んだり，学習意欲を高めたりする上で大切な条件①であり，その意味からも学校図書館は，児童の想像力を培い，学習に対する興味・関心等を呼び起こし，豊かな心や人間性，教養，創造力等を育む自由な読書活動や読書指導の場である「読書センター」や児童の自発的・主体的・協働的な学習活動を支援したり，授業の内容を豊かにしてその理解を深めたりする「学習センター」，さらには，児童や教職員の情報ニーズに対応したり，児童の情報の収集・選択・活用能力を育成したりする「情報センター」としての機能②を担う中核的な施設である。

そのため，学校図書館には，総合的な学習の時間で取り上げるテーマや児童の追究する課題に対応して，関係図書を豊富に整備する必要がある③。学校図書館だけでは蔵書に限りがあるため，自治体の中には，公立図書館が便宜を図り，学校での学習状況に応じた図書の拡充を行っているところや，学校が求める図書を定期的に配送するシステムを採っているところもある。地域と一体となって学習・情報センターとしての機能を高めたい。

学校図書館では，児童が必要な図書を見付けやすいように日頃から図書を整理したり，コンピュータで蔵書管理したりすることも有効である。図書館担当は，学校図書館の物的環境の整備を担うだけでなく，参考図書の活用に関わって児童の相談に乗ったり必要な情

注12）Ｈ２文部科学省『小学校学習指導要領（平成29年告示）解説　総合的な時間編』p.9, pp.141-142

報提供をしたりする④など，児童の学習を支援する上での重要な役割が期待される。教師は全体計画及び年間指導計画に学校図書館の活用を位置付け，授業で活用する際にも図書館担当と十分打合せを行っておく必要がある⑤。加えて，こうした学校図書館の環境を，児童が自ら活用できるようにしたい⑥。そのためには，どこに行けばどのような資料が入手できるのか，どのような観点から必要な情報を探すのかといったことができるようになる必要がある。

このことは，国語科における読書指導や特別活動における主体的な学習態度の形成と学校図書館の活用に係る指導と緊密に関連付け，成果を上げていく工夫も大切である。

一方，総合的な学習の時間において児童が作成した発表資料や作文集などを，学校図書館等で蓄積し閲覧できるようにしておく⑦ことも，児童が学習の見通しをもつ上で参考になるだけでなく，優れた実践を学校のよき伝統や校風の一つにしていく上で有効である。

（下線と①～⑦は筆者による）

下線①は探究的な学習において，学校図書館が期待される役割に関するところである。子どもの情報ニーズに応じ，主体的な学習や学習意欲を高めるための環境として学校図書館を位置付けている。

下線②は総則でも触れている「情報センター」機能に関する説明である。

下線③は学校図書館コレクションに期待されることで，総合的な学習の時間で取り上げるテーマや，子どもがよく調べたいといってくるテーマに対応したコレクションを構築することについて述べている。その際，公共図書館との連携についても述べている。

下線④はレファレンスに関することである。参考図書を整備することと，子どもの情報ニーズに応じてレファレンスができるようにしておく必要性について述べている。

下線⑤は計画策定の必要性である。学校図書館としての全体計画を策定しておくこと，実際に指導でよく用いられる年間指導計画に学校図書館の活用を位置付けておくことは，大変重要である。

下線⑥は利用指導の必要性に関連することである。前章でも述べたが，学校図書館に関わる計画として，利用指導・読書指導・情報活用に関する指導計画の３点が必要であることは総則解説でも示されていた。情報活用に関する計画については次節で触れる。

下線⑦は子どもの表現作品を学習資料として学校図書館に蓄積する重要性についてである。これについては教師用の資料としては有用な資料であるが，子どもに示す際には，授業者の授業意図と擦り合わせ，必要に応じて示すことが重要である。

これらの学校図書館の整備によって，総合的な学習（探究）の時間を実践する基盤が充実し汎用的資質・能力の育成が実現されていくのである。

3 情報センター機能を活かした学習活動の実際

ここでは，情報センター機能を活かした学習活動の実際を検討していくことにしたい。第３章，第４章で取り上げた事例も，「教科書や教材，教育方法を補完し，より充実させる」（ユネスコ学校図書館宣言）であった。ここでは子どもの情報リテラシーを育てることに焦点をあて，総合的な学習の時間における探究活動での利用についてみていくことにしたい。

ここでも「学校図書館データベース」掲載の事例を取り上げることに

する。

【小学校】小学校　5年　総合的な学習の時間　「お米ってすごい！」（2011年の実践　管理番号 A0078）

イネの栽培活動に取り組みながら，富山和子『お米は生きている』の集団読書をした上で，日本史における稲作，稲作がつくりだした文化など広い視野から「米」を捉えられるような学習を構成したいという授業意図に応えて，イネの栽培の各時期に合わせた探究的な学習の調べる活動と資料支援に学校図書館が取り組んだ実践である。集団読書による問題意識の醸成・共有から，子どもたち個々が探究する課題を持ち，長い期間にわたって追究していくダイナミックな実践である。本事例には学習指導案と提供された資料のブックリストが添付されている。公立小学校の実践である。

【中学校】中学校　3年　総合的な学習の時間　「長野県と戦争に関する調べ学習」（2018年の実践　管理番号 A0347・A0348）

中学生が生まれ育った地元である長野県の15年戦争時期に関することを調べながら，戦争について考え，次の世代に伝えていける取り組みを行いたいという授業意図に応えて，学校司書と担任教諭が，市立図書館の郷土担当者と連携して出前授業の提供や資料提供を受けて行った実践。県内の戦争遺跡，とりわけ学区に跡地がある桔梗ヶ原女子拓務訓練所をめぐる探究など，資料の調査と実地調査，戦争体験の聞き取り等の往還により，ダイナミックで立体的な探究が展開し，戦争を他人事でなく自分事として捉えて欲しいという授業者の願いが通じ，終末では地域の方に向けて学習成果の発表なども行われた。地域の教育会（信濃教育会）からすぐれた実践として表彰も受けた実践で，本事例には学習指導案，ワークシート，提供されたブックリストが添付されている。公立中学校の実践である。

【高等学校】高校　１年　総合的な学習の時間　進路に関する小論文作成　(2013年の実践　管理番号 A0185)

進路を考えるために，新聞記事等を使って必要なキーワードを見い出し，それを元に調べたことから小論文を書かせたいという授業意図に応じて，学校図書館がキーワードによる調べ方や資料提供を行った実践である。総合的な学習の時間（2022年からは総合的な探究の時間となる）の目標に「自己の在り方生き方を考えることができるようにする」（平成21年告示）と進路に関わることがある。進路を考える際に社会とのつながりを意識することは重要だが，新聞を読んだり，ニュースに関心を持ったりする高校生は必ずしも多くはないようである。そこで新聞の縮刷版や，『現代用語の基礎知識』（自由国民社）などを提供して，明確にはなっていないが，漠然と持っている進路への希望に関わるキーワードを見い出し，レファレンスなども活用しながら，それらを調べて知識を得ることから小論文の作成へと導いた実践であった。学校図書館の PC から学校図書館ポータルサイトにアクセスでき，そこから必要と思われるリンク集につながる工夫や，教師から提供されたブックリストがあることが記されているが，残念ながらその実物は添付されていない。公立高等学校の実践である。

以上，小学校から高等学校まで３つの授業事例を紹介した。「学校図書館データベース」には，この他にも多くの情報センター機能を活用した授業事例が紹介されている。また，総合的な学習（探究）の時間，探究活動，SDGs 等のキーワードをもとに実践書等をさがすと，多くの授業事例を紹介した書籍を見つけることができるだろう。先行実践に学び，また新たに開発しながら実践に取り組んでいただきたい。

■ 理解を確実にするために

1 次の用語を説明しましょう。

①情報活用能力

②情報リテラシー

③探究的学習

2 次の問いに答えましょう。

情報活用能力や情報リテラシーといった資質・能力を育成するために学校図書館はどのようなことが求められますか，説明しましょう。

■ 理解を深めるために

① 根本彰，金昭英『探究学習と調べる学習コンクールがもたらす効果』学文社，2012

② 桑田てるみ『思考を深める探究学習　アクティブラーニングの視点で活用する学校図書館』公益社団法人 全国学校図書館協議会，2016

③ 林良子編著『学びをつなぐ学校図書館～松江発！学び方指導体系表を活用しよう～』悠光堂，2021

④ 高見京子，稲井達也『「探究」の学びを推進する高校授業改革―学校図書館を活用して「深い学び」を実現する』学事出版，2019

参考文献

①片岡則夫『「なんでも学べる学校図書館」をつくる　１・２』少年写真新聞社，2013，2017
②塩谷京子『すぐ実践できる情報スキル50　学校図書館を活用して育む基礎力』ミネルヴァ書房，2016
③塩谷京子『探究の過程における　すぐ実践できる情報活用スキル55　単元シートを活用した授業づくり』ミネルヴァ書房，2019

表5-2

横浜モデル 情報活用能力 体系表

大	中	小分類		小学校（低学年）	小学校（中学年）	小学校（高学年）	中学校	高等学校	特別支援学校及び個別支援学級 ステップ1	ステップ2	ステップ3	子どもの活動の姿
知識及び技能	情報の理解	情報や情報技術の特徴を理解する	I-1-(1)	○ 生活の中には、コンピュータやインターネットが使われていることを知る。	○ コンピュータやインターネットによって生活が便利になったことを知る。	○ コンピュータやインターネットによって生活が便利になったことを理解する。	○ 情報やメディアの特性、コミュニケーション手段の変化について理解する。	○ 情報やメディアの特性、コミュニケーション手段の変化について理解する。（標本化、量子化、符号化、二進法による表現や、情報の蓄積、編集、表現、圧縮、転送が容易にできるなど）	【全】自分に合う情報機器に触れる。[2(3)][5(2)][6(4)]	【全】自分に合う情報機器を探す。[2(3)][5(2)][6(4)]	【全】自分に合う情報機器を生活の中で活用する。[2(3)][5(2)][6(4)]	知る 身に付ける
				○ 身の回りにはプログラムされているものがあることを知る。	○ 身の回りの生活の中でプログラムが活用されていることを知る。	○ 日常生活や社会においてプログラムが活用され、便利になり様々な問題を解決していることを知る。	○ 生活や社会でのプログラムの役割や影響について理解する。	○ コンピュータの基本的な構成や演算の仕組み、コンピュータ内部でのプログラムやデータの扱い方などについて理解する。				
								○ 問題発見・解決のために、実際の事象を図や数式などにモデル化したり、シミュレーションを活用する方法を理解する。				
				○ 個人情報の保護やID及びパスワードの大切さを知る。	○ 個人情報の保護やID及びパスワードの大切さを理解する。	○ 個人情報の保護やID及びパスワードは自分で安全に管理する。	○ 他人や自分の、個人が特定できる情報をネットワーク上に発信することの危険性を理解する。	○ 他人や自分の、個人が特定できる情報をネットワーク上に発信することの危険性を理解する。				
				○ 資料には作った人がいて、それを使うための約束やきまりがあることを知る。	○ 資料や見学・取材で得た情報などを利用するときには、出典を明らかにしたり、相手の承諾を得たりする必要があることを理解する。	○ 情報を扱うときには、著作権や肖像権に配慮する必要があることを理解する。（題名、著者名、出版社、出版年、訳者、撮影者、サイト名など）	○ 情報に関する自分や他者の権利を知るとともに、正しい方法で利活用することができる。	○ 情報に関する様々な権利の種類、内容を理解するとともに、他者の権利を侵害することのないよう、正しい方法で利活用することができる。				
					○ 悪意のある情報や騙そうとする情報、よくないサイトを見付けたらどのように対応したらよいか理解する。	○ 情報社会の一員として、ルールやマナーを守り、安全にインターネットを活用することを理解する。（チャット、オンラインゲームなど）	○ 情報を受信、発信する際の利便性と危険性を知り、正しい方法で利活用する大切さを理解する。	○ 情報を受信、発信する際の利便性と危険性を知り、正しい方法で利活用する大切さを理解する。		【全】悪意がある情報の具体例を学び、自分の身を守る対処方法を知る。[2(2)] 【全】日常生活の中で情報を活用するにあたり必要とされるルールや常識を理解する。[3(4)] 【知】教員等に相談しながら情報を収集する。[4(2)]	【全】悪意のある情報もあることを理解し、騙そうとする情報や良くないサイトを見付けたらどのように対応したらよいか理解する。[2(3)] 【全】情報の信頼性を吟味した上で、興味のあるものだけに絞るのではなく、幅広く収集する。[4(2)]	
					○ 一つの情報だけに頼らず複数の情報で調べて比較し、情報の正確さを判断する必要があることを理解する。	○ 情報には信頼性が高いものとそうでないものがあることを知り、その特徴を踏まえた上で、自分の目的に応じて利用することの大切さを理解する。	○ 情報には信頼性が高いものとそうでないものがあることを知り、その特徴を踏まえた上で、自分の目的に応じて利用することの大切さを理解する。	○ 情報の信頼性や科学的な根拠、法規や制度、メディアの特性を踏まえた上で、自分の目的に応じて利用することの大切さを理解する。				
					○ 情報の発信には責任が伴うことを理解する。	○ 情報の発信には責任が伴うことを理解する。	○ 情報の発信には責任が伴うことを理解する。	○ 情報の発信には責任が伴うことを理解する。				
					○ ネットワーク上のマナー、エチケットを守って情報を発信・利用する。	○ ネットワーク上のマナー、エチケットを守って情報を発信・利用する。	○ ネットワーク上のマナー、エチケットを守って情報を発信・利用する。	○ ネットワーク上のマナー、エチケットを守って情報を発信・利用する。				
		図書館資料の特徴を理解する	I-1-(2)	○ 様々な種類の図書館資料があるほか、家の人や身近な人から聞いた話も情報として生かせることを知る。	○ 図書館資料や見学、取材などで人から聞いた話も情報として生かせることを知る。	○ 図書館資料や見学、実地調査、実験、インタビュー、アンケートなどで得た情報も利用できることがあることを理解する。	○ 様々な資料にはそれぞれに特徴があることを知り、場面に応じて適切な資料を正しく利用することの大切さを理解する。	○ 図書で調べきれない事柄がある場合、図書資料以外の媒体を利用し、必要な情報を自主的に取得することができるようになることを理解する。				
				○ 日本十進分類法(第1次区分0類～9類程度)とラベルによる配架を知る。	○ 日本十進分類法(第2次区分01～99程度)による分類の仕方や請求番号の見方を理解するとともに、目次・序文・あとがき・本文・索引など、図書の構成を理解する。	○ 日本十進分類法(第3次区分001～999)による分類と配架の仕方、請求番号の見方を理解するとともに、目次・序文・あとがき・本文・索引など、図書の構成や内容が工夫されているものであることを理解する。	○ 日本十進分類法(第3次区分001～999)による分類と配架の仕方、請求番号の見方を理解するとともに、目次・序文・あとがき・本文・索引など、図書の構成や内容が工夫されているものであることを理解する。	○ 図書が日本十進分類法(第3次区分001～999)で分類されていることを知り、その構成を理解し、図書は、他の資料の裏付けにもなることを理解する。				
	情報活用の技能	入力・変換する技能を身に付ける	I-2-(1)	○ コンピュータによる文字入力、変換ができる。	○ コンピュータによる文字入力、変換ができる。	○ コンピュータによる文字入力、変換ができる。	○ 自分の考えや意見など、ひとまとまりの文章を入力できる。	○ 十分な速さで正確な文字の入力ができる。	【肢】スイッチ機器やタッチパネル等入力に必要な入力代替機器に触れる。[4(3)][5(5)][6(4)] 【肢】効果的に機器を活用できるように代替機器を繰り返し使用して体験を積む。[4(3)][5(5)]	【全】いろいろな入力機器やソフトで表やグラフの作成を経験する。[5(5)][6(4)] 【視】音声入力機能を利用して文字入力ができる。[6(4)] 【肢】スイッチ機器やタッチパネル等の入力代替機器を活用する。[5(5)][6(4)]	【全】自分に合った入力機器やソフトを使って表やグラフを作成する。[5(5)][6(4)] 【聴】IMEパッドや校正・校閲機能を活用し、キーボードによる文字を正確に入力できる。[4(2)] 【視】ホームポジションでPCの6点入力ができる。ブラインドタッチでローマ字入力・変換が適切に行える。[6(4)] 【視】タブレット端末やPCを操作し、画像や文字の拡大や文章の読み上げなどの機能を活用することができる。[6(4)] 【肢】自分に合ったスイッチ機器やタッチパネル等の入力代替機器を生活の中で活用する。[5(5)][6(4)]	
		表やグラフを作成する技能を身に付ける	I-2-(2)		○ 目的に応じてコンピュータ上で、表やグラフを作ることができる。	○ 目的に応じてコンピュータ上で表やグラフを加工することができる。	○ 目的に応じて表やグラフを加工することができる。（相対度数、ヒストグラム、箱ひげ図など）	○ 目的に応じて複数の種類のデータから、適切な形の表、グラフを使って効果的に表現することができる。（分散、標準偏差など）				
		編集する技能を身に付ける	I-2-(3)	○ 写真や動画を撮影することができる。	○ 目的に応じて写真や動画を編集することができる。	○ 目的に応じて写真や動画を編集することができる。	○ 目的に応じて写真や動画を適切に編集することができる。	○ 目的に応じて効果的に伝えるために、参考資料・画像の中から必要な箇所を抜き出し、表現することができる。				
		機器を効果的に活用する技能を身に付ける	I-2-(4)	○ 見せたいものを大きく写すことができる。	○ 注目してほしいところを焦点化して写すことができる。	○ 注目してほしいところを工夫して発表できる。	○ 目的に応じて伝えたいことをまとめ、工夫して発表することができる。	○ 目的に応じて効果的に伝えるために、適切な媒体・機器を選択し、操作することができる。				
				○ 簡単な手順を用いたプログラミングを楽しむことができる。	○ 自分の意図した動きを実現するためのプログラムを作ることができる。	○ 課題を解決するために、繰り返しや変数、条件分岐などを用いてプログラムを作ることができる。	○ 安全・適切なプログラムを作り、動作の確認などができる。	○ コンピュータを効率よく活用するために、データやプログラムの構造を理解し、アルゴリズムを正確に記述することができる。（フローチャート、アクティビティ図）				

知識及び技能	情報源の利活用	学校図書館の機能を理解し利活用できる	I−3−(1)	○ 学校図書館にある本の並び方を知り、利用したり、いろいろな種類の本を読もうとしたりすることができる。	○ 学校図書館にある図書の分類の仕方を知り、それを活用して、必要な情報を手際よく探すことができる。	○ 学校図書館の仕組みなどを知り、学習に積極的に利活用することができる。	○ 学校図書館の機能や役割、利用の決まりなどを十分理解し、学習を深めるために効果的に利活用することができる。	○ 学校図書館の機能や役割、利用の決まりなどを十分理解し、学習を深めるために自主的・効果的に利活用することができる。	【全】学校司書等に、教員と一緒に興味のある図書や資料がある場所を探索するための支援依頼する。 [2(1)][6(1)(2)]	【全】学校司書や教員等に興味のある図書や資料がある場所を探索するための支援依頼をする。 [2(1)(3)][6(2)(5)]	【知】公共の図書館を利用し、自分で知りたい情報や資料を見付けることができる。 [2(3)][6(4)(5)] 【肢】学校司書や公共図書館の施設職員や身体障害者向けのサービスを利用し、支援を依頼する。[2(3)][6(5)] 【視】ライトセンターや情報文化センター、障害者スポーツ文化センターなどの所在地や特色を知り、利用すること。 [4(4)] 【視】学校図書館や日本点字図書館などを通して、点訳・音訳・拡大などのボランティアとつながり、必要な支援を依頼する。[2(3)][4(3)(4)] [6(4)] 【聴】聴覚障害者情報提供施設や一部公共図書館などの字幕付きDVDや手話絵本など聴覚障害者向けの貸出サービスを知り、利用する。 [4(4)]	知る 身に 付ける
		公共図書館の機能を理解し利活用できる	I−3−(2)	○ 公共図書館を使う上でのきまりやマナーを理解して利用できる。	○ 公共図書館の利用の仕方を知り、目的をもって資料を活用することができる。	○ 公共図書館の仕組みや運営の仕方や活動を知り、日常の学習に積極的に活用することができる。	○ 公共図書館の機能や役割、利用のきまりを十分理解し学習を深めたり生活を豊かにしたりするために、効果的に使うことができる。	○ 公共図書館の機能や役割、利用のきまりを十分理解した上で、学習の深化や、興味関心の拡張を図ったり、将来の展望をもったりするなど、効果的に活用することができる。				
		文化施設などの機能を理解し 利活用できる	I−3−(3)	○ 身近な文化施設にも情報があることを理解し、利活用できる。（公会堂・地区センター・科学館・郷土資料館・博物館・美術館・記念館等）	○ 地域にある文化施設のある場所を調べ、必要に応じて利活用できる。（公会堂・地区センター・科学館・郷土資料館・博物館・美術館・記念館等）	○ 地域の文化施設の役割を理解し、必要に応じて利活用できる。（公会堂・地区センター・科学館・郷土資料館・博物館・美術館・記念館等）	○ 地域の文化施設の役割や特色を理解し、目的に応じて利活用できる。（公会堂・地区センター・科学館・郷土資料館・博物館・美術館・記念館等）	○ 文化施設などの機能や役割、利用のきまりを十分理解したうえで、学習の深化や、興味関心の拡張を図ったり、将来の展望をもったりするなど、効果的に活用することができる。（文学館・公民館・史跡・ホール・記念碑・郷土資料館・博物館・美術館等）				
		人的情報資源のよさを知り 利活用できる	I−3−(4)	○ 知りたいことを身近な人や友達から情報を得て、学習に役立てることができる。	○ 課題の解決のために、広い範囲の人から情報を得て、学習に役立てることができる。	○ 課題の解決のために、広い範囲の人から情報を得て、学習に役立てることができる。（地域の方、専門の方など）	○ 課題の解決のために、広い範囲の人から情報を得て、学習に役立てることができる。（専門の方、著作者など）	○ 課題の解決のために、広い範囲の人から情報を得て、学習に役立てることができる。（専門の方、著作者など）				
		webサービスのよさを知り 利活用できる	I−3−(5)		○ 必要な情報をWebで検索することができる。	○ キーワード検索ができる。	○ 検索サービスや電子メールなどを効果的に活用できる。	○ 検索サービスや電子メールなどの特徴を把握した上で、効果的に活用することができる。				
思考力、判断力、表現力等	課題の設定	問題を発見する	II−1−(1)	○ 体験や活動などから、身の回りの疑問や不思議に気付く。	○ 学習や日常生活の中での疑問や不思議に気付く。（SDGsなど）	○ 社会問題や学習題材から疑問を見いだす。（SDGsなど）	○ 社会問題や学習題材から疑問や課題を見いだす。（SDGsなど）	○ 社会問題や学習題材から疑問や課題を見いだす。（SDGsなど）				つかむ
		課題を設定する	II−1−(2)	○ 自分の興味に応じて教師とともに課題を決める。	○ 興味・関心に応じて具体的な課題を決める。	○ 目的を把握し、疑問や調べたいことに応じて課題を決める。	○ 設定した課題や自分が興味・関心のある事柄について、何を調べたいのかを明確にしながら、学習課題を決める。	○ 調べる目的や対象を明確にした上で学習課題を設定し、基礎知識を基に、より広く総合的な理解を目指す。				
		課題を解決するための見通しをもつ	II−1−(3)	○ どのように課題解決を行うか教師とともに内容の見通しをもつ。	○ プログラミング的思考を使って課題解決までの見通しをもつ。 ○ 課題解決のためにどのように調べたりまとめたりするかについて考え、内容の見通しをもって学習計画を立てる。	○ プログラムを使って自分の意図する命令を考える。 ○ 課題解決のためにどのように調べたりまとめたりするかについて内容や方法の見通しをもって考え、学習計画を立てる。	○ プログラムを使って自分の意図する動きを実現する命令を複数考え、それぞれのよさを比べて選択する。 ○ 必要な情報や調べ方やまとめ方を検討し、内容、方法、効果的な学習の仕方、課題解決に向けての学習計画を立てる。	○ 目的に応じたモデル化やシミュレーションを適切に行うとともに、その結果を踏まえて問題の適切な解決方法を考える。 ○ 課題解決のための全体計画を立て、調査方法を明確にするとともに必要な資料についても検討する。		【知肢聴】情報探索の手段や手順を絵や写真、文字等で視覚化し、解決に向けた見通しをもつ。 [2(1)][4(3)(5)] 【視】（全盲）情報探索の手段や手順を点字に書き起こしたり音声を録音したりしながら整理し、解決に向けた見通しをもつ。[4(3)(5)]	【全】情報探索の手段や手順を個々の分かりやすい方法で整理し、解決に向けた見通しをもつ。 [2(1)][4(5)]	
		振り返りを生かす	II−1−(4)	○ 学んだことを生かして、次の課題を考える。	○ 学んだことを生かして、次の課題を考える。	○ 学んだことを生かして、次の課題を考える。	○ 学んだことを分析し、次の課題を多面的に考える。	○ 学んだことを分析し、次の課題を多面的に考える。				
	情報の把握・収集	課題に関する情報を把握する（図書資料）	II−2−(1)	○ 図書資料から情報を得る際に、題名から話の内容を予想する。	○ 図書資料から情報を得る際に、題名・目次・見出しなどからおおよその内容を予想する。	○ 図書資料から情報を得る際に、題名や目次、索引などから、学習課題に役立つ情報であるかなどを予想する。	○ 図書のタイトル・見出し・索引・目次などから内容をおおまかに把握して、必要な情報かどうかを判断する。	○ タイトルやキーワードから目的に合った情報か否かの概要を把握する。 ○ 図書やインターネットから、課題に関する情報を収集する。 ○ 自分とは異なる立場の意見を収集する。 ○ 異なる立場の意見の根拠となっている情報にアクセスできる。 ○ 課題解決に必要な資料を適切に選択する。 ○ 各種の図書館資料の特性を理解し、目的に応じた選択をする。 ○ 一つの事柄に対して複数の資料を比較検討し、様々な考えや解釈のあることを知る。	【全】図書の中から必要な情報（キャラクターや言葉など）を教員と一緒に探す。[4(5)]	【全】図書の中から必要な情報を自分で探す。 [4(5)] 【視】拡大した図表や、立体コピーや点字で表された図表を読み、おおまかな内容や形をつかむ。 [4(1)] 【視肢】ボイスレコーダーの操作やタブレット端末で動画を撮影する方法について知る。[4(3)] 【全】ほしい情報にアクセスするため、支援依頼をする。	【視】拡大した図表や、立体コピーや点字で表された図表を正しく読み取り、必要な情報を得る。 [4(1)] 【聴】検索中に分からない言葉が出てきた場合は、辞典やインターネット等で調べ、メモとして記録する。[4(3)] 【視】取材を行う際、点字盤やボイスレコーダー、動画などを活用しながら必要な情報をメモとして記録する。[4(3)] 【全】電話やメールを使って問い合わせをしたり、障害状況を説明して支援依頼をしたりする。 [2(3)][3(3)]	さぐる 集める
		課題に関する情報を把握する（webサービス等）	II−2−(2)	○ 課題に関係するキーワードを考え、その結果として得られる情報を予想する。	○ 課題に関係するキーワードを考え、その結果として得られる見出しからふさわしい情報を予想する。	○ 課題に関係するキーワードを考え、その結果として得られる見出しからふさわしい情報を予想する。	○ 学習課題に関するものについて様々な視点からとらえ、キーワード（件名など）は何か、どのようにすれば調べられるかを考える。					
		課題に関する情報を把握する（人的情報資源）	II−2−(3)	○ 身近な人の中から自分の知りたい情報をもっている人を予想する。	○ 自分の知りたい情報を深く知っている人を広い範囲から予想する。	○ 自分の知りたい情報をより深く知っている人をより広い範囲から予想する。	○ 自分の知りたい情報をより深く知っている人をより広い範囲から予想する。					
		課題に関する情報を収集する（図書資料）	II−2−(4)	○ 図書資料をレファレンスやパスファインダーを生かし、目的に応じて情報を集める。	○ 図書資料をレファレンスやパスファインダーを生かし、課題の解決に役立ちそうな情報に目を向け、目的に応じて情報を集める。	○ 図書資料をレファレンスやデジタルパスファインダーを生かし、問題の解決や目当てに適した情報を選び、自分の立場や意図を明確にしながら情報を集める。	○ 図書資料をレファレンスやデジタルパスファインダーを生かし、問題の解決や目当てに適した情報を選び、自分の立場や意図を明確にしながら学習課題に沿った情報を収集する。	○ 日常的に多くのものに興味・関心をもち、先入観をもつことなく多角的な視点で情報を収集する。 ○ 目的に応じた情報収集の方法（インターネット・取材・博物館などの施設利用）を検討する。 ○ 情報源の確かさや根拠を確認する。				
		課題に関する情報を収集する（webサービス等）	II−2−(5)	○ インターネットを活用しながら情報を集める。	○ 視点を明確にし、インターネットを活用して目的に応じて情報を集める。	○ 視点を明確にし、インターネットを活用して目的に応じて情報を集める。	○ 視点を明確にし、インターネットを活用して目的に応じて情報を集める。（電子メール含む）					

思考力、判断力、表現力等	情報の把握・収集	課題に関する情報を収集する(人的情報資源)	II-2-(6)	○ 身近な人の中から必要な情報を集める。 ○ 友達が集めた情報の内容やその情報の集め方を伝え合う。	○ 知りたい情報をもっている人から、視点を明確にして情報を集める。 ○ 友達が集めた情報の内容やその情報の集め方を伝え合う。	○ 知りたい情報をもっている人から、視点を明確にしてより詳しい情報を集める。 ○ 情報や情報源、情報収集の方法について共有する。	○ 知りたい情報をもっている人から、視点を明確にしてより詳しい情報を集める。(手紙、電子メールなど) ○ 情報や情報源、情報収集の方法について共有する。	○ ネットワーク上のサービスや図書検索システムなどを積極的に活用し、専門書などの参考文献リストやインターネットのリンクなどを活用する。			【聴】記録する内容の言葉を確認し、正しい日本語で表記することを意識し、言葉の力を高める。[4(5)、6(1)] 【知肢視聴】情報を収集する際、言葉による説明だけでなく、実際に体験できる機会を利用したり、擬似的に体験したりして情報を得る。[4(5)]	さぐる集める
	情報の整理・分析	情報を分類する	II-3-(1)	○ 集めた情報を似たところや違うところに着目して、仲間分けする。(簡単な絵や図を使った分類)	○ 集めた情報を視点に沿って同じ種類や仲間に分け、情報を分類する。(表やグラフ、マップ、「考えるための技法(思考ツールなど)」など)	○ 集めた情報を視点に沿って同じ種類や仲間に分け、情報を分類する。(表やグラフ、マップ、「考えるための技法(思考ツールなど)」など)	○ 収集した情報を目的に応じて複数の情報を結び付けて新たな意味を見出し、自分の考えを加えながら分類する。(表やグラフ、マップ、「考えるための技法(思考ツールなど)」など)	○ 課題解決に必要な情報を整理する。(ベン図、イメージマップ、XYチャート、マトリックス、ピラミッドチャート、座標軸、フィッシュボーン、「考えるための技法(思考ツールなど)」など)			【視】集めた情報(点字によるもの)を台紙に貼ったり、綴じたり、袋に入れたりして、自分で分かりやすいように整理・分類する。[4(1)]	
		情報を分析する	II-3-(2)	○ 調べた情報を似ているものと違うものに分ける。 ○ ものの順序や組み合わせについて考える。 ○ 情報の特徴を捉える。	○ 分類した理由を説明する。 ○ 実行したことが、意図した活動に近付いているかどうか考える。 ○ 情報の特徴、傾向、変化を捉える。	○ 異なる方法で調べたことと比較して利用する。 ○ 実行したことが、意図した活動に近付いているかどうか考える。 ○ 複数の観点から情報の傾向と変化を捉える。	○ 目的に応じてデータを収集して分析し、データの傾向を読み取り、批判的に考える。 ○ 課題を複数の方法で多面的に捉え、必要な情報を判断する。 ○ 実行したことが、意図した活動に近付いているかどうか考える。 ○ 複数の情報を比較して、根拠をあげて考える。	○ 入手した情報を概念として捉える。 ○ 自分の考えから概念を抽出する。 ○ 捉えた概念を言語化する。 ○ 実行したことが、問題の解決に向け不具合なく、効率よく動作しているか考える。 ○ 複数の情報を多角的に比較検討したうえで、確かな根拠をもって考察する。			【肢視聴】1つの情報だけではなく、そこに関連する様々な情報も活用しながら、順序立てて考えて、総合的に分析する。[4(5)]	えらぶ
		情報を選択する	II-3-(3)	○ 目的に応じて情報を選ぶ。	○ 二つ以上の情報から、目的に合ったものを選ぶ。	○ 複数の情報の中から、適切な方法を使って課題の解決に必要なものを選ぶ。	○ 収集した情報が役立つものであるかなどを判断し、取捨選択・追加補充する。	○ 情報の特性を理解し、目的に応じた選択をすることや、常に複数の情報を比較検討し、情報のもつ価値を判断しながら選択する。				
		情報を記録する	II-3-(4)	○ 順序に気を付けて記録をとる。	○ 自分の考え・理由と事実を分けたり、比較し分類したりしながら記録する。	○ 原因と結果を考えたり、引用したりしながら記録する。	○ 活用する目的に応じて記録の仕方を選択し、工夫して記録する。(抜き書き・切り抜き・要約・項目を付けてまとめる・課題を捉えて疑問、感想・意見などを書き加えながら記録をとることなど)	○ 活用する目的に応じて記録の仕方を選択し、工夫して記録する。(抜き書き・切り抜き・要約・項目を付けてまとめる・課題を捉えて疑問、感想・意見などを書き加えながら記録をとることなど)			【視】(点字の場合)目的に応じた文書の書式で情報を整理する。[6(2)]	
	情報の加工・統合・再構築	情報を加工する	II-4-(1)	○ 情報から得たものを相手が理解しやすいよう表現を工夫する。	○ 情報から得たものを、相手や目的に応じて表現を工夫する。	○ 相手や目的や意図に応じて表現を工夫する。	○ 受け手の状況に合わせて見やすさを考える。	○ 情報から得たものを、相手、目的や意図に応じて、分かりやすく、自らの考えが伝わるように整える。	【全】伝えたい情報をまとめる。[3(1)]	【全】時系列や伝えたい情報の順序を整理する。[3(1)(2)(4)]	【知肢聴】プレゼンテーションソフト等を使って、文字や写真・図を入れた視覚的に分かりやすい資料を作る。[4(3)][6(4)] 【視】紙・音声データ・電子媒体など、多様なメディアから目的に応じて自分に適したものを選択し、整理した情報を基に相手にも分かりやすい資料を作る。[4(3)][6(4)] 【肢】インデックスを付けるなどし、探しやすさや活用しやすさを考えて資料をまとめる。[2(3)]	
		情報を統合する	II-4-(2)	○ 簡単な絵や文でまとめる。	○ 情報から得たものを必要な項目を立て、分かりやすくまとめる。(絵や文、グラフ、図や表などを用いて)	○ 情報から得たものを、項目や構成、レイアウトなどを工夫して効果的にまとめる。(絵や文、グラフ、図や表、切り抜き、コピー、画像や音声　などを用いて)	○ 情報から得たものを、項目や構成、レイアウトなどを工夫して効果的にまとめる。(絵や文、グラフ、図や表、切り抜き、コピー、画像や音声、動画・アニメーション　などを用いて)	○ 情報から得たものを、視覚的な効果や聴覚的な効果などを意識してまとめる。				まとめる
		情報を再構築する	II-4-(3)	○ いくつかの情報を比べて共通点や相違点を見付ける。(簡単な絵や絵グラフ、図表や紙芝居、ペープサートなど)	○ いくつかの情報を比べて共通点や相違点を見付け、その理由を考える。(目的に合ったグラフ、図表、地図、新聞、絵本、模型　など)	○ いくつかの情報を比較してその共通点や相違点を見付け、その理由を考え、特徴や関係性などに気付く。(目的に合ったグラフ、図表、地図、新聞、絵本、模型、レポート、ビデオ番組　など)	○ 収集し、分類・整理した情報を比較したり、関連性を見いだしたりして、新たな情報を再構築する。	○ 収集し、分類・整理した情報を比較したり、関連性を見いだしたりして、新たな情報を再構築する。 ○ 情報を分析・検証した結果から改めて自分の意見をまとめ直す。				

思考力、判断力、表現力等	情報の発信・受信・共有	表現の仕方を工夫する	II−5−(1)	○ 情報から得たものを、相手や目的に応じて方法を選んで表現する。	○ 情報から得たものを、相手や目的に応じて適切な方法を選んで表現する。	○ 情報から得たものを、目的や意図に応じて効果的に表現するよう工夫する。	○ 資料を活用して、効果的に伝える。	○ 資料を活用して、効果的に伝える。	【聴】言語概念の形成、聴覚活用・手話活用への関心意欲を高める。[2(1)4(5)] 【聴】相手を注視する態度や構えを身に付けたり、自然な身振りで表現したり声を出したりして、相手と関わる。[6(1)] 【知肢】実態にあった表現方法を探す。[4(3)][6(2)]	【知肢】興味・関心に応じた表現方法や体の動きを活用したコミュニケーション手段や代替機器を使って表現する。[6(2)(4)] 【視】点字や拡大読書器、タブレット、録音などの手段を選択し、活用する。[6(4)] 【聴】日本語文法の理解を深め、活用する。[6(1)] 【聴】聴者のコミュニケーションの特徴を理解する。[2(1)]	【聴】音声言語だけでなく、視覚情報として効果的に伝える。[6(2)] 【視】点字や拡大読書器、タブレット、PC入力、録音などを活用し、自分の考えや伝えたいことを適切な言葉や文章にして表現する。[6(1)(4)(5)]	伝え合う
	情報の発信・受信・共有	伝達の仕方を工夫する	II−5−(2)	○ 情報を、事柄の順序を考えながら相手に分かるように伝達する。	○ 情報を、自分の考えが分かるように筋道を立てて、相手や目的に応じて伝達する。	○ 情報を、考えたことや自分の意図が分かるように、構成を工夫しながら、目的や場に応じて伝達する。	○ 情報を、相手や目的や意図に応じて効果的に伝達する。	○ 情報を、相手や目的や意図に応じて効果的に伝達する。 ○ 加工した情報を、相手や目的や意図に応じて工夫し、視覚的な効果を意識したプレゼンテーションなどの方法について理解し、実践する。	【聴】構音器官（舌・あご・唇等）の機能の向上、息や声の出し方の調整をする。[5(1)] 【聴】自分の思いや考えを積極的に伝える。[6(5)] 【肢知】発声、サイン、表情やスイッチなどの実態に応じたコミュニケーション手段での伝達手段を見付ける。[6(1)(2)]	【知肢】実態に応じたコミュニケーション手段を探し、活用して伝達する経験を積み重ねる。[6(2)(3)(4)] 【聴】目的に応じて、読話、発音、発語、キュード・スピーチ、書記言語、指文字、手話などコミュニケーション手段を選択し、活用する。[6(4)(5)]	【聴】自分の思いを、場や相手に応じたコミュニケーション手段（ブギーボードなどでの筆談、スマートフォンなどでの文字入力）と、適切な言葉づかいで伝える。[6(1)(5)] 【聴】相手の反応を見て、自分の表現が相手に伝わっているか確認をしながら伝達する。[3(2)][6(4)(5)] 【肢知】コミュニケーションアプリ等、実態に応じた伝達手段で相手に伝わりやすさを考えながら活用する。[3(4)][6	
		受信の仕方を工夫する	II−5−(3)	○ 興味をもって情報を捉える。	○ 話の中心を押さえて情報を捉える。	○ 話し手の目的や自分の意図に応じて、共通点や相違点を考えながら情報を捉える。	○ 話し手の目的や自分の意図に応じて、共通点や相違点を考えながら情報を正しく捉える。	○ 話し手の目的や自分の意図に応じて、共通点や相異点を考えながら情報を正しく捉える。	【聴】補聴器・人工内耳などの補聴機器の装用習慣を付ける。[4(1)] 【聴】話している人の話に興味をもち、最後までしっかり見る習慣を付ける。[3(4)] 【肢知】感覚を活用して受信する。[4(1)][6(1)]	【聴】集団補聴システムやFM補聴器機等の機器の特徴に応じた活用をする。 【聴】分からなかったところを質問し、自分の意見と比較する。[3(4)] 【知肢】視覚、聴覚の両方から受信する。[4(1)][6(1)]	【聴】手話通訳、要約筆記などの情報保障を活用する。[6(5)] 【聴】相手の考えや意図を把握し、自らの考えを深める。[3(4)] 【視】受けとったデータを拡大文字化、音声化、点字化するなど自分の理解しやすい情報伝達媒体に変換する。[4(3)][6(4)]	伝え合う
		情報を共有する	II−5−(4)	○ 受けた情報について感想をもって交流する。	○ 受けた情報について自分の考えをもって交流する。	○ 受けた情報について自分の考えをまとめ、交流する。	○ 受けた情報を利用して自分の考えをまとめ、交流する。	○ 受けた情報を利用して自分の考えをまとめ、交流する。			【聴】他者の多様なコミュニケーション手段を知り、情報の双方向性を意識し、表現方法を工夫する。[3(2)]	
		新たな価値を創造する	II−5−(5)	○ 交流などを通して新たな発想や考えをもつ。	○ 交流や情報の共有を通して新しいものの見方を見いだす。	○ 情報の共有を通して新しいものの見方を見いだす。	○ 情報の共有を通して新しいものの見方を見いだす。	○ 情報の共有を通して、それまでになかった考え方や視点をもつことで、新たな課題解決の方法を見いだす。				
	情報の蓄積・再利用	資料リストを作成する	II−6−(1)			○ 課題について調べた際、次に調べる人が同じ課題で適切な情報を探せるよう配慮した資料リストを作る。	○ 課題について調べた際、次に調べる人が同じ課題で適切な情報を探せるよう配慮した資料リストを作る。	○ 課題について調べた際、次に調べる人が同じ課題で適切な情報を探せるよう配慮した資料リストを作る。				いかす
		情報を蓄積する	II−6−(2)	○ 次に使いやすいように保存し、決められた順序を守って情報を蓄積する。（内容に合わせて台紙に貼る・綴じる・袋に入れる　など）	○ 情報の内容に合わせて分類し、ファイリングし、新しい情報を付け加え蓄積する。（ファイリングしたものに見出しを付ける　など）	○ 情報の内容、活用方法で分類し、ファイリングする方法や保管する場所を考えながら、新しい情報を付け加えて蓄積する。（ファイリングしたものに見出しを付ける・目次を付ける・新しい情報に差し替える　など）	○ 情報に応じた保存の形式や方法の特徴を生かし、学習や様々な生活の場面で活用できるよう、収集した情報を有効な方法で蓄積する。	○ 情報に応じた保存の形式や方法の特徴を生かし、学習や様々な生活の場面で活用できるよう、収集した情報を有効な方法で蓄積する。				
		情報を再利用する	II−6−(3)	○ 蓄積した情報をいつでも見られるようにする。	○ 蓄積した情報を、他の学習で活用することができるよう考える。	○ 蓄積した情報を、いつ、どこで、どのように活用できるのか考え、見通しをもつ。	○ 蓄積した情報を随時整理し、活用しながら課題を継続的に探究する。	○ 蓄積した情報を随時整理し、活用しながら課題を継続的に探究する。				

	学習活動の評価	自己評価する	II-7-(1)	○ 教師とともに決めた課題がよいものであったか振り返る。	○ 自分たちで決めた課題が適切であったか振り返る。 ○ 内容の見通しをもって課題を解決することができたか振り返る。	○ 課題が疑問や調べたいことに応じて価値あるものであったのか振り返る。 ○ 内容や方法の見通しをもって考え、学習計画を立てることができ、解決することができたか振り返る。	○ 疑問や調べる内容が課題解決に向けて、適切で明確になっていたか振り返る。 ○ 課題解決に向けた手順、方法、学習の仕方が効果的であったか、学習計画を立て解決することができたか振り返る。	○ 疑問や調べる内容が課題解決に向けて、適切で明確になっていたか振り返る。 ○ 課題解決に向けた手順、方法、学習の仕方が効果的であったか、学習計画を立て解決することができたか振り返る。	【全】繰り返し振り返るために、毎回評価を教員と一緒に記録する。[2(2)][3(4)]	【全】繰り返し振り返るために、簡単な評価シートに自己評価を記入し記録する。[2(2)][3(4)]	【全】振り返るために、評価シートを活用して自己評価を記入し記録する。[2(2)][3(4)]	振り返る
		相互評価する	II-7-(2)	○ 学習したことを振り返って、友達のよいところを見付けて、感想を伝え合う。	○ 学習したことを通して、友達の考えのよさについて意見を述べ合う。	○ 学習課題や学習過程について友達のよさを伝えたり、助言したりする。	○ 表現・伝達されたものから、課題を解決するため集めた情報の有用性・必要性・信頼性を判断し合い、自分の表現の参考にする。	○ 表現・伝達されたものから、課題を解決するため集めた情報の有用性・必要性・信頼性を判断し合い、自分の表現の参考にする。	【全】相手の考えを受け入れ、個々の表現方法で意思を伝える。[3(1)(2)][6(1)(2)]	【全】互いに評価し合い、実態に応じた表現方法で相手によさを伝え、自分のよさを知る。[3(2)(3)(4)][6(2)(5)]	【全】学習課題や学習過程について友達のよさを伝えたり、助言したりする。[3(2)(3)(4)][6(2)(5)]	
		新たな問いを見いだす	II-7-(3)	○ 学習したことを振り返って、新たな疑問をもつ。	○ 学習したことを振り返って、さらに考えてみたい問いをもつ。	○ 学習したことを振り返って、さらに追究したい問いをもつ。	○ ものごとの関係性などに気付き、筋道立てて考えたり、他の事象に当てはめて考えたりして、新たな問いを見いだす。	○ 複数の情報を比較検討したり、組み合わせたりして、新たな問いを見いだす。			【全】物事の関連性に気付き、筋道立てて考えたり、他の事象に当てはめて考えたりする。[4(5)]	振り返る
		次の学習への見通しをもつ	II-7-(4)	○ 学習したことを、日常生活や次の学習に生かそうとする。	○ 学習して身に付いたことを、次の学習の過程に生かそうとする。	○ 学習して身に付いたことを、次の学習の課題設定や学習の過程にどう生かすか考える。	○ 学習して身に付いたことを、次の学習の課題設定や、社会生活の様々な課題の解決にどう生かすか考える。	○ 学習して身に付いたことを、次の学習の課題設定や、社会生活の様々な課題の解決にどう生かすか考える。				
学びに向かう力・人間性等	情報を活用しようとする態度	場面や状況を理解して問題を認識しようとする態度	III-1-(1)	○ 知っていることと知らないことを区別して問題を捉えようとする。	○ 理解していることと理解できないことを明確にして問題を捉えようとする。	○ 共通点や相違点を明確にして問題を捉えようとする。	○ 矛盾点や問題点を明確にしようとする。	○ 解決する優先順位を考えながら矛盾点や問題点を明確にしようとする。				
		起こり得る問題を予測しようとする態度	III-1-(2)	○ 日常生活における問題に気付き、自分たちにできることを考えようとする。	○ 日常生活における問題を捉え、自分たちが解決できることを考えようとする。	○ 日常生活における問題を捉え、自ら解決すべき課題に取り組もうとする。	○ 社会生活における問題を捉え、自ら解決すべき課題に取り組もうとする。	○ 社会生活において、未来起こりえる問題を予測し、自分たちが解決すべき課題に取り組もうとする。				
		情報を多角的に検討しようとする態度	III-2-(1)		○ 複数の情報から判断し、様々な立場から考えようとする。	○ 主体的に情報を選び取り、複数の情報や様々な立場から考え、多面的に分析しようとする。	○ 情報技術の効果や影響を考え、情報を学習や生活の中で適切かつ効果的に活用しようとする。	○ 複数の情報を多面的・多角的に比較検討したうえで、根拠をもって考察しようとする。			【全】核となる体験を通して、経験していない事項でも様々な情報をもとに類推して考えるようにする。[4(5)]	
		試行錯誤し改善しようとする態度	III-2-(2)	○ 課題の解決に向けて、あきらめずによりよくしようとする。	○ 課題解決のための計画を振り返り、必要に応じて見直そうとする。	○ 課題解決のための計画を振り返り、必要に応じて見直そうとする。	○ 自らの課題解決とその過程を振り返り、よりよいものとなるよう改善・修正しようとする。	○ 課題解決とその過程を振り返り、より効果的な表現・伝達を行うために、評価、改善しようとする。（情報デザインなど）				つなげる 深める
	情報社会に参画しようとする態度	責任をもって適切に情報を扱おうとする態度	III-3-(1)	○ 相手の気持ちを考えて情報を発信しようとする。 ○ コンピュータやインターネットの長時間の使用が、体に影響することを理解して利用しようとする。 ○ 友達の悪口や嫌がることを発信しないようにする。	○ 相手の気持ちを考えて情報を発信しようとする。 ○ コンピュータやインターネットの長時間の使用が、体に影響することを理解して利用しようとする。 ○ ネット上に友達の悪口や嫌がることを発信しないようにする。	○ 相手の気持ちを考えて情報を発信しようとする。 ○ コンピュータやインターネットの長時間の使用が、体に影響することを理解して利用しようとする。 ○ ネット上に友達の悪口や嫌がることを発信しないようにする。 ○ 無責任に情報を発信することの危険性を知ろうとする。	○ 相手の気持ちを考えて情報を発信しようとする。 ○ ネット依存症など心身への影響を踏まえ、コンピュータやインターネットを適切に活用しようとする。 ○ ネットいじめを防ぐためにできることを考えようとする。 ○ 情報の発信・利用には責任が伴うことを理解し、ネットワーク上のマナーを守って情報を活用しようとする。	○ 情報の受け手に応じて、目的を明確にし、メディアの特性を踏まえながら、相手に自分の考えを的確に伝えようとする。 ○ ネット依存症など心身への影響を踏まえ、コンピュータやインターネットを適切に活用しようとする。 ○ ネットいじめを防ぐためにできることを考えようとする。 ○ 法規や制度の意義や情報の科学的根拠などを理解し、ネットワーク上のマナーを守って情報を活用しようとする。				
		よりよい未来を創造しようとする態度	III-3-(2)	○ 様々な情報機器などのよさが分かり、未来の生活を考えようとする。	○ 様々な情報機器などのよさを理解し、未来の可能性を考えようとする。	○ 様々な情報機器などのよさを理解し、未来の可能性を広げようとする。	○ 情報や情報の技術のよさ、効果を理解し、持続可能な社会の在り方を考えようとする。	○ 情報や情報の技術のよさ、効果を理解し、他者と協働しながら持続可能な社会を創造しようとする。			【全】社会自立に向けての自己理解（障害認識）、進路選択につなげるようにする。[2(2)]	

※小学校、中学校、高等学校に準ずる教育課程は「小学校・中学校・高等学校の体系表」を参照
※3段階に分けたので、個人の特性に合わせて使用する。
※網掛け部分は、小学校・中学校・高等学校に準ずる内容を児童生徒の実態に応じて方法を工夫して活用する。
※「自立活動の内容の6区分27項目」については、「横浜市立学校 カリキュラム・マネジメント要領 特別支援教育編」P. 80参照

6　情報リテラシー教育の理論

庭井史絵

《目標＆ポイント》 学校図書館は，図書館利用指導を行っていた時代から，司書教諭が情報リテラシー教育に関わり，それを推進する立場へと変化してきた。その変遷と意味について，米国の歴史を踏まえながら理解を深める。また，情報探索プロセスの中で情報リテラシーを育成する必要性や，情報リテラシー研究の動向，代表的な情報リテラシー教育のモデル等を理解する。
《キーワード》 図書館利用教育，情報リテラシー教育，情報探索プロセス，Big 6 モデル，探究モデル

1　学校図書館利用指導から情報リテラシー教育へ

（1）図書館における利用者教育

学校図書館法（1953年）の第四条には，学校図書館を運営する方法の１つとして「図書館資料の利用その他学校図書館の利用に関し，児童又は生徒に対し指導を行うこと」とある。このような教育活動を，図書館利用指導，図書館利用教育，あるいは利用者教育といい，学校図書館だけではなく，大学図書館や公共図書館がそれぞれ取り組んできた。

『図書館情報学用語辞典（第５版）』（丸善，2020，p.185）は，図書館利用教育（library use education）を以下のように定義している。

> 図書館の利用者および潜在利用者の集団を対象に計画，実施される，組織的な教育的活動。文献利用指導や図書館オリエンテーションなどを含む。図書館サービス，施設，設備，資料などの活用に関わる知識や技能の修得を主な目的とするが，近年では，情報環境の変化などを背景に教育内容が拡大，多様化し，図書館を含むさまざまな情報（源）の効果的利用に必要な知識や技能（情報リテラシー）の修得を目指す種々の活動を包括する用語と解される。（後略）

学校図書館の「利用指導」といえば，図書館オリエンテーションや文献利用指導，すなわち，図書館における図書の分類（日本十進分類法）や配架の仕組み，辞書や事典，統計資料などレファレンスブックの利用法を教えることと考えられがちである。しかし，情報化社会と言われる今日においては，上の定義のように，児童生徒の情報リテラシー（information literacy）を育むための教育活動と捉える必要がある。

リテラシーとは，識字，すなわち文章を読み書きする能力に，計算能力を加えた３Ｒ（reading，writing，arithmetic）を指すが，これだけでは社会生活を営むのに十分ではない。日常生活や職業上必要な基礎学力を「機能的リテラシー（functional literacy）」と言い，情報リテラシーはそのひとつと位置付けることができる。

情報リテラシーという語は，1974年に情報産業協会（IIA：Information Industry Association）の会長ツルコフスキー（P. C. Zurukowski）が，米国図書館情報学委員会（U. S. National Commission on Libraries and Information Science）に提出した報告書の中で初めて使用した。米国図書館協会（American Library Association）は，情報リテラシーについて，「情報が必要であることを認識し，必要な情報を効果的に見付け，評価し，利用する能力」であり，情報リテラシーを身につけた人々は「知識の組織のされ方，情報の見付け方，情報の利用の仕方を知っている」，いわば「学び方を学んだ人々である」と説明している（『図書館情報学ハンドブック』図書館情報学ハンドブック編集委員会，1999，p.350）。

情報リテラシーは，情報化社会を生きていくうえで，すべての人に必要な機能的リテラシーの１つであり，その教育に図書館がどのように関わるかが議論されてきた。本章では，情報リテラシーという概念が，学校図書館における利用者教育（学校図書館利用指導）に取り入れられるようになった経緯を，理論的背景を踏まえながら論じる。

（２）日本の学校図書館における利用者教育

文部省（当時）は，第二次世界大戦後の教育改革の一環として，学校図書館運営の指針である『学校図書館の手引』（1948年）を発行した。その第４章第２節にある「図書および図書館利用法の指導」が，戦後最初のガイドラインである。これ以降，日本における学校図書館利用指導は，文部省や公益社団法人 全国学校図書館協議会（全国 SLA）が作成する手引きや体系表によって，方向性や基準が示されてきた（表6-1）。

米国の学校図書館関連資料を参照したとされる『学校図書館の手引』には，14の指導領域が示されている。すなわち，A．図書館の見学，B．図書館の機能と利用，C．館内において市民としてふるまうこと，D．図書の構成，E．図書の印刷部分，F．分類および図書の排列，G．カード目録，H．辞書および百科事典，I．参考書，J．雑誌および雑誌索引，K．図書目録の作りかた，L．ノートの取りかた，M．討論法と時事問題，N．文献の評価，である。各領域には，例えばFには「十進分類法その他の分類法，請求番号，書架上の図書の見つけ方」，Hには「排列法，内容，特長と欠点，使用法，重要な辞書，百科事典」といった指

表6-1　文部省が作成した学校図書館利用指導の基準

発行年	タイトル
1948	『学校図書館の手引』
1949	『学校図書館基準』
1953	『学校図書館基準』（案）
1959	『学校図書館運営の手びき』
1961	『小・中学校における学校図書館利用の手びき』
1963	『学校図書館の管理と運用』
1964	『高等学校における学校図書館運営の手びき』
1966	『小学校における学校図書館運営の事例と研究』
1970	『小学校における学校図書館の利用指導』
1972	『中学校における学校図書館運営の手びき』
1983	『小学校，中学校における学校図書館の利用と指導』

導項目が挙げられている。

1970年の『小学校における学校図書館の利用指導』（大日本図書）では，図書館利用指導を「直接的には図書館の利用に関して必要とされる知識・技能・態度の育成を意図するものではあるが，指導の究極的ねらいは，あくまでも，生涯にわたる自己教育を支える学習技術（スタディ・スキルズ）とか，あらゆる教科等の学習において必要とされる情報の検索・組織化・処理の能力などを育成することに存する」（下線は筆者による）と説明し，図書館の利用法だけではなく，学習過程全般にわたる知識や技能の指導であるとしている。

さらに1983年の『小学校，中学校における学校図書館の利用と指導』（ぎょうせい）では，「児童生徒の情報を的確に処理する能力を育成する」という利用指導の目的をより明確にするために，以下のような，4領域21項目の指導内容を提示している。

A　図書館及びその資料の利用に関する事項
①図書館資料の種類や構成を知って利用する
②学校図書館の機能と役割を知って利用する
③公共図書館の機能と役割を知って利用する
④地域の文化施設の機能と役割を知って利用する
B　情報・資料の検索と利用に関する事項
①図鑑の利用に慣れる
②国語辞典，漢和辞典などの利用に慣れる
③百科事典，専門事典などの利用に慣れる
④年鑑などの利用に慣れる
⑤図書資料の検索と利用に慣れる
⑥図書以外の資料の検索と利用に慣れる
⑦目録，資料リストなどの利用に慣れる
C　情報・資料の収集・組織と蓄積に関する事項
①必要な情報・資料を集める
②記録の取り方を工夫する
③資料リストを作る
④目的に応じた資料のまとめかたを工夫する
⑤目的に応じた伝達の仕方を工夫する
⑥資料の保管の仕方を工夫する
D　生活の充実に関する事項
①望ましい読書習慣を身に付ける
②集団で読書などの活動を楽しむ
③進んで読書などの活動を中心とした集会活動に参加する
④進んで読書などの活動を中心とした学校行事に参加する

一方，文部省の手引きとは別に，公益社団法人 全国学校図書館協議会（全国SLA）は，独自の利用指導カリキュラム案や体系表を作成した（表6-2）。それらは，2019年まで改訂され続けており，様々な自治体や学校で作成される指導計画のモデルとなっている。

表6-2 全国SLAが作成した学校図書館利用指導の体系表

発行年	タイトル
1954	『学校図書館教育』（学校図書館実践叢書5）
1956	『図書館教育カリキュラム』（案）
1967	『学校図書館の利用指導体系表』
1971	『学校図書館利用指導の計画と方法』
1982	『自学能力を高める学校図書館の利用指導』
1992	『資料・情報を活用する学び方の指導（利用指導）体系表』
2004	『情報・メディアを活用する学び方の指導体系表』
2019	『情報資源を活用する学びの指導体系表』

全国SLAは，1986年に発行した『学校図書館の運営と利用指導』において，学校図書館利用指導を，生活や生涯学習のなかで必要な能力を育成するための教育活動と位置づけ，以下のように定義している。

児童生徒が学校図書館やその他の図書館などを利用したり，必要な資料・情報を収集・活用して主体的な学習活動を行うとともに，広く生活諸場面での必要に応じ，かつ生涯学習において資料・情報を活用する能力・習慣を形成するために必要な知識，技能，態度の指導

1992年以降は，利用指導を「学び方を学ぶ」ための教育活動であると

表6-3　全国SLAが作成した学校図書館利用指導の体系表

情報資源を活用する学びの指導体系表

2019年1月1日　公益社団法人全国学校図書館協議会

本体系表は、児童生徒の実態を踏まえて各学校や地域で独自の体系表を作成する際の参考とするため、標準的な指導項目と内容を示したものである。また、必要に応じて児童生徒の活動や情報資源・機器の種類等を例示している。

凡例　「◎」指導項目　「◇」内容　「＊」例示

	Ⅰ　課題の設定	Ⅱ　メディアの利用	Ⅲ　情報の活用	Ⅳ　まとめと情報発信
小学校低学年	◎課題をつかむ ◇教科学習の題材、日常生活の気づきから考える ◇見学や体験での気づきから考える ◎学習計画を立てる ◇学習の見通しをもつ ◇テーマが適切かどうか考える ◇テーマ設定の理由を書く	◎学校図書館の利用方法を知る ＊図書館のきまり ＊学級文庫のきまり ＊本の借り方・返し方 ＊図書の分類の概要 ＊目次や索引の使い方 ◎学校図書館メディアの利用方法を知る ＊絵本、簡単な読み物、自然科学の本、図鑑 ＊コンピュータ、タブレット	◎情報を集める ＊観察、見学、体験 ＊インタビュー ＊図書資料、図鑑 ＊コンピュータ、タブレット ◎記録の取り方を知る ◇カードやワークシートに書き抜く ◇タブレットやデジタルカメラで写真を撮る ◇日付や資料の題名・著者名を記録する	◎学習したことを相手や目的に応じた方法でまとめ、発表する ＊口頭、絵、文章 ＊絵カード、クイズ ＊紙芝居、ペープサート、絵本、劇 ＊コンピュータ、タブレット ◎学習の過程と結果を評価する（自己評価・相互評価） ◇調べ方を評価する ◇まとめ方を評価する
小学校中学年	◎課題をつかむ ◇学習の題材、日常生活の気づきから考える ◇見学や体験での気づきから考える ◇課題について話し合う ◇フラワーカードなどを利用する ◎学習計画を立てる ◇調べる方法を考える ◇学習の見通しをもつ ◇テーマが適切かどうか考える ◇テーマ設定の理由を書く	◎学校図書館の利用方法を知る ＊日本十進分類法（NDC）のしくみと配架のしかた ＊レファレンスサービス ＊ファイル資料 ＊地域資料、自校資料 ◎公共図書館の利用方法を知る ＊検索のしかた、レファレンスサービス ◎学校図書館メディアの利用方法を知る ＊図書資料、百科事典、国語辞典、漢字辞典、地図 ＊新聞、雑誌 ＊コンピュータ、タブレット	◎情報を集める ＊観察、見学、体験 ＊ゲストティーチャー、インタビュー ＊図書資料、百科事典、国語辞典、地図、図表 ＊新聞、雑誌 ＊コンピュータ、タブレット ◎記録の取り方を知る ◇記録カードに記録する（抜き書き・要約） ◇タブレットやデジタルカメラで写真を撮る ◎集めた情報を目的に応じて分ける ◎情報の利用上の留意点を知る ＊著作権、引用のしかた、出典の書き方 ＊個人情報の保護	◎学習したことを相手や目的に応じた方法でまとめ、発表する ＊文章、新聞、ポスター、リーフレット ＊クイズ ＊絵本、劇 ＊発表会、展示 ＊コンピュータ、タブレット ◎学習の過程と結果を評価する（自己評価・相互評価） ◇メディアの使い方を評価する ◇調べ方を評価する ◇まとめ方を評価する ◇発表のしかたを評価する ◇ポートフォリオなどを利用する
小学校高学年	◎課題をつかむ ◇学習の題材、日常生活での興味関心から考える ◇ウェビングなどの発想法を利用する ◇大テーマから中・小テーマを設定する ◎学習計画を立てる ◇調べる方法を考える ◇学習の見通しをもつ ◇テーマ設定の理由を書く	◎学校図書館の利用方法を知る ＊日本十進分類法（NDC）のしくみと配架のしかた ＊目録の利用のしかた ＊レファレンスサービス ◎各種施設を使用する ＊公共図書館 ＊博物館、資料館 ＊地域の施設 ◎メディアの種類や特性を知る ＊図書資料、参考図書（事典、年鑑） ＊地図 ＊新聞、雑誌 ＊ファイル資料、視聴覚メディア ＊電子メディア ＊人的情報源、見学、観察、実験、体験	◎情報を集める ＊図書資料、参考図書（事典、年鑑） ＊地図、図表 ＊新聞、雑誌 ＊ファイル資料、視聴覚メディア ＊電子メディア ＊人的情報源、見学、観察、実験、体験 ◎記録の取り方を知る ◇記録カードに記録する（抜き書き・要約） ◇タブレットやデジタルカメラで写真を撮る ◇ファイル資料を作る ◇ノートに記録する ◇情報機器で記録する ◇資料リストを作る ◎情報を比較して評価する ◇複数の情報を比較、考察する ◇必要な情報を選択する ◎情報の利用上の留意点を知る ＊インターネット情報 ＊著作権、引用のしかた、出典の書き方 ＊情報モラル ＊個人情報の保護	◎学習したことを相手や目的に応じた方法でまとめる ◇集めた情報を整理する ◇調べたことと自分の考えを区別する ◇図表に表す ◇写真や映像、音声を取り入れる ◇資料リストを付ける ◎学習したことを相手や目的に応じた方法で発表する ＊展示、掲示 ＊新聞、レポート ＊発表会、実演 ＊コンピュータ、タブレット ◎学習の過程と結果を評価する（自己評価・相互評価） ◇メディアの使い方を評価する ◇調べ方を評価する ◇まとめ方を評価する ◇発表のしかたを評価する ◇中間発表会をする ◇ポートフォリオなどを利用する
中学校	◎課題を設定する ◇課題設定の理由を文章で書く ◇目的に合った発想ツールを使う ◎学習計画を立てる ◇調べる方法を考える ◇学習の見通しをもつ	◎学校図書館を効果的に利用する ＊分類、配架のしくみ ＊コンピュータ目録 ＊レファレンスサービス ◎目的に応じて各種施設を利用する ＊公共図書館 ＊博物館、資料館、美術館 ＊行政機関 ◎メディアの種類や特性を生かして活用する ＊図書資料、参考図書 ＊地図、年表 ＊新聞、雑誌 ＊ファイル資料 ＊電子メディア ＊人的情報源、フィールドワーク	◎情報を収集する ＊図書資料、参考図書 ＊地図、図表 ＊新聞、雑誌 ＊ファイル資料 ＊電子メディア ＊人的情報源、フィールドワーク ◎情報を記録する ◇ノートやカードに記録する ◇情報機器で記録する ◇情報源を記録する ＊著者、ページ数、出版社、発行年 ＊発信者、ＵＲＬ、確認日 ◎情報を分析し、評価する ◇複数の情報を比較、考察する ◇目的に応じて評価する ◎情報の取り扱い方を知る ＊インターネット情報 ＊著作権、引用のしかた、出典の書き方 ＊情報モラル ＊個人情報の保護	◎学習の成果をまとめる ◇相手や目的に応じた方法でまとめる ◇事実と自分の意見を区別する ◇課題解決までの経過を記録する ◇資料リストを作成する ◎学習の成果を発表する ◇相手や目的に応じた発表の方法を考える ＊口頭、レポート、ポスター、実演 ＊タブレット、電子黒板、コンピュータ ◇わかりやすく伝えるための工夫をする ＊色づかい、表やグラフ、エフェクト ◎学習の過程と結果を評価する（自己評価・相互評価） ◇課題設定や学習計画の妥当性を検証する ◇利用したメディア、情報を評価する ◇課題が解決できたかどうかを評価する ◇まとめた成果物を評価する ◇相手や目的に応じて適切に発表できたかどうかを評価する ◇中間発表会をする ◇ポートフォリオなどを利用する
高等学校	◎課題を設定する ◇課題設定の理由を文章で書く ◇達成目標を設定する ◎学習計画を立てる ◇課題解決の戦略・方策を検討する ◇まとめ方の構想を立てる	◎学校図書館の機能を理解し、効果的に活用する ＊分類、配架のしくみ ＊情報の検索 ＊レファレンスサービス ◎目的に応じて各種施設を利用する ＊公共図書館 ＊博物館、資料館、美術館 ＊行政機関 ＊大学等の研究機関 ◎メディアの種類や特性を生かして活用する ＊図書資料、参考図書 ＊地図、年表 ＊新聞、雑誌 ＊ファイル資料 ＊電子メディア ＊人的情報源、フィールドワーク	◎情報を収集する ＊図書資料、参考図書、白書 ＊地図、図表 ＊新聞、雑誌 ＊ファイル資料 ＊電子メディア ＊人的情報源、フィールドワーク ◎情報を記録する ◇記録の方法を考える ＊ノート、カード、複写、切り抜き ＊撮影、ＩＣＴ機器 ◇情報源を記録する ＊著者、ページ数、出版社、発行年 ＊発信者、ＵＲＬ、確認日 ◎情報を分析し、評価する ◇複数の情報を比較、考察する ◇情報源を評価する ◎情報の取り扱い方を知る ＊インターネット情報 ＊著作権、知的所有権 ＊情報モラル ＊個人情報の保護	◎学習の成果をまとめる ◇相手や目的に応じた方法でまとめる ◇事実と自分の意見を区別する ◇課題解決までの経過を記録する ◇資料リストを作成する ◎学習の成果を発表する ◇相手や目的に応じた発表の方法を考える ＊口頭、レポート、ポスター、実演 ＊タブレット、電子黒板、コンピュータ ◇わかりやすく伝えるための工夫をする ＊色づかい、表やグラフ、エフェクト ◎学習の過程と結果を評価する（自己評価・相互評価） ◇課題設定や学習計画の妥当性を検証する ◇利用したメディア、情報を評価する ◇課題が解決できたかどうかを評価する ◇まとめた成果物を評価する ◇相手や目的に応じて適切に発表できたかどうかを評価する ◇中間発表会をする ◇ポートフォリオなどを利用する

出所：公益社団法人 全国学校図書館協議会，https://www.j-sla.or.jp/pdfs/20190101manabinosidoutaikeihyou.pdf

し，最新の『情報資源を活用する学びの指導体系表』（2019年）でもその方針は引き継がれている（表6-3）。

（3）米国の学校図書館における利用者教育

米国の学校図書館活動は，アメリカ図書館協会（American Library Association：ALA）やアメリカ学校図書館協会（American Association of School Librarians：AASL）が中心となって策定する基準やガイドラインによって方向性が示されてきた（表6-4）。

1960年の基準では，利用者教育を教科教育と関連づけて行う必要性がうたわれている。また，1988年の基準では，学校図書館メディア・スペシャリスト（School Library Media Specialist）を，情報の専門家，教育者，教育コンサルタントと定義し，インフォメーションスキル教育の責任者と位置付けた。

表6-4　米国の学校図書館基準

発行年	タイトル
1960年	学校図書館プログラム基準 Standards for School Library Programs
1969年	学校図書館メディア・プログラム基準 Standards for School Library Media Programs
1975年	学区と学校のメディア・プログラム Media Programs：District and School
1988年	インフォメーション・パワー 学校図書館メディア・プログラムのガイドライン Information Power：Guidelines for School Library Media Programs
1998年	インフォメーション・パワー 学習のためのパートナーシップの構築 Information Power：Building Partnership for Learning
2009年	学習者のエンパワーメント 学校図書館メディア・プログラムのためのガイドライン Empowering Learners：Guidelines for School Library Programs
2017年	学習者，学校図書館員，学校図書館のための全国学校図書館基準 National School Library Standards for Learners, School Librarians and School Libraries

さらに1998年の基準では，「情報リテラシー──情報を探索・活用する能力──は生涯学習の要である。生涯学習の基礎を作ることが，学校図書館メディア・プログラムの核心である」と述べ，情報リテラシーの育成を利用者教育の中心に据えた。1998年の基準の第１部第２章には「児童・生徒の学習のための９つの情報リテラシー基準」が示されている（表6-5）。

2009年の基準では，デジタル，ビジュアル，テキスト，テクノロジー

表6-5　児童・生徒の学習のための９つの情報リテラシー基準

情報リテラシー	
基準１	情報リテラシーを身につけている児童・生徒は，効率的かつ効果的に情報にアクセスできる。
基準２	情報リテラシーを身につけている児童・生徒は，批判的かつ適切に情報を評価することができる。
基準３	情報リテラシーを身につけている児童・生徒は，正確かつ創造的に情報を利用することができる。
自主学習	
基準４	自主学習者である児童・生徒は，情報リテラシーを身につけており，個人的興味に関心のある情報を求める。
基準５	自主学習者である児童・生徒は，情報リテラシーを身につけており，文学などの情報の創造的な表現を鑑賞することができる。
基準６	自主学習者である児童・生徒は，情報リテラシーを身につけており，情報探索と知識の生成に優れようと努力する。
社会的責任	
基準７	学習コミュニティや社会に積極的に寄与する児童生徒は，情報リテラシーを身につけており，民主主義社会にとっての情報の重要性を認識する。
基準８	学習コミュニティや社会に積極的に寄与する児童生徒は，情報リテラシーを身につけており，情報と情報技術に関して倫理的行動をとる。
基準９	学習コミュニティや社会に積極的に寄与する児童生徒は，情報リテラシーを身につけており，グループへの効率的な参加を通して，情報を探究し，生成する。

出所：アメリカ・スクール・ライブラリアン協会・教育コミュニケーション工学協会共編『インフォメーション・パワー：学習のためのパートナーシップの構築』同志社大学学校図書館学研究会訳，同志社大学，2000，pp.11-12

など複数のリテラシーが情報リテラシーに加わっているという認識に基づいて,「多次元的なリテラシー（multiple literacies）」が提唱された。また，利用者教育を探究学習のなかで行うことが，もっとも効果的な指導法であるとされた。

2017年に公開された最新の基準では，情報リテラシーを前面に押し出すのではなく，探究（Inquire），包摂（Include），協働（Collaborate），整理（Curate），探索（Explore），関与（Engage）という６つの要素を含む能力（コンピテンシー）を育むことが，学校図書館の目標として設定されており，利用者教育の変化を読み取ることができる。

2 情報リテラシー教育の理論

（1）図書館利用教育の理論化

戦後の日本が手本としてきた，米国の学校図書館における利用者教育は，1960年代から70年代にかけて実践が活発化し，その後，図書館情報学や認知心理学，教育学の研究成果を取り入れながら発展してきた。このような変化の過程を，クルトー（Carol. C. Kuhlthau）は「ソース・アプローチ」「パスファインダー・アプローチ」「プロセス・アプローチ」の３段階に分けて説明している。

ソース・アプローチ（The source approach，または，図書館ツール・アプローチ（The library tool approach））とは，図書館が所蔵する情報源（source）の使い方に焦点を合わせた指導法である。学校図書館とその資料の使い方を一通り学ぶことを目標としており，1960～70年代の米国の学校図書館で中心的な指導方法であった。当時は，独自に設けられた授業のなかで，本やその他の資料の取り扱い方，本の各部の名称，特定の情報源や参考図書の利用法，排架のルール，目次や索引の引き方，カード目録の使い方，デューイの分類法などを教えていた。

1980年代になると，ソース・アプローチの効果が疑問視されるようになった。児童生徒の関心や必要性と無関係に図書館や資料の使い方を指導しても，その内容が，実際に情報を利用する場面に転用されないという問題が指摘され，各教科の課題と利用者教育を関連付ける方法として，パスファインダーを用いたアプローチ（The pathfinder approach，あるいは，検索戦略アプローチ（The Search strategy approach））が注目されるようになった。パスファインダーとは，あるテーマについて資料や情報の探し方を説明する案内資料である。基礎的なことを調べるための資料，詳しい内容が記載されている資料，新しい情報が入手できる資料など，資料の特性や関係を明らかにし，段階的に探索をすすめるためのガイドとなるよう作られている。

80年代の後半には，情報リテラシーという考え方が学校図書館にも取り入れられ，利用者教育の目標は，図書館や資料の効果的な使い方の指導から，自立した図書館利用者あるいは情報利用者の育成へと変化した。そして，児童生徒が情報を利用するプロセスに研究者の関心が集まり，図書館情報学や認知心理学分野の研究成果である，人間の情報行動を説明するモデルが利用者教育に応用されるようになった。情報探索行動の代表的なモデルが，クルトーの情報探索プロセス（Information Search Process：ISP）モデルである。

クルトーは，高校生が自らテーマを設定し，学校図書館で情報を収集し，それをもとにレポートを執筆するという過程から，情報探索のプロセスを可視化し，モデル化した（図6-1）。情報探索プロセスとは，“思考，行動，感情という要素から成り立ち，生徒が数多くの資料に含まれ

作業段階	課題の導入	トピックの選定	予備的探究	焦点の明確化	情報収集	探索の終了	執筆の開始
感情	確信がない	楽観的	混乱 挫折感 疑念	明白さ	方向感覚 確信	安堵	満足 または 不満足
思考	あいまい ←→ 明確						
行動	関連情報の探索 ←→ 特定情報の探索						

出所：Kuhlthau, Carol Collier. Seeking meaning : a process approach to library and information services. Ablex Publishing, 1993, p.43より作成

図6-1 Kuhlthau の ISP モデル

る情報から学習トピックを形成し，そのトピックに対して新しい見解を持つにいたるまでの複雑な学習の過程”（Kuhlthau, C. C. Information Search Process : a Summary of Research and Implications for School Library Media Programs. School Library Media Quarterly. 1989, vol. 18, no.1, pp.19-25.）と定義されている。

（2）情報探索プロセスに基づく図書館利用教育の展開

クルトーの ISP モデルを理論的根拠として，情報探索プロセスを組み込んだ利用教育モデルが数多く提唱された。1990年代に発表された代表的なモデルが，Big 6 モデル（The Big 6）である。

Big 6 は，アイゼンバーグ（Mike Eisenberg）とベルコウィッツ（Robert E. Berkowitz）が1990年に発表した利用教育モデルで，学校図書館における情報リテラシー教育の理論的枠組みとして汎用性が高く，現在，世界中の1,000を超える学校で利用されている。

アイゼンバーグらは，情報問題解決（information problem solving）という概念を情報探索プロセスに取り入れ，問題解決の過程で求められる能力を図書館情報利用技能（The Big6 Skills）として以下のように記述した。

1．課題を定義する
　1.1　解決すべき課題を明確にする
　1.2　課題解決に必要な情報を特定する
2．情報探索の手順を考える
　2.1　利用可能な情報源を特定する
　2.2　最もよい情報を選択する
3．情報を探し収集する
　3.1　情報源の所在を確認する
　3.2　情報源の中から情報を見つけ出す
4．情報を利用する
　4.1　情報に触れる，例えば読む，聞く，見る，触る
　4.2　適切な情報を取りだす
5．結果をまとめる
　5.1　様々な情報源から得た情報をまとめる
　5.2　まとめた情報を発表する
6．評価する
　6.1　作品を評価する
　6.2　プロセスを評価する

さらに，それぞれの能力に含まれる技能を，ブルーム（B. S. Bloom）による教育目標のタキソノミーに従って階層化することによって利用教

表6-6　教育目標のタキソノミーに従った図書館利用技能の階層化の例

知識	様々な情報源と，情報探索に必要なスキルを挙げる
理解	利用可能な情報源について説明する
応用	情報を収集するために情報源を探し，利用する
分析	情報問題を解決するのに適した情報かどうか試す
統合	情報問題を解決するために情報収集計画を改善する
評価	情報問題を解決する情報収集ができたか判断する

出所：Eisenberg, M. B.；Berkowitz, R. E. Curriculum Initiative：An Agenda and Strategy for Library Media Programs. ABLEX Publishing, 1988. p.108より作成

育をカリキュラム化した（表6-6）。

（3）探究モデル

2000年以降，ICT の急速な発達に伴って情報環境が変化し，生徒が身につけるべき能力の捉え方も変化した。また，情報リテラシーを効果的に獲得するための文脈として，探究学習や，探究プロセスに注目が集まり，探究モデル（Inquiry Model）が提唱された。

カナダ学校図書館協会（Canadian School Library Association: CSLA）は，2003年に『情報リテラシーの獲得：カナダ学校図書館プログラム基準（Achieving Information Literacy)』を作成した。この基準をもとに各州が独自のガイドラインを作っており，例えば，アルバータ（Alberta）州では，2004年に『Focus on inquiry : a teacher's guide to implementing inquiry-based learning』を作成している。このガイドラインは，学校区の教師と司書教諭（Teacher Librarian）が共同で作成した探究学習の指導案内で，探究プロセスに沿った知識や技能が具体的に示されている（図6-2）。

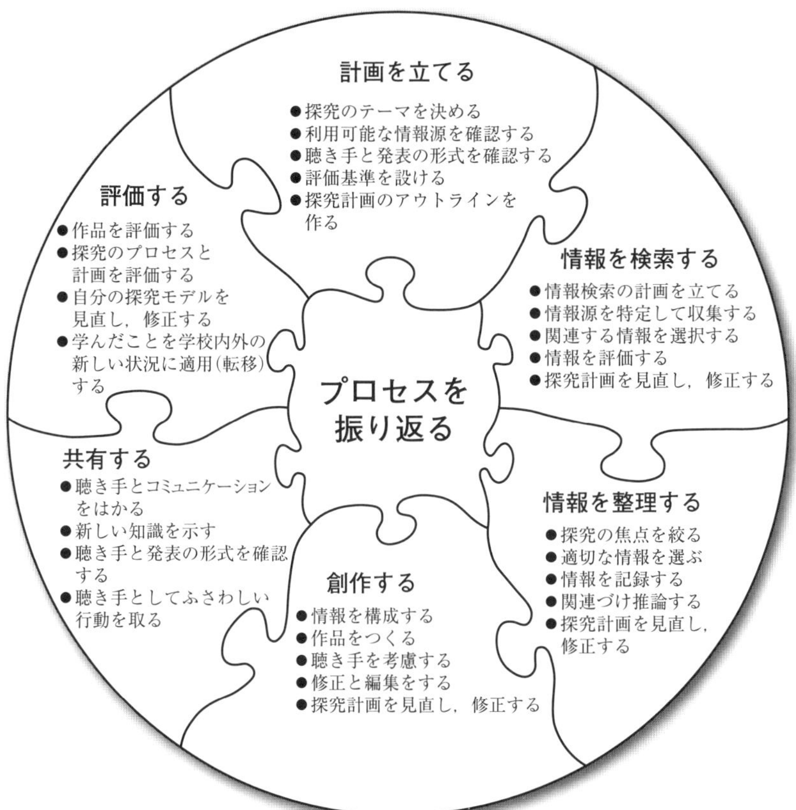

出所：Alberta Learning. Focus on inquiry: a teacher's guide to implementing inquiry-based learning. Alberta, 2004, p.10より作成

図6-2　『Focus on Inquiry』における探究モデル

また，前述のクルトーは，人は自分自身の問題意識から問いを発したときに最も主体的に学ぶという考え方を踏まえ，児童生徒の個人的経験や関心の領域（First Space）と教員が提供するカリキュラムの領域

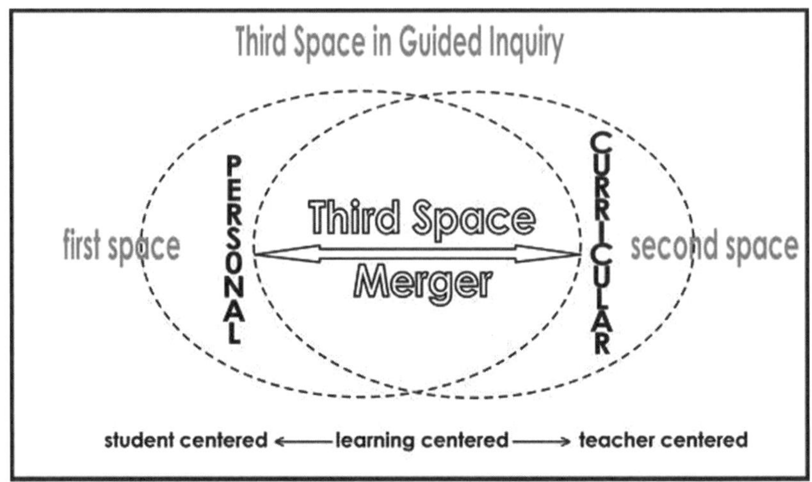

出所：Carol C. Kuhlthau; Leslie K. Maniotes; Ann K. Caspari. Guided inquiry design：a framework for inquiry in your school. Libraries Unlimited, 2012, p.32

図6-3　導かれた探究における「第三の領域」

（Second Space）が融合する第３の領域（Third Space）を設定し，これを主体的に学ぶための探究学習の場と位置づけた（図6-3）。

クルトーは，探究学習を「教科書に書かれた<消化しやすい>知識から学ぶだけではなく，様々な情報源から知識を構築していくという学びのプロセスを生徒に提供するもの」と定義し，「情報探索プロセス（ISP）モデル」と「第３の領域」を理論的枠組みとした利用教育モデルとして，「導かれた探究アプローチ（a guided inquiry approach）」を提唱した。このアプローチでは，児童生徒が「出会う」「入り込む」「探索する」「特定する」「統合する」「創造する」「共有する」「評価する」の８段階を学習のプロセスとしている（図6-4）。

「導かれた探究」の過程で，生徒は「教科の内容」だけでなく，「リテ

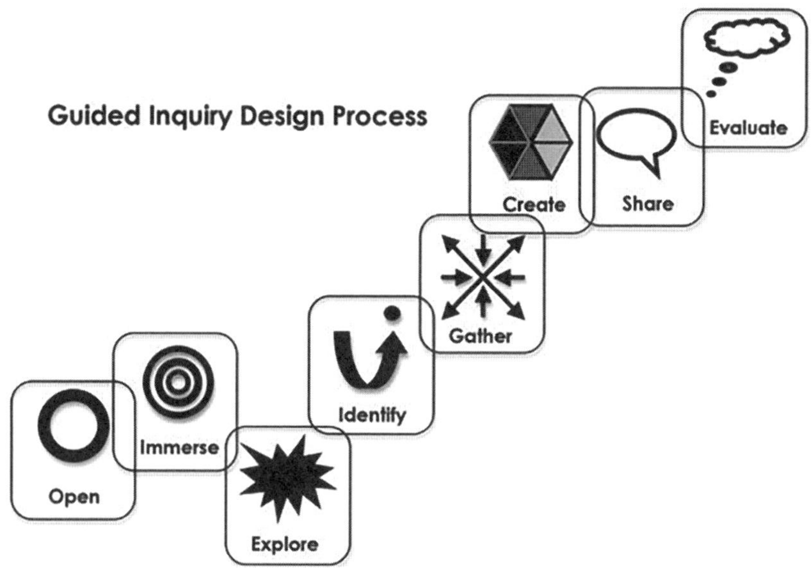

出所：Carol C. Kuhlthau; Leslie K. Maniotes; Ann K. Caspari. Guided inquiry design：a framework for inquiry in your school. Libraries Unlimited, 2012, p.2

図6-4　「導かれた探究」の学習プロセス

ラシー」「情報リテラシー」「学び方」「社会的スキル」を学習する（表6-7）。「導かれた探究アプローチ」は，課題解決のために情報を処理したり分析したりするだけではなく，情報探索プロセスを，様々な場面に転移可能なレベルで理解させることを目指した利用教育モデルである。

表6-7 「導かれた探究」における５つの学習要素

Five Kinds of Learning through Guided Inquiry	
Information Literacy 情報リテラシー	情報を探索し，評価し，利用するための概念
Learning How to Learn 学び方の学習	探究プロセスにおける自立した学習と個人的相互作用
Curriculum Content 教科の内容	新しい知識の獲得 事実とアイディアの解釈，統合，適用
Literacy Competence リテラシー能力	読むこと，書くこと，話すこと，聞くこと，見ること，表現すること
Social Skills 社会的スキル	相互作用，協力，連携，思考の習慣，行動に結びつく資質

出所：Carol C. Kuhlthau; Leslie K. Maniotes; Ann K. Caspari. Guided inquiry design：a framework for inquiry in your school. Libraries Unlimited, 2012, p.9より作成

3 モデルに基づく情報リテラシー教育

（1）学習指導要領における「情報活用能力」の育成

情報探索プロセスと探究プロセスを組み合わせ，問題解決的な学びの過程で様々な知識・技能・態度を身につけさせようとする「情報リテラシー教育」は，日本の学校教育にも取り入れられている。

日本では，情報リテラシーの語に替えて，「情報活用能力」という語が用いられているが，文部科学省はこれを「情報及び情報手段を主体的に選択し活用していくための個人の基礎的な資質」（臨時教育審議会第二次答申，1986年）と定義し，言語能力と同様の「学習の基盤となる資質・能力」と位置付けている。

2017年（小中。高等学校は2018年）に改訂された学習指導要領では，この「情報活用能力」を「学習活動において必要に応じてコンピュータ等の情報手段を適切に用いて情報を得たり，情報を整理・比較したり，得られた情報をわかりやすく発信・伝達したり，必要に応じて保存・共有したりといったことができる力であり，さらに，このような学習活動を遂行する上で必要となる情報手段の基本的な操作の習得や，プログラミング的思考，情報モラル，情報セキュリティ，統計等に関する資質・能力等も含むもの」（学習指導要領解説総則編）と定義し，「情報教育の推進等に関する調査研究」を通して，「情報活用能力」を構成する要素を整理したり，「情報活用能力」を育成するための学習活動を４つに分類して示したりしている（表6-8）。

「情報活用能力」を育成するための学習活動のひとつに，問題解決や探究のプロセスにおける情報活用が挙げられており，学習指導要領解説（総合的な学習の時間編）で，このプロセスを確認することができる

表6-8　情報活用能力育成のための想定される学習内容

想定される学習内容	例
基本的な操作等	キーボード入力やインターネット上の情報の閲覧など，基本的な操作の習得等に関するもの等
問題解決・探究における情報活用	問題を解決するために必要な情報を集め，その情報を整理・分析し，解決への見通しをもつことができる等，問題解決・探究における情報活用に関するもの等
プログラミング	単純な繰り返しを含んだプログラムの作成（育成する場面）や問題解決のためにどのような情報を，どのような時に，どれだけ必要とし，どのように処理するかといった道筋を立て，実践しようとするもの等
情報モラル・情報セキュリティ	SNS，ブログ等，相互通信を伴う情報手段に関する知識及び技能を身に付けるもの（育成する場面）や情報を多角的・多面的に捉えたり，複数の情報を基に自分の考えを深めたりするもの等

出所：文部科学省，（平成30年度）次世代の教育情報化推進事業「情報教育の推進等に関する調査研究」成果報告書，https://www.mext.go.jp/content/20201014-mxt_jogai01-100003163_002.pdf

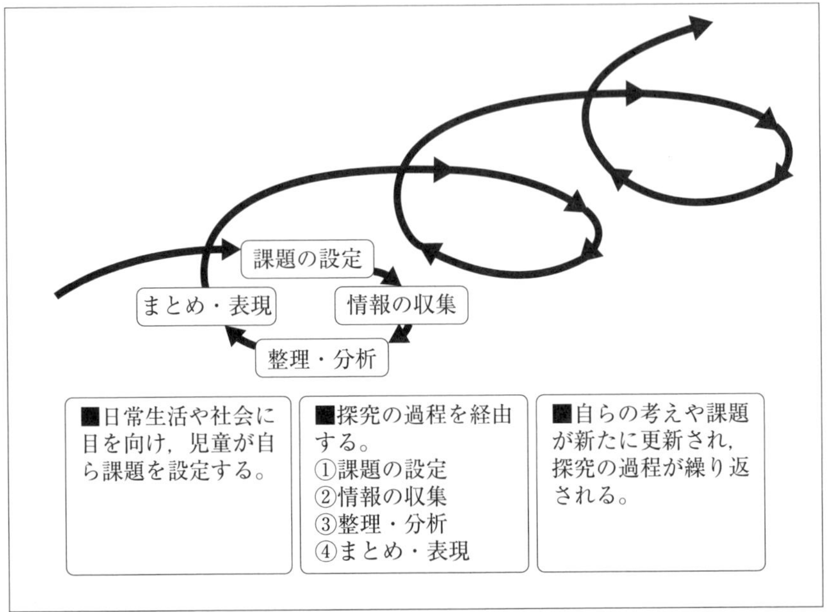

出所：文部科学省，小学校学習指導要領（平成29年告知）解説　総合的な学習の時間編，2017，https://www.mext.go.jp/component/a_menu/education/micro_detail/__icsFiles/afieldfile/2019/03/18/1387017_013_1.pdf

図6-5　探究的な学習における児童の学習の姿

（図6-5）。これによると，探究的な学習では「課題の設定」「情報の収集」「整理・分析」「まとめ・表現」の４つの学習活動が繰り返され，そのなかで「課題の見付け方やつくり方，目的や意図に応じた情報の集め方や調べ方，整理・分析の仕方，まとめ方や表現の仕方，報告や発表・討論の仕方」「見通しや計画の立て方，記録のとり方や活用の仕方，コミュニケーションの取り方，振り返りや意思決定，自己評価の仕方等」，すなわち，情報を活用した学び方を身につけるのである。

日本の教育課程における「情報活用能力の育成」も，情報探索プロセスモデルや探究モデルを理論的根拠とした情報リテラシー教育のひとつと捉えることができるだろう。

（２）利用者教育に生かされる「モデル」

実践と研究の積み重ねを経て，学校図書館における利用者教育は，図書館や図書館資料の使い方の指導だけではなく，情報リテラシーの育成を目指した教育活動となった。また，情報探索のプロセスが可視化されたことによって，探究という文脈に埋め込まれた利用者教育のモデルが生まれ，カリキュラムもつくられた。

日本の教育課程で探究的な学びが重視されるようになり，情報活用能力の育成が求められるなかで，教科や総合的な学習の時間と連携して利用者教育を行うことが可能になり，学校図書館が情報リテラシー教育の一翼を担うという環境は整いつつある。

利用者教育の内容や方法を示した参考書や，全国各地の実践事例を見ると，情報探索プロセスモデルや探究モデルを下敷きとして，情報活用や学びの過程に沿った利用者教育のすすめ，すなわち，学校図書館がどのような支援や指導をすればよいかが説明されている（表6-9）。一方，情報リテラシーの定義は更新され続けており，利用者教育のアプローチも日々進化していることに留意する必要がある。

表6-9　探究の過程において学校図書館が支援できること

6プロセス	9アクション	学校図書館ができること
決める	大テーマの下調べ	●テーマに沿った関連本の収集 ●ブックトークの実行 ●パスファインダーやリストの作成 ●百科事典の使い方の指導 ●資料提供・レファレンスサービス
	小テーマの選択	
問う	問いの生成	●問いの作成ワークシート，5W1H シートなど，考えるためのツールの提供 ●見本（過去の作品）の提示 ●資料提供・レファレンスサービス
集める	情報の収集	●学校図書館の使用指導のほか，OPAC，ネット検索などの指導 ●資料提供・レファレンスサービス
考える	情報の整理・分析	●読解方法の指導 ●引用・要約についての基本の指導 ●論理的思考のワークシートの提供 ●資料提供・レファレンスサービス
	問いへの答え	
創る	情報の表現・伝達	●レポート作成法の指導 ●ポスター・新聞の作成法の指導 ●プレゼンテーションの方法の指導 ●資料提供・レファレンスサービス
振り返る	探究の評価	●ルーブリック（評価表）の提供 ●まとめのブックトークの実行 ●発展的なブックリストの発行 ●資料提供・レファレンスサービス ●探究作品の展示・掲示・保管
	新しい問いの発見	

出所：桑田てるみ『思考を深める探究学習　アクティブ・ラーニングの視点で活用する学校図書館』公益社団法人 全国学校図書館協議会，2016，p.21より作成

理解を確実にするために

1 次の用語を説明しましょう。

①情報リテラシー

②情報探索プロセスモデル

③探究モデル

2 次の問いに答えましょう。

文部科学省が示した「探究的な学習における児童の学習の姿」の４つの活動のなかで，どのような知識・技能・態度が必要となるでしょうか。

理解を深めるために

① 桑田てるみ『思考を深める探究学習　アクティブ・ラーニングの視点で活用する学校図書館』公益社団法人 全国学校図書館協議会，2016

② 根本彰『情報リテラシーのための図書館　日本の教育制度と図書館の改革』みすず書房，2017

参考文献

① 文部省編『学校図書館の手引』1948，https://dl.ndl.go.jp/info:ndljp/pid/1122721

② 福永智子『学校図書館における新しい利用者教育の方法　米国での制度的・理論的展開』図書館学会年報，1993，Vol.39，No.2，pp.55-69

③ アメリカ・スクール・ライブラリアン協会（AASL）編，全国SLA 海外資料委員会訳『学校図書館メディアプログラムのためのガイドライン（シリーズ学習者のエンパワーメント，第２巻）』公

益社団法人 全国学校図書館協議会，2010

7 情報リテラシー教育の推進

塩谷京子

《目標&ポイント》 情報リテラシーを育成するには，学級担任や教科担当教員が個々に実施するよりも，全校で組織的体系的に取り組む方が効果的である。まず，校内の教職員に情報リテラシーに関する理解を図った上で，その教育の推進組織を明確にし，全体計画案や年間指導計画案等を作成する必要がある。本章では，これらの作成の仕方についての理解を深める。
《キーワード》 コーディネーター，体系表，全体計画案，年間指導計画案，評価

1 司書教諭はコーディネーター

(1) 本が置かれている部屋から機能をもつ場へ

学校図書館法制定（1953）以来，多くの学校図書館は，本が置かれている部屋として使われてきた。学校図書館を授業で活用した実践報告が目立つようになったのは，学校図書館法が一部改正され12学級以上の学校に司書教諭が必置となった2003年以降のことである[注1)]。

学校図書館法第2条には学校図書館の目的が述べられており，学校図書館は，「図書，視覚聴覚教育の資料その他学校教育に必要な資料（以下「図書館資料」という）を収集し，整理し，及び保存し，これを児童

注1）学校図書館法の一部を改正する法律等の施行について，1997年6月11日法律第76号をもって交付され，同日から施行された。なお，司書教諭設置の猶予期間が2003年3月31日までの間とされる学校を，学級の数が11以下の学校を除く全ての学校とした。https://www.mext.go.jp/a_menu/sports/dokusyo/hourei/cont_001/012.htm（2021年1月8日参照）

又は生徒及び教員の利用に供することによって，学校の教育課程の展開に寄与するとともに，児童又は生徒の健全な教養を育成することを目的として設けられる学校の設備をいう」と定義されている。

1998年改訂の小学校の学習指導要領第１章総則には，指導計画の作成等に当たって配慮すべき事項として，「学校図書館を計画的に利用しその機能の活用を図り，児童の主体的，意欲的な学習活動や読書活動を充実すること」と示されている。同様の記述が中学校・高等学校の学習指導要領にもあり，この考え方は現行の学習指導要領にも引き継がれている。

この中にある「その機能の活用を図り」の「機能」について，「学校図書館担当職員報告書」では「読書センター」「学習センター」「情報センター」の３つに整理され，機能の実現のための対策例が示されている(第２章　３．学校図書館の機能・役割を参照)。

第８章から第11章「情報リテラシーの育成（１）～（４）」では，学校図書館の３つの機能の中の情報センター機能に焦点を当て，「・情報

＜読書センター機能＞
・学校図書館が読書活動の拠点となるような環境整備
・学校における読書活動の推進や読む力の育成のための取り組みの実施　等

＜学習センター機能＞
・司書教諭や教員との相談を通じた授業のねらいに沿った資料の整備
・児童生徒に指導的に関わりながら行う各教科等における学習支援　等

＜情報センター機能＞
・図書館資料を活用した児童生徒や教員の情報ニーズへの対応
・<u>情報活用能力の育成のための授業における支援</u>　等

出所：文部科学省「学校図書館担当職員報告書」より作成　下線筆者

図7-1　「読書センター機能」「学習センター機能」「情報センター機能」実現のための対策例

活用能力の育成のための授業における支援」の具体的な方法を説明する（図7-1）。

本章では，校内の教員が担当する各教科等の授業を通して情報センター機能を活用し，児童生徒に情報リテラシーを育成するために司書教諭はどのように推進していけばいいのかを考える。

なお，第６章の情報活用能力と情報リテラシーの用語の成り立ちの説明に基づき，第７章以降では「情報リテラシー」という用語を使用する（第６章　3．モデルに基づく情報リテラシー教育　参照）。

（２）先輩司書教諭が取り組んだこと

2003年以降，各学校に配置された司書教諭が先ず取り組んだことは，学習環境整備であった。学校図書館で授業を行ったり，学校図書館を使う単元がデザインされたりするようになると，１クラス分の児童生徒が使う机椅子や，授業で用いる図書館資料が必要となる。

次に見えてきたことは，百科事典や図鑑，年鑑などが学校図書館に置かれるようになったものの，児童生徒はそれらの使い方を知らないことであった。例えば，本には目次・索引があることや，それらを目的に合わせて使い分けることも教わっていない。授業で使える環境を整えることに加え，その一方で，児童生徒に「学校図書館を活用するためのスキルを教える必要がある」という考えが現場から生まれた[注2)]。

その先駆けが千葉県市川市の司書教諭や学校司書である。市川市学校図書館教育研究部会（2004）は，『コピーして使える学校図書館活用資料集』を出版し，授業で学校図書館を活用するときに必要なスキルを集め一覧できるようにした。市川市を皮切りに，授業でコピーして使える教材が次々と発表された。最近では，小中学校の国語の教科書にも，従

注２）1950年から行われている全国学校図書館研究大会では，毎回主題が提示されている。分科会には，研究討議，講義，研究発表，講演，活動報告，視察見学等の種類がある。活動報告では，現場での実践が報告されている。https://www.j-sla.or.jp/material/research/post-48.html（2021年１月８日参照）

来からの国語辞典や漢字辞典の使い方に加え，百科事典の引き方や目次・索引の使い方なども掲載されている（図7-2）。

各教科では問題解決的学習，総合的な学習の時間では探究的な学習が進められるようになると，情報を探すだけに留まらず，自分の手元に置いたり，集めた情報を整理・分析しまとめて表現したりするスキルも必要になってくる。現在，このようなスキルは，各教科や総合的な学習の時間の中で扱われている。

例えば，報告書やレポートの書き方は国語科で学んでいる。国語科では，「単元のねらい」と「言語活動」を組み合わせた単元展開が主流になっており，説明したり論述したりする活動を通して，習得したスキルを主体的に活用するような場が設けられている。

また，百科事典の引き方や目次・索引の使い方など情報を収集するためのスキルを学ぶだけでなく，収集した情報をどのように整理・分析し，まとめて表現するのか，また情報収集するための課題をどのように設定するのかなど，探究の過程に沿った情報リテラシーの育成を視野に入れた動きが出てきた。現行の小学校三年生の国語の教科書の「調べて書こう，わたしのレポート」には，学習の見通しという見出しの中に，「①調べることを決める」「②方法を決めて，調べる」「③組み立てを考える」「④レポートを書く」の順に，探究の過程が小学生にわかりやすい言葉で示されている（図7-3）[注3]。

当初，各授業実践は点であったものが，課題を設定し，情報を収集し，整理・分析し，まとめて表現するという一連の探究の過程を通して，情報リテラシーを育成するという考え方へと発展していく。

「情報センター機能を活用する」というフレーズからは，インターネットを使って情報検索したりプレゼンテーションソフトを使って表現したりするなど，パソコンやタブレット端末を用いる光景をイメージする人

注3）ここでは，『新しい国語三上』p.58　東京書籍（2020）と，『国語四下はばたき』p.52　光村図書出版（2020）を例としてあげた。もちろん，他の学年や教科書会社の国語の教科書でも扱われている。

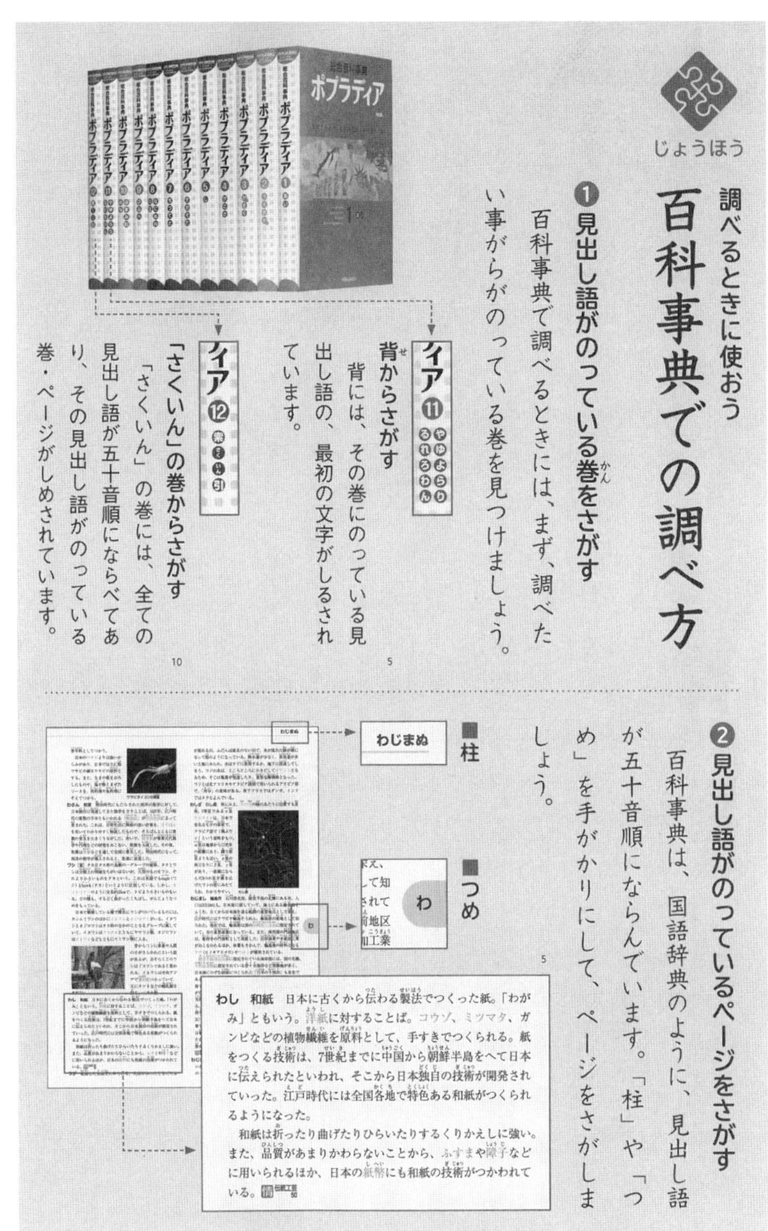

出所：『国語四下はばたき』光村図書出版，2020，p.52

図7-2　教科書に掲載されている百科事典での調べ方

ふしぎに思うことや気になることについて調べ、レポートにまとめましょう。

■学習の見通し

❶調べることをきめる。

❷方法(ほうほう)をきめて、調べる。……★調べて分かったことをつたえる

❸組み立てを考える。……★調べて分かったことをつたえる

❹レポートを書く。

❶調べることをきめる。

ふしぎに思うことや気になることをあつめ、何について調べるかをきめましょう。

・学校や家のまわりには、どんな生き物がいるか。

・学校にはどんな植物があるか。

・通学路には、どんな交通ひょうしきがあるか。

調べることがきまったら、調べたいと思った理由やくわしく調

■調べることメモのれい

○題（調べること）

・学校には，どんな花がさいているのか。

○調べたいと思った理由

・村田先生に，3年生の花だんの赤い花がサルビアだと教えてもらった。ほかにどんな花が植えられているのか，知りたいと思った。

○くわしく調べること

(1)どこに，どんな花がさいているのか。

(2)さいている花の名前は何か。

出所：『新しい国語三上』東京書籍，2020，p.58

図7-3　教科書に掲載されている学習の見通し

が多いだろう。もちろん，「情報活用能力の育成」は情報教育が扱う分野であることは間違いない。

第6章にもあるように，学校図書館においても実践と研究の積み重ねを経て，図書館や図書館資料の使い方だけでなく，司書教諭が「情報リテラシー教育」に関わり，それを推進するような教育活動が行われるようになった。探究的な学習が重視されるようになり，情報活用能力の育成が求められる状況の中で，各教科や総合的な学習の時間と連携しつつ，学校図書館も情報リテラシー教育の一翼を担う環境が整ってきている。だからこそ，情報センター機能をもつ場として学校図書館の構築は，司書教諭にとって重要な役割であると言える。

（3）コーディネーターとしての司書教諭

学校図書館がもつ「読書センター」「学習センター」「情報センター」機能を実現するための対策例（図7-1）の文末には，「整備」「対応」「支援」という用語がある。学校図書館担当者である司書教諭や学校司書が，利用者である「教員」や「児童生徒」に対して何をするのかという具体が示されている。

例えば，「情報センター」機能のうちの「・情報活用能力の育成のための授業における支援」では文末に「支援」という用語が使われている。「支援」を学校図書館担当者である司書教諭や学校司書が行うためには，「この単元ではこの情報リテラシーを特に育成したい」「他の教科で学んだ情報リテラシーをこの単元で使いたい」など，情報リテラシーを育成するという視点が授業を組み立てる教員にも必要である。そのために司書教諭には，「本年度の計画立案・年度当初の職員会議での提案」や「各教員が行う授業支援」など，コーディネーターとしての役割がある。

コーディネーターとしての役割を具体的に見ていくと，年度当初の職員会議で全体計画案や年間指導計画案を提案したり，計画立案や実施し評価するための部会を開いたり，授業を進める教員と協働して準備をしたりすることがあげられる。多くの人が関わると課題も多く出る。司書教諭ひとりで悩むのではなく，管理職に相談をもちかけたり，定期的に部会を開いたり，学校司書と打ち合わせをすることを大切にしたい。

2 協働のための計画案の作成と発信

（1）体系表の利用

司書教諭が年度当初に学校図書館の全体計画案や年間指導計画案を立案するときに参考になるのが，体系表である。

情報資源の活用に関する体系表には，公益社団法人 全国学校図書館協議会（2019）から出されている「情報資源を活用する学びの指導体系表」（第6章 表6-3 参照）がある。縦軸は小学校低学年から高等学校までの発達段階，横軸は「Ⅰ課題の設定」「Ⅱメディアの利用」「Ⅲ情報の活用」「Ⅳまとめと情報発信」の4項目に分類されている。

情報活用能力の育成に関する体系表には，文部科学省生涯学習政策局情報教育課（2018）が発行している「次世代の教育情報化推進事業（情報教育の推進等に関する調査研究）成果報告書　情報活用能力を育成するためのカリキュラム・マネジメントの在り方と授業デザイン」のなかに「情報活用能力の体系表例」がある（表7-1）。縦軸では「知識及び技能」「思考力・判断力・表現力等」「学びに向かう力・人間性等」，横軸では発達段階をステップ1から4に分類されている[注4)]。

注4）文部科学省生涯学習政策局情報教育課「次世代の教育情報化推進事業（情報教育の推進等に関する調査研究）成果報告書　情報活用能力を育成するためのカリキュラム・マネジメントの在り方とデザイン―平成29年度　情報教育推進事業（IE-School）の取り組みより」（2018）この報告書の中に，情報活用能力体系表の例が示されている。https://www.mext.go.jp/a_menu/shotou/zyouhou/detail/1400796.htm（2021/1/8参照）

都道府県教育員会や市町村教育委員会では，地域の現状に合わせたカリキュラムを作成しているところもある。松江市では，「松江市小中一貫基本カリキュラム　学校図書館活用教育　学び方指導体系表」を作成している（表7-2）。縦軸では「知る」「見つける」「つかむ」「読み取る・考える」「まとめる・伝え合う」「振り返る」の６つに，学び方を分けている。横軸では発達段階を小学校１年生から中学校３年生までの９年間に分類されている。地域によって使用する教科書が異なったり，地域独特の単元が設定されていたりすることから，学校図書館支援センターが中心になって，このような体系表を作成する動きが出ている[注5)]。

探究の過程を視野に入れた体系表として，『探究の過程におけるすぐ実践できる情報活用スキル55』（塩谷京子，2019）がある（表7-3）。縦軸には「課題の設定」「情報の収集」「整理・分析」「まとめ・表現」の四つの探究の過程，横軸は小学校から中学校までの発達段階を「小学校１年生から４年生」「小学校５年生から中学校１年生」「中学校２年生から３年生」の３つのステップに分類し，探究の過程において必要な55項目の情報活用スキルを整理している。

（2）２つの計画案

学校図書館を校内の教職員が活用するとなると，誰が見てもわかるような一覧表が必要になる。それが計画案である。計画案には２種類ある。１つは全体計画案，もう１つは年間指導計画案である。

年度当初の職員会議において校長は経営方針を示す。この経営方針をもとに，司書教諭は全体計画案を作成する（表7-4）。全体計画案には，学校教育目標とつながる学校図書館活用教育の目標，本年度の重点，学年ごとの目標，具体的な手立てなどが示されている場合が多い。

注５）松江市教育委員会の HP では，学校図書館支援センターによる「学び方指導体系表～子供たちの情報リテラシーを育てる～」が公開されている。市で使用する教科書に沿った体系表である。http://www1.city.matsue.shimane.jp/kyouiku/gakkou/gakkoutosyokan/gakkoutosyokannkyouiku.html（2021/1/8参照）

表7-1 「情報活用能力体系表例」

【情報活用能力の体系表例（IE-Schoolにおける指導計画を基にステップ別に整理したもの）】（令和元年度版）全体版

■情報活用能力の体系表例全体版（ステップ1～ステップ5）

分類				ステップ1	ステップ2
A 知識及び技能	1 情報と情報技術を適切に活用するための知識と技能	①情報技術に関する技能	a	コンピュータの起動や終了、写真撮影などの基本操作	キーボードなどによる文字の正しい入力方法
			b	電子ファイルの呼び出しや保存	電子ファイルの検索
			c	画像編集・ペイント系アプリケーションの操作	映像編集アプリケーションの操作
			d		インターネット上の情報の閲覧・検索
		②情報と情報技術の特性の理解	a		情報の基本的な特徴
			b		
			c		
			d	コンピュータの存在	身近な生活におけるコンピュータの活用
			e		コンピュータの動作とプログラムの関係
			f		
			g		
		③記号の組合せ方の理解	a	大きな事象の分解と組み合わせの体験	単純な繰り返し・条件分岐、データや変数などを含んだプログラムの作成、評価、改善
			b		手順を図示する方法
	2 問題解決・探究における情報活用の方法の理解	①情報収集、整理、分析、表現、発信の理解	a	身近なところから様々な情報を収集する方法	調査や資料等による基本的な情報の収集の方法
			b		
			c	共通と相違、順序などの情報と情報との関係	考えと理由、全体と中心などの情報と情報との関係
			d		情報の比較や分類の仕方
			e	簡単な絵や図、表やグラフを用いた情報の整理の方法	観点を決めた表やグラフを用いた情報の整理の方法
			f	情報の大体を捉える方法	情報の特徴、傾向、変化を捉える方法
			g	情報を組み合わせて表現する方法	自他の情報を組み合わせて表現する方法
			h	相手に伝わるようなプレゼンテーションの方法	相手や目的を意識したプレゼンテーションの方法
			i		
		②情報活用の計画や評価・改善のための理論や方法の理解	a	問題解決における情報の大切さ	目的を意識して情報活用の見通しを立てる手順
			b	情報の活用を振り返り、良さを確かめること	情報の活用を振り返り、改善点を見いだす手順
	3 情報モラル・情報セキュリティなどについての理解	①情報技術の役割・影響の理解	a		情報社会での情報技術の活用
			b		
		②情報モラル・情報セキュリティの理解	a	人の作った物を大切にすることや他者に伝えてはいけない情報があること	自分の情報や他人の情報の大切さ
			b		
			c	コンピュータなどを利用するときの基本的なルール	生活の中で必要となる基本的な情報セキュリティ
			d		
			e		情報の発信や情報をやりとりする場合の責任
			f		
B 思考力、判断力、表現力等	1 問題解決・探究における情報を活用する力（プログラミング的思考・情報モラル・情報セキュリティを含む）	事象を情報とその結び付きの視点から捉え、情報及び情報技術を適切かつ効果的に活用し、問題を発見・解決し、自分の考えを形成していく力 ①必要な情報を収集、整理、分析、表現する力 ②新たな意味や価値を創造する力 ③受け手の状況を踏まえて発信する力 ④自らの情報活用を評価・改善する力 等		体験や活動から疑問を持ち、解決の手順を見通したり分解して、どのような手順の組み合わせが必要かを考えて実行する	収集した情報から課題を見つけ、解決に向けた活動を実現するために情報の活用の見通しを立て、実行する
				身近なところから課題に関する様々な情報を収集し、簡単な絵や図、表やグラフなどを用いて、情報を整理する	調査や資料等から情報を収集し、情報同士のつながりを見つけたり、観点を決めた簡易な表やグラフ等や習得した「考えるための技法」を用いて情報を整理する
				情報の大体を捉え、分解・整理し、自分の言葉でまとめる	情報を抽象化するなどして全体的な特徴や要点を捉え、新たな考えや意味を見いだす
				相手を意識し、わかりやすく表現する	表現方法を相手に合わせて選択し、相手や目的に応じ、自他の情報を組み合わせて適切に表現する
				問題解決における情報の大切さを意識しながら情報活用を振り返り、良さに気付くことができる 等	自らの情報の活用を振り返り、手順の組み合わせをどのように改善していけば良いのかを考える 等
C 学びに向かう力、人間性等	1 問題解決・探究における情報活用の態度	①多角的に情報を検討しようとする態度	a	事象と関係する情報を見つけようとする	情報同士のつながりを見つけようとする
			b	情報を複数の視点から捉えようとする	新たな視点を受け入れて検討しようとする
		②試行錯誤し、計画や改善しようとする態度	a	問題解決における情報の大切さを意識して行動する	目的に応じて情報の活用の見通しを立てようとする
			b		
			c	情報の活用を振り返り、良さを見つけようとする	情報の活用を振り返り、改善点を見いだそうとする
	2 情報モラル・情報セキュリティなどについての態度	①責任をもって適切に情報を扱おうとする態度	a	人の作った物を大切にし、他者に伝えてはいけない情報を守ろうとする	自分の情報や他人の情報の大切さを踏まえ、尊重しようとする
			b	コンピュータなどを利用するときの基本的なルールを踏まえ、行動しようとする	情報の発信や情報をやりとりする場合にもルール・マナーがあることを踏まえ、行動しようとする
			c		
			d		
			e		
			f		
		②情報社会に参画しようとする態度	a	情報や情報技術を適切に使おうとする	情報通信ネットワークを協力して使おうとする
			b		情報や情報技術を生活に活かそうとする

※1:メディアの特性とコミュニケーション手段の特徴・データを表現、蓄積するための表し方等

※2:コンピュータでの情報の内部表現と計算に関する限界・データを蓄積、管理、提供する方法・データを収集、整理、分析する方法等

※3:情報通信ネットワークの仕組みや構成要素、プロトコルの役割及び情報セ

※4:プログラミングによってコンピュータや情報通信ネットワークを活用する方

出所：文部科学省生涯学習政策局情報教育課　https://www.mext.go.jp/component/a_menu/education/micro＿detail_icsFiles/afieldfile/2019/05/16/1416859.02.pdf

ステップ3	ステップ4	ステップ5	想定される学習内容
キーボードなどによる文字の正確な入力	キーボードなどによる十分な速さで正確な文字の入力	効率を考えた情報の入力	基本的な操作等 プログラミング
電子ファイルのフォルダ管理	電子ファイルの運用（圧縮・パスワードによる暗号化、バックアップ等）	電子ファイルの適切な運用（クラウドの活用や権限の設定等）	
目的に応じたアプリケーションの選択と操作	目的に応じた適切なアプリケーションの選択と操作	目的に応じた適切なアプリケーションの選択と操作　≪ステップ4と同じ≫	
電子的な情報の送受信やAND、ORなどの論理演算子を用いた検索	クラウドを用いた協働作業	クラウドを用いた協働作業　≪ステップ4と同じ≫	
情報の特徴	情報の流通についての特徴	情報の流通についての科学的な理解	
情報を伝える主なメディアの特徴	情報を伝えるメディアの種類及び特徴	情報を伝えるメディアの科学的な理解 ※1	
	表現、記録、計算の原理・法則	表現、記録、計算の科学的な理解 ※2	
社会におけるコンピュータの活用	社会におけるコンピュータや情報システムの活用	社会におけるコンピュータや情報システムの科学的な理解	
手順とコンピュータの動作の関係	情報のデジタル化や処理の自動化の仕組み	情報のデジタル化や処理の自動化の科学的な理解	
	情報通信ネットワークの構成と、情報を利用するための基本的な仕組み	情報通信ネットワークの構築と科学的な理解 ※3	
	情報のシステム化の基礎的な仕組み	情報のシステム化の科学的な理解（コンピュータや外部装置の仕組みや特徴等）	
意図した処理を行うための最適なプログラムの作成、評価、改善	問題発見・解決のための安全・適切なプログラムの制作、動作の確認及びデバッグ等	問題発見・解決のためのプログラムの制作とモデル化 ※4	
図示（フローチャートなど）による単純な手順（アルゴリズム）の表現方法	アクティビティ図等の統一モデリング言語によるアルゴリズムの表現方法	アクティビティ図等による適切なアルゴリズムの表現方法	
調査や実験・観察等による情報の収集と検証の方法	情報通信ネットワークなどからの効果的な情報の検索と検証の方法	情報通信ネットワークから得られた情報の妥当性や信頼性の吟味の仕方	問題解決・探究における情報活用
	調査の設計方法	統計的な調査の設計方法	
原因と結果など情報と情報との関係	意見と根拠、具体と抽象など情報と情報との関係	主張と論拠、主張とその前提や反証、個別と一般化などの情報と情報の関係	
情報と情報との関係付けの仕方	比較や分類、関係付けなどの情報の整理の仕方	推論の仕方、情報を重要度や抽象度などによって階層化して整理する方法	
目的に応じた表やグラフを用いた情報の整理の方法	表やグラフを用いた統計的な情報の整理の方法	統計指標、回帰、検定などを用いた統計的な情報の整理・分析の方法	
複数の観点から情報の傾向と変化を捉える方法	目的に応じて情報の傾向と変化を捉える方法	目的に応じて統計を用いて客観的に情報の傾向と変化を捉える方法	
複数の表現手段を組み合わせて表現する方法	情報を統合して表現する方法	情報を階層化して表現する方法	
聞き手とのやりとりを含む効果的なプレゼンテーション方法	Webページ、SNS等による発信・交流の方法	Webページ、SNS、ライブ配信等の発信・交流の方法	
	安全・適切なプログラムによる表現・発信の方法	安全・適切なプログラムによる表現・発信の方法　≪ステップ4と同じ≫	
問題解決のための情報及び情報技術の活用の計画を立てる手順	条件を踏まえて情報及び情報技術の活用の計画を立てる手順	モデル化やシミュレーションの結果を踏まえて情報を活用する計画を立てる手順	
情報及び情報技術の活用を振り返り、効果や改善点を見いだす手順	情報及び情報技術の活用を効率化の視点から評価し改善する手順	情報及び情報技術の活用を多様な視点から評価し改善する手順	
情報社会での情報技術の働き	情報システムの種類、目的、役割や特性	情報システムの役割や特性とその影響、情報デザインが人や社会に果たしている役割	情報モラル・情報セキュリティ
情報化に伴う産業や国民生活の変化	情報化による社会への影響と課題	情報技術が人や社会に果たす役割と及ぼす影響	
情報に関する自分や他者の権利	情報に関する個人の権利とその重要性	情報に関する個人の権利とその重要性　≪ステップ4と同じ≫	
通信ネットワーク上のルールやマナー	社会は互いにルール・法律を守ることによって成り立っていること	情報に関する法規や制度	
情報を守るための方法	情報セキュリティの確保のための対策・対応	情報セキュリティの確保のための対策・対応の科学的な理解	
情報技術の悪用に関する危険性	仮想的な空間の保護・治安維持のための、サイバーセキュリティの重要性	仮想的な空間の保護・治安維持のための、サイバーセキュリティの科学的な理解	
発信した情報や情報社会での行動が及ぼす影響	情報社会における自分の責任や義務	情報社会における自他の責任や義務の理解	
情報メディアの利用による健康への影響	健康の面に配慮した、情報メディアとの関わり方	健康の面に配慮した日常的な情報メディアの利用方法	
問題を焦点化し、ゴールを明確にし、シミュレーションや試作等を行いながら問題解決のための情報活用の計画を立て、調整しながら実行する 目的に応じた情報メディアを選択し、調査や実験等を組み合わせながら情報収集し、目的に応じた表やグラフ、「考えるための技法」を適切に選択・活用し、情報を整理する 情報の傾向と変化を捉え、類似点や規則性を見つけ他との転用や応用を意識しながら問題に対する解決策を考察する 目的や意図に応じて複数の表現手段を組み合わせて表現し、聞き手とのやりとりを含めて効果的に表現する 情報及び情報技術の活用を振り返り、改善点を論理的に考える 等	問題の解決に向け、条件を踏まえて情報活用の計画を立て最適化し、解決に向けた計画を複数立案し、評価・改善しながら実行する 調査を設計し、情報メディアの特性を踏まえて、効果的に情報検索・検証し、目的や状況に応じて統計的に整理したり、「考えるための技法」を組み合わせて活用したりして整理する 目的に応じ、情報と情報技術を活用して、情報の傾向と変化を捉え、問題に対する多様な解決策を明らかにする 目的や意図に応じて情報を統合して表現し、プレゼンテーション、Webページ、SNSなどやプログラミングによって表現・発信、創造する 情報及び情報技術の活用を効率化の視点から評価し、意図する活動を実現するために手順の組み合わせをどのように改善していけば、より意図した活動に近づくのかを論理的に考える 等	問題の効果的な解決に向け、情報やメディアの特性や情報社会の在り方等の諸条件を踏まえ、解決に向けた情報活用の計画を複数立案し、他者と協働しながら試行錯誤と評価・改善を重ねながら実行する 分析の目的等を踏まえて調査を設計し、効果的に情報検索・検証し、目的や状況に応じて統計的に整理したり、「考えるための技法」を自在に活用したりして整理する 目的に応じ、情報と情報技術を適切かつ効果的に活用して、モデル化やシミュレーション等を行いながら、情報の傾向と変化を捉え、多様な立場を想定し、問題に対する多様な解決策を明らかにする メディアとコミュニケーション手段の関係を科学的に捉え、目的や受け手の状況に応じて適切で効果的な組み合わせを選択・統合し、プレゼンテーション、Webページ、SNSなどやプログラミングによって表現・発信、創造する 情報及び情報技術の活用を多様な視点から評価し、意図する活動を実現するために手順の組み合わせをどのように改善していけば、より意図した活動に近づくのかをオンラインコミュニティ等を活用しながら論理的・協働的に考える 等	問題解決・探究における情報活用 プログラミング 情報モラル・情報セキュリティ
情報を構造的に理解しようとする	事象を情報とその結び付きの視点から捉えようとする	事象を情報とその結び付きの視点から捉えようとする　≪ステップ4と同じ≫	問題解決・探究における情報活用 プログラミング
物事を批判的に考察しようとする	物事を批判的に考察し判断しようとする	物事を批判的に考察し新たな価値を見いだそうとする	
複数の視点を想定して計画しようとする	条件を踏まえて情報及び情報技術の活用の計画を立て、試行しようとする	条件を踏まえて情報及び情報技術の活用の計画を立て、試行しようとする≪ステップ4と同じ≫	
情報を創造しようとする	情報及び情報技術を創造しようとする	情報及び情報技術を創造しようとする　≪ステップ4と同じ≫	
情報及び情報技術の活用を振り返り、効果や改善点を見いだそうとする	情報及び情報技術の活用を効率化の視点から評価し改善しようとする	情報及び情報技術の活用を多様な視点から評価し改善しようとする	
情報に関する自分や他者の権利があることを踏まえ、尊重しようとする	情報に関する個人の権利とその重要性を尊重しようとする	情報に関する個人の権利とその重要性を尊重しようとする　≪ステップ4と同じ≫	情報モラル・情報セキュリティ
通信ネットワーク上のルールやマナーを踏まえ、行動しようとする	社会は互いにルール・法律を守ることによって成り立っていることを踏まえ、行動しようとする	情報に関する法規や制度の意義を踏まえ、適切に行動しようとする	
生活の中で必要となる情報セキュリティについて踏まえ、行動しようとする	情報セキュリティの確保のための対策・対応の必要性を踏まえ、行動しようとする	情報セキュリティを確保する意義を踏まえ、適切に行動しようとする	
	仮想的な空間の保護・治安維持のための、サイバーセキュリティの重要性を踏まえ、行動しようとする	仮想的な空間の保護・治安維持のためのサイバーセキュリティの意義を踏まえ、適切に行動しようとする	
発信した情報や情報社会での行動が及ぼす影響を踏まえ、行動しようとする	情報社会における自分の責任や義務を踏まえ、行動しようとする	情報社会における自他の責任や義務を踏まえ、適切に行動しようとする	
情報メディアの利用による健康への影響を踏まえ、行動しようとする	情報メディアの利用による健康への影響を踏まえ、適切に行動しようとする	情報メディアの利用による健康への影響を踏まえ、適切に行動しようとする≪ステップ4と同じ≫	
情報通信ネットワークは共用のものであるという意識を持って行動しようとする	情報通信ネットワークの公共性を意識して行動しようとする	情報通信ネットワークの公共性を意識し、望ましい情報活用の在り方について提案しようとする	
情報や情報技術をよりよい生活や社会づくりに活かそうとする	情報や情報技術をより良い生活や持続可能な社会の構築に活かそうとする	情報や情報技術をより良い生活や持続可能な社会の構築に活かそうとする≪ステップ4と同じ≫	

キュリティを確保するための方法や技術・情報通信ネットワークを介して情報システムがサービスを提供する仕組みと特徴等
方法・社会や自然などにおける事象をモデル化する方法・シミュレーションを通してモデルを評価し改善する方法等

表7-2 「学び方指導体系表～子供たちの情報リテラシーを育てる～」

松江市小中一貫基本カリキュラム【学校図書館活用教育】　　令和３年度「学び方指導体系表」　～子どもたちの情報リテラシー

更新日：20213.29

			小学１年生（１年生）	小学２年生（２年生）	小学３年生（３年生）	小学４年生（４年生）
			主体的・対話的で深い学びの実			
		育てたい子ども像	**読書に親しみ、いろいろな本があることを知るとともに、学ぶことに興味や関心をもち、自分の思いや考えを伝え合う児童**		**幅広く読書に親しみ、読書が必要な知識や情報を得ることに役立つことに気付き、学んだことを関係付けながら学び合う児童**	
知る	A	図書館の利用			**学校図書館の利用方法を知る、積極的に活用する**	
			○本の借り方・返し方を知る ○マナーや学校司書の存在を知る ＊場所、設備、展示 ○本は仲間分けがしてあることを知る	○本の分け方や並べ方を知る ○学校司書に相談する ＊分類表示、案内図 ＊読書記録	○本の仲間分け（十区分）と並べ方を知る ＊展示	○日本十進法（NDC・３桁）を知る ＊請求記号（分類記号と図書記号）
見つける	B	課題の設定	○身近なことから話したいこと・知りたいことを見つける ＊思考ツールの利用		○興味・関心に応じて調べたいことを決め、学習の見通しをもつ	
つかむ	C	情報の収集	**いろいろな情報があることを知り、必要な図書等で知りたいことを調べる**		**目的に応じて、いろいろな方法で必要な情報を集める**	
			○調べる本があることを知る	○知りたいことを本で調べる ○複数の本から情報を得る	○調べる方法を決める ＊観察、人、本、資料、インターネット	
	D	調査 （人・観察・実験）	○人に聞く ○よく見る（観点）	○聞きたいことを落とさずに聞く ○観察する	○メモを取りながら聞く ○インタビューする（質問・予想） ○見学する	○聞きたいことを整理する ○アンケートをとる
	E	図鑑、辞典、事典、統計資料、参考図書の利用	○本で調べる	○図鑑を使う ○目次（索引）を見る	○国語辞典、慣用句辞典、百科事典を使う ○目次、索引、索引巻を活用する	○漢字辞典を使う
	F	図表、絵、写真の利用	○興味のある図、絵や地図、写真を探す		○絵や写真を読み取る ○グラフを読み取る ＊年表 ○図表、地図（索引）を読み取る	○広告を読む ○地図帳を使う ＊地勢図、土地利用図、等高線産業マップ、ハザードマップ
	G	新聞や電子メディア等の利用	○インターネットで調べる ○写真や動画を撮る ＊デジタルカメラ、タブレット端末		＊検索ワードの入力	○小学生新聞を読む ＊サイト内検索
読み取る・考える	H	情報の利用上の留意点	○自分の考えと人の考えを区別する	○本の題名、書いた人の名前、ページを書く	○出典を書く ＊題名、書名、作者、出版社	○引用を知る
	I	情報の取り出し	**順序に気を付けたり比べたりして、記録した情報を整理する**		**調べたことを整理したり関係付けたりする**	
			○ワークシートに書く ○メモやカード、ノートに書く ＊発見メモ	○メモ（付箋紙等）に短く書く ＊観察メモ ○見出しを見る	○メモを取る ＊インタビューメモ、情報カード ○要約する ○理由や事例を読み取る	○引用する
	J	情報の整理・分析	○伝える順序を考える ○比べて考える ＊思考ツールの利用	○共通点と違いを整理する ○理由を考える ○順序をとらえる	○書き手の工夫を比べて読み取る ○自分の考えとその理由を整理する	○まとまりをとらえる ＊見出し ○調べたことを関係付ける ○理由や事例を挙げる
まとめる・伝え合う	K	ま と め	**見つけたこと、調べたことを紹介する方法を知り、分かるように伝え合う**		**学習したことを相手や目的に応じた方法でまとめ、伝え合う**	
			○カードを作る ＊乗り物カード ＊紹介カード	○組み立てて話す・書く ＊「はじめ」「なか」「おわり」 ＊紹介文 ○カードに書く ＊観察カード、読書カード ○書いた文章を読み返す	○調べたことを書く ＊レポート、ポスター ○あらすじをまとめる ＊あらすじカード ＊リーフレット、手紙	○新聞を作る ＊割り付け、見出し、写真、図、絵 ○相手や目的に合わせて書く ＊手紙、ことわざ・故事成語ブック ＊ポスター、ポップ、本の帯
	L	発表、交流	○いろいろな発表の仕方を知る ＊実物、ペープサート、フリップ、劇	○順序よくことばをつないで話し合う ＊紹介、質問 ○伝え合う ＊感想、紹介、クイズ	○司会の進行に沿って話し合う ○中心が伝わるように話す ○話の組み立てや話し方を工夫する ＊スピーチ	○確かめながら聞く ○役割を考えながら話し合う ○本の魅力や良さを伝える ○分かりやすく報告する
	M	ふり返り（毎時間、単元後）	○学習の過程と結果を活動に応じて評価する・さらなる活動を見つける			

注：まなび方コーナー 「見る・聞く・ふれる」「読み取る」「表す・つたえる」

出所：松江市教育委員会学校図書館支援センター　http://www1.city.matsue.shimane.jp/kyouiku/gakkou/gakkoutosyokan/gakkoutosyokankyouiku.data/R3taikeihyou0506_.pdf

-を育てる～

※凡例　「○」は指導事項　「*」は例示

小学５年生（５年生）	小学６年生（６年生）	中学１年生（７年生）	中学２年生（８年生）	中学３年生（９年生）
現を図り、学びに向かう力や豊かな感性・知性を育てる				
日常的に読書に親しみ、読書が、自分の考えを広げることに役立つことに気付き、課題解決に向けて考えを深め合う児童		読書を通して自己を向上させるとともに、集めた情報を活用し、主体的・対話的で深い学びをする生徒		
		学校図書館を効果的に活用する		
○日本十進分類法（NDC）の仕組みを知る *請求記号（巻冊記号） ○本の他にもさまざまな資料があることを知る	○地域の図書館や社会教育施設歴史資料館等を活用する ○類を覚える *コンピュータ検索			
○課題の解決に向けて、調べるテーマを決め計画を立てる		目的や相手に応じた学習課題を解決するための学習計画を立てる		
		○調査テーマを決める ○課題を設定する	○追究するテーマを決める	
いろいろな方法で課題の解決に必要な情報を集める		情報の集め方を考え、複数の情報源を活用して、必要な情報を集める		
○多様な方法で資料を集める ○多角的にとらえる	○情報の特性を知る ○複数の情報を活用する	○話題を集め、材料を選ぶ	○多様な方法を用いてさまざまな情報を収集する ○目的・状況に応じてメディアを選ぶ	
○意図を明確にして聞く	○聞き取り調査をする *フィールドワーク、取材	○質問で話を引き出す	○質問で思いや考えを引き出す	
○年鑑、統計資料集を使う ○数字の単位、注に気をつける	○分野別事典を使う	○辞書を引く	○辞書を読む	
○写真やキャプションを文章と関係付ける ○リーフレット、パンフレットから読み取る ○地球儀を使う	○年表を読み取る ○複数の写真から読み取る	○図表を読み取る *地図帳、地球儀、等角図投影図、雨温図、主題図地形図、人口ピラミッド系図、しくみ図、絵巻物	○文章と図表を結び付けて読む	
○見出し、リードを読む ○記事を読み比べ、書き手の意図を読み取る ○メディアリテラシーを知る	○投稿を読み比べ、説得の工夫を読み取る		○メディアの特徴を理解する ○電子メールを書く	○情報の信頼性を確かめる ○複数の記事を比べる
○出典に気を付ける *発行年、情報の出所、著者・編者、発行者	○著作権を知る		○情報モラル・情報セキュリティについて知る	○情報の信頼性を確かめる
調べて分かったことを整理したり関係付けたりして活用する		集めた情報を分類・整理・分析する		
○要旨をとらえる ○観点に沿って読む	○複数の情報を比べる	○段落の役割に着目する		
○事実（理由や事例）と考え・感想を区別する ○文章の構成をとらえる *「序論」「本論」「結論」 ○情報カードを活用する	○論の進め方をとらえる *原因と結果 ○調べたことを項目ごとにカードや表に整理する ○複数の情報を分類・整理する ○情報を関係付けて活用する	○情報を整理、分析する *思考ツール ○項目を立てて整理する ○文章の構成や展開の効果を考える ○グループに分ける ○課題の要因を考察する	○関係を図で表す ○論理の展開を吟味する ○構成メモを作る ○文章を比較する ○体験や出来事を整理し、伝えたいことを明確にする	○編集する ○論理の展開を考える ○グラフを分析する *思考ツールの活用
学習してきたことを目的や意図に応じて効果的にまとめ、伝え合う		学習の成果をまとめ、効果的に伝達する		
○情報や資料を使って説明する文を書く *報告文 ○反対意見を考えて書く *意見文 ○自分で考えたことを書く *感想文 ○資料を使って説明する *パンフレット	○表現の効果を考えて報告する *ポスター *キャッチコピー、見出し読書アルバム ○目的や意図に応じて説得力のある文を書く *投稿 ○プレゼンテーションの構成と必要な資料を考える	○情報を引用してまとめる ○推敲する ○書評を書く ○フリップにまとめる ○課題に対して自分の考えをまとめる ○まとめの仕方を知る *レポート、ポスタープレゼンテーションソフト	○職業ガイドを作る ○構成や展開を工夫して書く ○構成や割り付けを工夫する ○課題に対して自分の考えをまとめる	○小論文を書く ○課題に対して自分の考えをまとめる ○投稿文を書く ○メッセージを書く
○意図を明確にしながら計画的に話し合う *付箋メモ ○資料と関係付けて話す ○グループで本を紹介する	○話し手の考えと自分の考えを比べる ○立場を明確にして話し合う *プレゼンテーションパネルディスカッション、助言	○内容や説明の仕方について伝え合う ○グループ・ディスカッションを ○フリップを使って発表する ○調査結果の発表、意見交換をする	○印象に残る提案をする *プレゼンテーション ○本の紹介合戦をする ○異なる立場から考える ○効果的な発表をする ○説得力のある主張をする	○自分の考えと比較する ○作品を批評する *対談、批評文、議論、会議ブレーンストーミング ○自分の主張を述べる

表7-3 「探究の過程における情報活用スキル55」

探究の過程におる情報活用スキル55一覧表

探究の過程＼発達段階			ステップ1 探究の各過程におけるスキルを習得する段階			
			No	小学1/2年生	No	小学3/4年生
Ⅰ 課題の設定	買う	問いを作る	1	知りたいことを絞ってから問いをつくる（国語・生活）	2	知りたいことを整理してから問いをつくる（国語・社会・理科・総合）
Ⅱ 情報の収集	見直す	計画を立てる				
	集める	調べる—メディアを選ぶ	7	読みたい本の場所や日本十進分類法（NDC）を知る（国語・学活）		（国語・学活）
		調べる—情報をみつける	10	目次・索引を使う（国語・生活）	11	百科事典を引く（国語）
		地域に出て調査をする	15	身近な人々の生活や地域の出来事などに気づく（国語・生活）	16	形式に沿って，インタビューをしたりアンケートをつくったりする（国語・社会・総合）
		観察や実験をする	20	身の回りの生き物を五感を通して観察する（生活）	21	予想を立てて，観察や実験をする（理科）
	収める	情報を手元に置く	25	問いが求めている答えを書く（国語・生活）	26	要約と引用を区切る（国語・社会）
Ⅲ 整理・分析	整理・分析する	ものごとを分析し特徴や傾向をつかむ	29	集めた情報を比較・分類する（国語・生活）		（国語・社会・理科・総合）
		量を分析し特徴や傾向をつかむ	33	簡単な表やグラフを用いて，表したり読んだりする（算数）	34	棒グラフ・折れ線グラフの特徴や用い方を理解した上で，表したり読んだりする（表・変化）（国語・算数・総合）
Ⅳ まとめ・表現	まとめる	一つにまとめる	41	伝えたいことと，理由や事柄を，順序立てたり筋道立てたりして組み立てる（国語・生活）		（国語・社会・理科・総合）
	表現する	プレゼンテーションをする	44	形式に沿って，スピーチやプレゼンテーション（紙芝居）を行う（国語・生活）		（国語・社会・理科・総合）
		事実や事例を正確に伝える	47	観察したことや体験したことを順序よく書く（国語）	48	はじめ，なか，おわりを区別して報告する文章を書く（国語）
		根拠に基づいて考えを伝える				

（　）内は実践可能な各教科等

ステップ2				ステップ3			
探究の過程を見通したときのスキルを習得する段階				より説得力をもたせるためのスキルを習得する段階			
No	小学５/６年生	No	中学校１年生	No	中学校２年生	No	中学校３年生
3	イメージを広げてから問いをつくる （国語·社会·理科·総合）		（国語・社会・総合）	4	共通テーマから自分の問いをつくる （国語·社会·理科·総合）		（社会・理科・総合）
5	調べる方法を整理し，調査計画を立てる （国語・社会・総合）		（社会・総合）	6	問いを解決する過程を順序立てる （社会・理科・総合）		（社会・理科・総合）
8	インターネットを使って情報を集める （国語·社会·理科·総合）	9	メディアの種類や特徴を知る （国語・総合）	14	メディアを選び，見当をつけて情報・資料をみつける （社会・理科・総合）		（社会・理科・総合）
12	年鑑を使う （国語・社会・総合）	13	見当をつけて事典・辞典・年鑑を使い分ける （国語）				
17	話の流れに沿ってインタビューをする （国語・社会・総合）	18	目的に応じたアンケートを作成する （国語・総合）	19	目的に応じて，インタビューやアンケートを行う （国語・総合）		（総合）
22	予想をもとに条件を整えて，観察や実験をする （理科）	23	仮説を立てて，観察や実験をする （理科）	24	仮説を立証する方法を発想し，観察や実験をする （理科）		（理科）
27	参考にした資料を書く（国語・社会・理科・総合）	28	著作権を意識して，要約や引用をする （国語・技術・道徳）				
30	観点を立てて情報を整理する （国語・社会・総合）		（国語・総合）	32	目的に応じて観点別に情報を整理し，特徴や傾向をつかむ （国語·社会·理科·総合）		（国語·社会·理科·総合）
31	集めた情報を関係付けたり，多面的に見たりする （国語·社会·理科·総合）		（国語·社会·理科·総合）				
35	表やグラフの特徴と用い方を理解する（差・変化・割合・度数分布） （算数）	36	ヒストグラムや相対度数の必要性と意味を理解する （数学）	38	四分位範囲や箱ひげ図の必要性と意味を理解する （数学）	39	標本調査の必要性と意味を理解する （数学）
37	根拠に合った表やグラフを作成した上で，データの特徴や分布の傾向をつかむ （国語・算数・総合）		（国語・数学・総合）	40	データの分布の傾向を比較したり，標本から母集団の傾向を推定したりする （社会・数学・理科・技術・総合）		（社会・数学・理科・技術・総合）
42	主張と根拠，根拠のもとになる事実を筋道立てる （国語·社会·理科·総合）		国語·社会·理科·総合）	43	主張と根拠，根拠のもとになる事実を構造化する（論理展開） （社会・理科・総合）		（社会・理科・総合）
45	主張が伝わるプレゼンテーションを行う （国語・社会・総合）		（国語・社会・総合）	46	相手や目的に応じたプレゼンテーションを行う （国語・技術・総合）		（国語·英語·音楽·総合）
49	事実と自分の考えを区別して報告する文章を書く （国語・社会・総合）	50	レポートの形式（社会的・科学的）を知る （国語）	52	自己の考えを明確にして，報告する文章を書く （社会・理科・総合）		（社会・理科・総合）
		51	事実や事柄に基づいた根拠を取り入れて，報告する文書を書く （国語·社会·理科·総合）				
53	要約・引用，図表を取り入れて意見文を書く （国語）			54	主張の根拠となる具体例・説明を加えて，意見文を書く （国語）	55	根拠を明らかにして説得力のある批評文を書く （国語）

出所：塩谷京子『探究の過程における　すぐ実践できる情報活用スキル55』ミネルヴァ書房，2019

年間指導計画案（表7-5）は，どの学年がどの時期にどのように学校図書館を利用するのかを一覧表にしたものである。教員にとっては，どの教科のどの単元，総合的な学習の時間のどの場面で活用するのかが整理されているので，担当する教科の単元と繋げやすい。司書教諭にとっては全体像が見えるので，教員や学校司書との打ち合わせ，3年間・6年間を通した情報リテラシーの育成なども見渡すことができる。学校司書にとっては，必要な資料を時期に合わせて揃えるときにこの一覧表が役立つ。

（3）年間指導計画案の作成

年間指導計画案は，教員が「情報リテラシー教育」を視野に入れて担当する単元デザインをするときに役立つように作成したい。国語や理科という時間割はあっても，情報リテラシー教育という時間割は存在しない。現状は，各教科等の授業の中に埋め込む形で行われている。

小学校5年生国語科の教科書には，レポートの書き方を学ぶ単元がある。探究の過程に沿ってどんなことを積み重ねていけばレポートが仕上がるのかが，丁寧に記載されている。例えば，「図書館で，本・事典・辞典などをさがして読む」との一文がある。これは，「目次・索引を使った調べ方」「百科事典の引き方」「国語辞典の引き方」「図書館の本の分類」などをはじめとしたスキルが既に前の学年で習得されており，それらを使って調べることができることを前提とした文章である。だから，詳しいことは記載されていない。ところが，一回教わっただけでその後使わなければ忘れてしまう子もいるだろう。本当は直接本を手に取って学んだ方がよい内容を，本が整備されていないなどの理由で教科書を読んで教わっただけの児童生徒がいるかもしれない。そうすると，この段階でつまずく児童生徒がいることになる。教員が指導に当てる時間数は決

表7-4　全体計画案

令和２年度学校図書館活用教育全体計画

松江市立宍道小学校

・学校図書館法
・小学校学習指導要領
・読書活動推進に関する法律
・島根県子ども読書活動推進計画
・「子ども読書県しまね」
子ども読書活動推進事業計画

学校教育目標

『肩組んで、根気・本気・勇気が かっこいい』宍道っ子の育成

・児童・地域の実態
・保護者の願い
・教師の願いや指導観
・現代社会の要請

学校教育目標の具現

＜めざす児童像＞

肩組んで助け合う子　…教育活動全体を通して、確かな学びを積み重ね、自ら学ぶ意欲と態度を育て、生涯学習の基礎を培う。
元気でたくましい子（体）…読書活動を通して、想像力・自己認知能力を培い、心を開いて相手を受け入れる豊かな人間性を育む。
本気でやりぬく子（知）…教育活動全体を通して読書力や情報活用能力を育て、豊かな心とがんばりぬく健やかな精神を育む。
勇気をもって進む子（徳）…情報活用教育を通して必要な情報を取捨選択し、情報を発信していく力を育む。

学校図書館活用教育の目標

○**読書センター**　子どもの読書活動を支援し、読書の喜びや楽しさを味わわせることを通して、読書習慣を身につけるとともに、言語感覚を磨き、豊かな人間性を育てる。
○**学習センター**　○**情報センター**
多様な資料から目的に応じた情報を選んで課題解決を図り、情報活用能力を育成する。

図書館運営の方針

○教育課程に位置付けた学校図書館の利用や授業の実施を推進する。
○読書センター・・・魅力のある読書指導や環境づくりに努める。
○学習センター　○情報センター
・・・学びを支える資料の収集提供に努める。
○教職員・保護者との連携を密にし、理解や協力を得る。

１・２学年	３・４学年	５・６学年	おひさまクラス（３クラス）
・楽しんだり知識を得たりするために、本や文章を選び、楽しんで読書をすることができる。	・目的に応じて、いろいろな本や文章を選び、幅広く読書をすることができる。	・目的に応じて、適切な本や文章を選び、読書を通して考えを広めたり深めたりすることができる。	・読み聞かせを通して本に親しみ、お話の楽しさを感じ、進んで読書をすることができる。
・学校図書館に親しみ、利用の仕方の基本的な技能・知識・態度を培い、喜んで資料の活用ができる。	・進んで学校図書館を利用する態度を培い、楽しく資料や情報を集め、活用することができる。	・積極的に学校図書館を利用する態度を培い、計画的に資料や情報を集め適切に活用することができる。	・学校図書館に親しみ、自分の興味関心のある本を選ぶことができる。

各　教　科

・各教科の目標を達成する中で、学習センターとしての学校図書館の意義を踏まえ、担任、司書教諭、学校司書が連携をとりながら、積極的、計画的に図書館を活用した学習を行う。
・教科学習の中での図書館活用学習を通して情報や知識を検索・収集・処理する能力を、養い、基礎的な技術を養うと共に自主的に学ぶ態度を育成する。
・国語科を通してストーリーテリングやブックトーク・アニマシオン、その他の読書活動を行い、読書意欲を高め、豊かな読書体験が積めるようにする。

読　書　活　動

・「朝読書」「宍道小おすすめの本３０冊」や、「読書記録（読んだよカード）」「目標冊数の設定」「ファミリー読書」などを通して読書の習慣化を図る。
・「だんだん図書館まつり」「おすすめの本30読書の木」「心にのこる１冊」「先生からのおすすめの本」等の取り組みを通して、読書の意欲化を図る。
・担任や「朝の読み聞かせボランティア」による読み聞かせをし、人の声を通して、読書に親しめるようにする。

特　別　活　動

・学級活動を通し、学校図書館の利用の仕方や適切な情報の活用能力を育てる。
・図書館まつりなどの行事に積極的に参加できるようにし、読書を通してコミュニケーションを楽しむ態度を育てる。
・児童会活動（図書委員会）において、学校図書館の運営等、自分達の仕事を協力し合いながら自主的に実践する態度を育てる。

かがやきタイム（総合的な学習の時間）

・課題の設定、調べ学習、体験活動、発表活動などで、適切な資料を活用して学ぶ力を育てる。
・まとめ方や発表の仕方を身につけ、伝え合う力を育てる。

家庭・地域との連携

・毎月１回、保護者向け「だんだん図書館だより」を発行し、図書館教育への理解や環境整備・資料充実への協力を得る。
・年２回の「ファミリー読書」週間の取り組みを通して家庭における読書の習慣化を図る。
・２つのボランティア組織との連携を図る。
・近隣の小中学校、公共図書館との連携を図る。

道　徳

・様々な資料を使って、道徳的心情を豊かにし、実践的意欲を高めていく。
・関連読書を推進する。

各学級、学年経営　　学校図書館の環境の充実・整備

生涯学習の基礎、生きる力の育成

表7-5　年間指導計画案

令和２年度　学校図書館活用教育年間計画　４年生　　松江市立宍道小学校

月	読書活動		読書指導	国語	他教科	情報やメディアを活用する学び方の指導
4	朝の読書（月・水・金）・ほんわかタイム		オリエンテーション おすすめの本についての計画	グループにまとめて整理しよう 図書館に行こう 漢字辞典の使い方	私たちの県(社会) 県の広がり(社会)	○まとまりをとらえる　＊見出し ○日本十進表(NTC・3桁)を知る ＊請求記号(分類記号と図書記号) ○漢字辞典を使う ○地図帳を使う ＊地勢図、土地利用図、産業マップ、等高線 ●グラフを見て考える
5				たしかめながら話を聞こう みんなで新聞をつくろう	住みよい暮らしをつくる(社会) 水はどこから(社会) 地球のためにできることⅠ（総合）	○アンケートをとる ○たしかめながら聞く ○小学生新聞を読む ○新聞を作る ＊割り付け、見出し、写真、図、絵 ●グラフを見て考える ○興味・関心に応じて調べたいことを決め、学習の見通しをもつ ○調べる方法を決める
6				お願いやお礼の手紙を書こう ことわざと故事成語	住みよい暮らしをつくる　ごみのしょりと利用(社会)	○相手や目的に合わせて書く ＊手紙、ことわざ・故事成語ブック ＊ポスター、ポップ、本の帯 ●グラフを見て考える ●表を読み取る
7		夏休みに読む本を選ぼう	読書感想文を書こう	表し方のちがいを考えよう 広告を読みくらべよう		○広告を読む
9				学校について紹介することを考えよう		○役割を考えながら話し合う
10				くらしの中の「和」と「洋」について調べよう くらしの中の和と洋		○引用を知る ○引用する ○調べたことを関連付ける
11		読書集会		聞いてほしいな、心に残っている出来事		○課題を決め、材料を集める ●聞き手に伝わるように工夫して話す ●課題を決め、材料を集める
12		冬休みに読む本を選ぼう		「ふるさとの食」を伝えよう 本をみんなにすすめよう		○理由や事例を挙げる ○本の魅力や良さを伝える ○相手や目的に合わせて書く ＊手紙、ことわざ・故事成語ブック ＊ポスター、ポップ、本の帯
1				数え方を生み出そう		○調べたことを関連付ける
2				調べたことを報告しよう		○わかりやすく報告する ○聞きたいことを整理する
3						

まっているため，復習のために多くの時間を割くことは難しい。

そこで，児童生徒に習得・活用させたい情報リテラシーを年間指導計画案に記載しておくと，情報リテラシーが埋め込まれている各教科等の単元や教材を学級担任や教科担任が扱うときに役立つ。

全体計画案や年間指導計画案は，部会の討議を経て職員会議で提案する（図7-4）。人数は少なくても部会があることにより，一人で進めているのではないことが教職員に伝わる。何よりも，司書教諭にとって相談相手がいることは安心して職務を遂行できることにつながる。

部会の名称は，学校図書館部や学校図書館委員会などが一般的である。校内組織に部会がない学校については，国語部などの教科部の中で討議の時間を設定してもらうなどの工夫が必要である。部会では，昨年度とは異なる点や，本年度特に力を入れたい点について検討事項を絞ると討議しやすい。また，学校図書館を活用する単元を教員に尋ねておくことは，その単元に必要な本を購入するときにも参考になる。

図7-4　部会での様子（写真提供　沼津市静浦小中一貫学校）

3 実践

（1）学校図書館の機能を使った授業の推進

協働のための全体計画案や年間指導計画案を作成し，年度当初の職員会議で提案できたら，次は計画案通りに実施する段階に入る。

「学校図書館を使う」方法は，２通りある。１つは，学校図書館で授業を行う場合である。もう１つは，学校図書館の資料を使って教室などで授業を行う場合である。いずれも，学校図書館を活用した授業である。

通常教員は，各教科や総合的な学習の時間の単元の中で，学校図書館を使う場面を設定する。図書館で授業を行うか，それとも教室（特別教室を含む）で行うかは，１時間の時間配分により異なる。教室で行う場合は，事前に図書館資料を教室に運ぶ必要があり，学校図書館で行う場合は，移動を含めた時間を確保する必要がある。このちょっとした手間を解消するのが，司書教諭の仕事でもある。年間指導計画案に記載されている単元であれば，事前に司書教諭が声をかけることができる。学校司書と相談して，単元に関係する資料を展示しておくことも可能だ。図書館利用の多い学校では，授業をしたい場合に，手軽に申し出て使える方法を作っておくことも必要である。

協働とは，ティームティーチングのように一緒に授業をすることだけを意味しているわけではない。司書教諭が，学級担任や教科担任を兼ねている学校も多い。また，教員によっては，司書教諭とティームティーチングで授業を行う必要性を感じていない場合もあるだろう。司書教諭は，年間指導計画案に沿って学校図書館を活用した授業が行われていくようにコーディネートすることが重要である。そのために，コミュニケーションをとったり，準備の相談にのったり，学校司書の応援をもらったりするなど，様々な協働の仕方がある。

(2) 情報リテラシーの育成

何かを使うときには，使い方を知る必要がある。例えば，自動車を運転するには運転するための技能（スキル）や知識が必要である。

年間指導計画案ができ，学校図書館の機能を使って授業を進めているものの，学校図書館を使うためのスキルが児童生徒に身についていないので本を探して1時間が終わってしまったとか，調べたことをそのまま新聞に写していたなどの悩みを聞くことがある。

そのため，情報リテラシー教育を推進する司書教諭には，探究の過程に沿って，学校図書館を活用するために必要なスキルと指導上の留意点についての知識が必要である。

本書では，探究の過程を「①課題の設定」「②情報の収集」「③整理・分析」「④まとめ・表現」の4段階でとらえ，各過程に沿って具体的な学び方の指導法や，情報リテラシー育成の現場の様子を紹介する。①は第8章，②は第9章，③は第10章，④は第11章で扱う。

① 課題の設定　第8章
　例えば，テーマの設定の仕方，計画を立て方

② 情報の収集　第9章
　例えば，情報の集め方，集めた情報を手元に置く方法

③ 整理・分析　第10章
　例えば，集めた情報の整理の仕方，シンキングツールの使い方

④ まとめ・表現　第11章
　例えば，組み立て方，レポートの書き方，発表の仕方

4 情報リテラシー教育の評価

学校図書館の運営上の重要な事項についてその望ましい在り方を示した『学校図書館ガイドライン』（文部科学省　2016）は，7項目で構成されており，（7）に学校図書館の評価の項目がある。

（1）学校図書館の目的・機能
（2）学校図書館の運営
（3）学校図書館の利活用
（4）学校図書館に携わる教職員等
（5）学校図書館における図書館資料
（6）学校図書館の施設
（7）学校図書館の評価

「学校図書館ガイドラインの（7）学校図書館の評価」では，評価は学校図書館の運営の改善のために，校長が学校図書館の館長として学校評価の一環として組織的に行うことが示されている。

次に，評価は校内の教職員とともに外部の視点も入れることも示されている。

そして，全体計画案に示した目標が達成されているのか，年間指導計画案が順調に進んでいるのか，問題点はないのか，また，学校図書館の施設設備や活動は水準を満たしているのかなどの視点で行うとしている。

詳細は，以下の通りである。

（7）学校図書館の評価
出所：文部科学省　「学校図書館ガイドライン」から（7）学校図書館の評価を筆者が抜粋
○学校図書館の運営の改善のため，PDCA サイクルの中で校長は学校図書館の館長として，学校図書館の評価を学校評価の一環として組織的に行い，評価結果に基づき，運営の改善を図るよう努めることが望ましい。

○評価に当たっては，学校関係者評価の一環として外部の視点を取り入れるとともに，評価結果や評価結果を踏まえた改善の方向性等の公表に努めることが望ましい。また，コミュニティ・スクールにおいては，評価に当たって学校運営協議会を活用することも考えられる。
○評価は，図書館資料の状況（蔵書冊数，蔵書構成，更新状況等），学校図書館の利活用（授業での活用状況，開館状況等），児童生徒の状況（利用状況，貸出冊数，読書に対する関心・意欲・態度，学力の状況等）について行うよう努めることが望ましい。評価に当たっては，アウトプット（学校目線の成果）・アウトカム（児童生徒目線の成果）の観点から行うことが望ましいが，それらを支える学校図書館のインプット（施設・設備，予算，人員等）の観点にも十分配慮するよう努めることが望ましい。

このように，学校図書館の評価は，学校評価の一環として外部の視点も取り入れて行い，公表していくこと望ましい，とガイドラインに示されている。学校図書館担当者である司書教諭は，学校図書館全体を評価し，問題点を見出し，次年度の提案に生かしていくための評価であることを認識したい。

司書教諭が学校図書館の評価を行う場合，物的環境，人的環境，活用，意欲の喚起，外部連携等いくつかの項目があるが，本章で扱う「情報リテラシー教育の推進」に関わる評価として重視したいのが「活用」に関する評価である。

千葉県教育委員会で作成されている学校図書館自己評価表のトライアルシートの「活用」の項目[注6）]には，

注６）千葉県教育委員会では評価表を公開している。小学校と中学校それぞれに，トライアルシートとベーシックシートがある。本章で紹介したのは，「学校図書館評価表　中学校トライアルシート」である。https://www.pref.chiba.lg.jp/kyouiku/shidou/gakuryoku/suishin.html（2021/1/8参照）

・13学校図書館に関わる全体計画（年間読書指導計画等）がある。
・14各教科等の年間指導計画に学校図書館の活用が位置づけられている。
・15年間指導計画に基づいて，各学級・学年とも授業において学校図書館を活用している。

などの項目がある（表7-6）。教育委員会や教育センターが作成した評価表がない地域では，このように公のホームページで掲載されている評価表をもとに自分の学校図書館を評価してみるのも良い方法である。

このように，司書教諭が「情報リテラシー教育」を推進していくためには，企画実施したことを評価することが必要である。

5 まとめ

司書教諭が校内において情報リテラシー教育の理解を深め推進していくためには，職員会議で全体計画案や年間指導計画案を提案したり，計画立案・実施・評価するための部会を開いたりするなど，教育課程（カリキュラム）に学校図書館活用を位置づけることが大切である。

表7-6　学校図書館評価表（千葉県教育委員会）中学校トライアルシート

＊各中学校において，任意に記入をするシートです。

中学校＜トライアルシート＞

令和〇年度学校図書館自己評価表≪トライアルシート≫

〇〇市町村立〇〇　中学校　　記載者名（司書教諭・図書館担当教諭など）　〇〇 〇〇

学級数		学校図書館図書標準の定める冊数	
前年度末の学校図書館の蔵書冊数		学校図書館図書標準の達成状況	

		該当欄に〇を付けてください。	達成している	おおむね達成している	達成していない
物的環境	1	学校図書館図書標準が達成されている（100％以上である）	／		／
	2	資料価値が低くなった古い図書を廃棄し，新しい図書に買い換えている	／	／	／
	3	教職員が教材研究等で活用できる図書や資料が整っている	／	／	／
	4	生徒が図書を探しやすい書架に工夫されている（書架見出しを付ける等）	／	／	／
	5	掲示物の工夫や採光の十分な確保など，部屋の環境が整っている	／	／	／
	6	蔵書のデータベース化が80％以上進んでいる	／		／
	7	本の貸出・返却をコンピュータを使って行っている	／	／	／
	8	定期的に蔵書点検を行っている	／	／	／
人的環境	9	学校図書館専任（市町村から派遣される学校司書や読書指導員等）の職員が週3回以上学校図書館にいる	／	／	／
	10	調べ学習時等，図書案内ができるサポーター（学校司書や読書指導員等）がいる（週1日以上）	／	／	／
	11	司書教諭を発令し（11学級以下の学校を含む），職責を遂行する時間を確保するため，授業時間数の軽減等校務分掌上の配慮をしている	／	／	／
	12	生徒が図書委員として活発に活動している	／	／	／
活用	13	学校図書館に係る全体計画（年間読書指導計画等）がある	／	／	／
	14	各教科等の年間指導計画に学校図書館の活用が位置づけられている	／	／	／
	15	年間指導計画に基づいて，各学級・学年とも授業において学校図書館を活用している	／	／	／
	16	学校図書館の活用方法や約束事が決まっていて，各学級へオリエンテーションを行い生徒に指導している	／	／	／
	17	生徒の学校図書館の活用状況や図書の貸出状況の統計を取り，状況を把握している	／	／	／
意欲の喚起	18	読書週間（旬間・月間）など，読書活動を活発化するための行事を設けている	／	／	／
	19	「朝読書」等全校一斉の読書活動を実施している	／	／	／
	20	教職員や学校司書，又はボランティア等により，定期的に読み聞かせや朗読，ブックトーク等読書活動の支援を行っている	／	／	／
	21	新着図書コーナーを設けたり，学校図書館だよりを発行するなど新着図書を知らせている	／	／	／
外部連携	22	公立図書館や学校間との連携を図っている（公立図書館から，又は学校間での図書貸出や公立図書館の司書による読み聞かせや朗読等）	／	／	／
	23	学校図書館に関する広報活動等（HP開設，学校図書館だよりの発行等）を実施し，保護者への啓発を行っている	／	／	／
	24	学校図書館の地域開放（放課後の生徒の利用を含む）を月に1回以上行っている	／	／	／
		〇の数の合計	0	0	0

「達成している」の欄に，20項目以上（「1」は必須）〇印が付くと，優秀学校図書館と認定されます。

出所：千葉県教育委員会

■ 理解を確実にするために

1 次の用語を説明しましょう。

①学校図書館の３つの機能とは何か。

②司書教諭が常にもっていたい２つの計画書とは何か。

③探究の過程の４段階とは何か。

2 次の問いに答えましょう。

全体計画案や年間指導計画案はなぜ必要なのでしょうか。その理由を説明しましょう。

■ 理解を深めるために

① 美馬のゆり，山内祐平『未来の学びをデザインする―空間・活動・共同体』東京大学出版会，2005

■ 参考文献

① 市川市学校図書館研究部会『コピーして使える学校図書館活用資料集』LIU 東京，2004

② 塩谷京子『探究の過程における　すぐ実践できる情報活用スキル55』ミネルヴァ書房，2019

③ 林良子編著『学びをつなぐ学校図書館～松江発！学び方指導体系表を活用しよう～』悠光堂，2021

④ 堀川照代『学校図書館ガイドライン　活用ハンドブック実践編』悠光堂，2019

8　情報リテラシーの育成（1）課題の設定

塩谷京子

《目標＆ポイント》 探究的な学習における「探究の過程」を4段階でとらえると，第1段階は課題の設定の段階である。本章では，課題（テーマ）の設定の仕方，情報探索の計画を立てる時の留意点について理解を深める。
《キーワード》 情報リテラシー，探究の過程，情報活用スキル，課題の設定，テーマの設定，ウェビング，情報探索の計画

1　はじめに　―授業におけるテーマの設定―

学校現場では，学校図書館は静かに読書をするだけの場ではなく，知りたいことや疑問に思うことの解決の場でもあるとの認識が既に定着してきている。課題や問題を解決するために必要な本の整備が進み，探究的な学習が行われるようになるなど，読書センター，学習センター，情報センターとしての各機能が整備された学校図書館が増えてきた。学校図書館で情報収集ができるようになると，収集した情報をもとに整理・分析しまとめて表現する段階へと進んだり，情報を収集するための課題を児童生徒が設定したりするなど，探究の過程を見通した学校図書館の整備や活用が進められるようになった。

探究的な学習のはじめの段階は，課題の設定である。本章では，課題（テーマ）の設定の仕方，情報探索の計画を立てる時の留意点について，実際に指導すべき事項，および指導方法について説明する。

課題の設定と聞くと，大学生が卒業論文のテーマを決めるように，枠がなく自由に決めるイメージを受ける。

しかしながら，多くの小中学校では，各教科や総合的な学習の時間のなかで，トピック（授業で扱う共通テーマ）を教員が設定することがほとんどである。設定された共通テーマの中で，児童生徒は小テーマを決める（問いを立てる）という手順を踏む。一方，一部の高等学校においては大学の卒業論文のように，教員が枠組を示さず生徒が自分の興味関心をもとにテーマを設定している学校もある。

2 「問い」を見える形にする —絞りこむときに使う方法—

「知りたいこと」「不思議なこと」などの「問い」が生まれ，頭の中にある問いを文で表すことで初めて見える形となる。問いが生まれることと問いを文で表すことは，別の技能が必要である。児童生徒は授業で問い（自分のテーマ）を決める以外に，普段から素朴な問いをもっている。これらを含め，日常生活・社会生活の中で切実感のある自分の問いを児童生徒に抱かせたい。

ここでは，漠然とはしていたとしても，児童生徒が問いをもっていることを前提として，頭の中にある問いを見える形，すなわち文で表すための方法を紹介する。問いを可視化するための方法として様々な図（シンキングツール，グラフィックオーガナイザーなどと呼ばれている）が使われている。バックボーンとしての概念をもとに図があるので，概念を整理しながら図の紹介をする。

（1）絞り込むときに使う方法　―三点決め―

小学校低学年の児童の語彙は少ないが，日常「なぜ？」をいくつも抱いている。そこで，教員とのやりとりの中で，「問い」を文にしていくのが望ましい。よく使われる方法として「三点決め」がある（図8-1）。これは，3回尋ねながら児童が知りたいことを絞り込んでいく方法である。まず，トンネルをイメージした大きな半円を書く。次に，大きな半円の中に半円を書く。さらに，その中に半円を書くというように，3度繰り返す。

例えば，動物園に遠足に行くとする。大きな半円には共通テーマである「どうぶつえん」と書く。「動物園のどの動物を一番見たいですか？」と問いかける。児童は次の半円の中に「ゾウ」「ヘビ」「フラミンゴ」などと書く。さらに「ゾウの何を見たいのですか？」と，問いかける。児童は「鼻」「耳」「足」などと答え，一番小さな半円の中に記入する。このようなやり取りを図にすることで，動物園からゾウの鼻まで絞り込めたことになる。見たいのはゾウの鼻ということが見えてきた訳だ。

しかし，この段階では，ゾウの鼻のどんなことを知りたいのかまでは，わからない。3回絞り込むことに慣れてきたら，さらに「ゾウの鼻のどんなことを知りたいの？」と，問いかける。児童は「水の飲み方」「口までどうやって運ぶのかな」などと，疑問の一端を語る。そこで，教員は言葉を補足しながら，「どうやって水を飲むのかを知りたいのですね」「鼻でつかんだ食べ物をどのようにして口に運ぶのかを知りたいのですね」と，完全な文にしていく。こうして初めて児童は，何となく頭で描いていた問いを文に表すことができる。

この図の中には，共通テーマに全く関係のない言葉は出てこないのが原則である。しかし，ことばの上位概念と下位概念の理解がない児童に

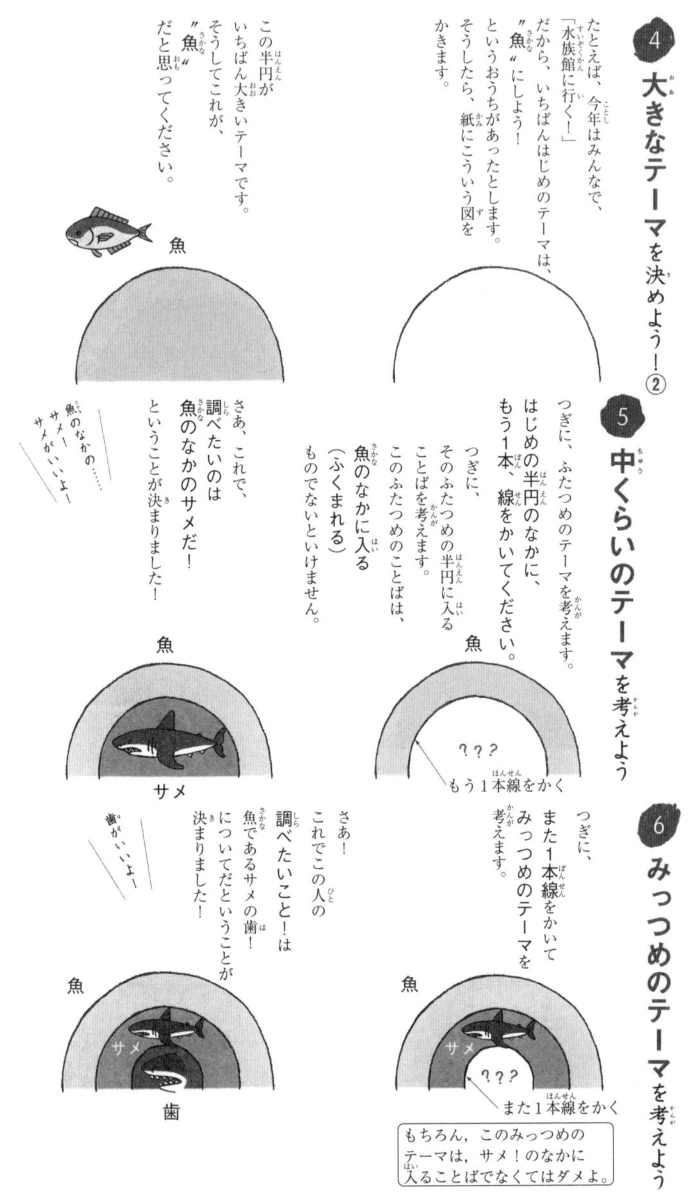

出所：赤木かん子『お父さんが教える自由研究の書き方』自由国民社，2009，pp.14-19

図8-1　三点決め

とっては難しいことでもある。その場合，導入段階で日常使う言葉を使って上位概念と下位概念があることを学ぶ場を設定する。例えば，文房具と鉛筆の関係，犬とチワワの関係など，児童が日常使う言葉を扱うとイメージしやすい。このようなウォーミングアップと合わせて，三点決めと「絞る」という概念を感覚的にとらえることができる。

（2）絞り込むときに使う方法　―ペンタゴンチャート―

児童が自身の「問い」を探すときの方法としてペンタゴンチャートがある（図8-2）。共通テーマに「の」をつけて，絞り込んでいく方法である。

例えば，教室ではこんなやり取りの中で使うことがある。教室でザリガニを飼うことになった。教員が「ザリガニの何を知りたいですか」と尋ねると，「ザリガニの種類を知りたい」「ザリガニの飼い方を知りたい」「ザリガニの病気を知りたい」「ザリガニの食べ物を知りたい」「ザリガニの卵について知りたい」などという発言が児童から返ってくる。このやり取りを記録したものが図8-3である。

ペンタゴンチャートの周りに書いた「知りたいこと」を見ながら，興味がある順に番号を付ける。頭の中にあることを紙面に表せたら，次はそれをもとに文で表すことは，三点決めと同じである。

例えば，「卵」と書いたとしても，「メダカはどこに卵を産むのか」「メダカの卵をかえすにはどんなことに気をつけたらいいのか」「メダカの卵はどのように大きくなるのか」というように，文にするとニュアンスが変わってくることもある。自分の問いを文で表すことは，相手に伝えるだけでなく自分の知りたいことをより明確にするためにも大切である。

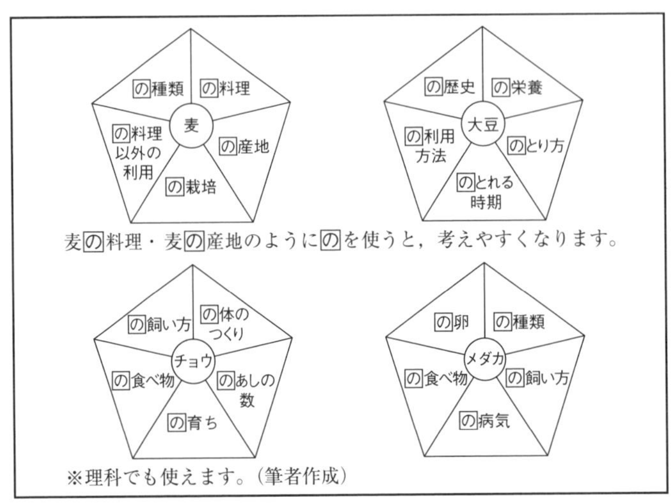

図8-2　ペンタゴンチャート（筆者作成）

3 「問い」を見える形にする　―広げてから絞り込むときに使う方法―

一見，絞るだけでテーマ設定ができると思うがそうではない。学年が進むにつれ，与えられた共通テーマや関連用語の知識が不十分であることが多くなるため，下調べが必要になってくるからである。また，広げてみることで，今まで知らなかったことのなかに興味をもつ場合もある。そこで，与えられた共通テーマからすぐに自分の問いを絞り込むのではなく，まずは一旦広げてみることで，自分の興味はどのあたりのあるのかの見当をつけていく方法の習得が必要になる。

そのための手法として，マンダラートやウェビング，ブレーンストーミングなどがある。

今日の授業では，図を使って，調べたいことを見つける方法を身につけます。

1．みなさんは理科でモンシロチョウを育てながら観察してきましたね。（モンシロチョウの成虫の絵を貼る。）チョウは「昆虫」だということを勉強しましたね。（「こん虫」と書いたカードをモンシロチョウの絵のそばに貼る。）

2．昆虫の体は，３つの部分からできています。ここは何といいましたか？
・頭です。
そうでしたね。（「頭」と書いたカードをモンシロチョウの絵の頭の部分に貼る。）
ここは，何ですか？
・胸です。
そうでしたね。（「むね」と書いたカードをモンシロチョウの絵の胸の部分に貼る。）
ここは，何でしたか？
・腹です。
そうでしたね。（「はら」と書いたカードをモンシロチョウの絵の腹の部分に貼る。）

3．これらのことを，「体のつくり」と言います。（５角形の図のまん中にチョウと書き，一つの［の］のところに，「体のつくり」とマジックで記入する。

4．チョウには，何本のあしがありますか？
・６本です。
そうでしたね。（「６本の足」と書いたカードをモンシロチョウの絵の足の部分に貼り，５角形の一つの［の］のところに，「あしの数」とマジックで記入する。）

5．６本のあしは，どの部分にありますか？
・胸です。
そうでしたね。６本とも全部胸にありますね。

6．モンシロチョウは，どのように育ちましたか？
・たまご，幼虫，さなぎ，せい虫の順に育ちました。
そうでしたね。そのことを，チョウの「育ち」と言います。（５角形の一つの［の］のところに，「育ち」とマジックで記入する。）

7．幼虫は，何を食べましたか？
・「キャベツ」や「あぶらな」です。
そうでしたね。（５角形の一つの［の］のところに，「食べ物」とマジックで記入する。）
どんなものを食べるのかなどは，「飼い方」とも言います。（５角形の一つの［の］のところに，「飼い方」とマジックで記入する。）

8．チョウの他にどんなこん虫を知っていますか？
・テントウムシ・ハチ・トンボ・アリ・カブトムシ・クワガタ・バッタ

9．それでは，昆虫ならどれも，チョウのような「体のつくり」や「あしの数」や「育ち」をするのでしょうか？

（どの「こん虫」もそうかな？と掲示）
・クモはあしが８本だよ。
うーん，クモは昆虫でしょうか？（クモと書き，（？）マークをつける。）
・ムカデにはあしがたくさんあるよ。（ムカデと書き，（？）マークをつける。）
・ダンゴムシは，体が３つに分かれていないよ。
うーん，ダンゴムシは，昆虫といえるでしょうか？（ダンゴムシと書き，（？）マークをつける。）

10. それでは，ワークシートの○の中に自分が調べたい虫の名前を書きましょう。
11. 次に，その虫の何について調べてみたいのか「の」の後につなげて書いてみましょう。この図を参考にしてください。（少しだけ時間をとる）
12. それでは，代表の人に発表してもらいます。新しい拡大した５角形の図 掲示
・ダンゴムシの体のつくり
・ダンゴムシのあしの数
・ダンゴムシの育ち
・ダンゴムシの食べ物
・ダンゴムシの飼い方　　　（拡大した５角形の図にマジックで記入していく。）
13. さて，次に自分が調べたい順に番号をつけます。
14. あなたは，どのことを一番知りたいですか？
・ダンゴムシのあしの数です。
15 それはどうしてかな？
・昆虫はあしが６本といったけど，ダンゴムシには，もっとたくさんあしがあったような気がするからです。
16. そうかあ，じゃあそのことについて調べてみようね。調べたいことを，文にします。（拡大した５角形の図の下に，「ダンゴムシのあしは，何本か？」と書く。）
17. このように，語尾を「か？」にして文を作ると，調べたいことが，はっきりします。（「か？」を赤マジックで囲んで，強調する。）
18. みなさんも，一番調べてみたいことを一つ，文にしてみましょう。
19. 今日は，自分が一番調べたいことが見つかりましたね。
20. 調べたいことを見つける時は，このように図を使って，絞り込みます。の を使うと考えやすくなります。そのあとに，「か？」を使った文にすると調べたいことがより明確になります。これで「調べたいことを見つけよう」の授業を終わります。

出所：静岡市立水見色小学校（当時）池谷聡美先生の授業より

図8-3　「調べたいことをみつける」ときの授業の流れ

（1）マンダラート

マンダラート[注1)]は，発想したことを可視化するための１つの方法である。まず，「３×３の９」のセルを用意し，中央のセルに共通テーマを書く。まわりの８つのセルには中央の共通テーマからイメージしたことや関連した言葉などを入れていく。次に８つのセルから１つのセルを選び，新たな「３×３の９」セルの中央に書く。そのことばからイメージしたことや関連した言葉などを周りの８つのセルに入れていく。これを何度も繰り返す。９つのセルを何回繰り返しても構わないので，自分の好きなときに止めることも再度続けることもできる（図8-4）。

こなもん	食の都	関西弁
秀吉	大阪	お笑いの文化
淀川	USJ	２つの空港

⇒

	淀川	

出所：今泉浩晃著『超メモ学入門マンダラートの技法―ものを「観」ることから創造が始まる』日本実業出版社，1988（筆者がマンダラートを使用した例を作成）

図8-4　マンダラート

注１）今泉浩晃氏により，発想したことを可視化するための方法として1987年に考案されたものである。

(2) ウェビング

ウェビングは，ある共通テーマに対して知っていることがらや関心のあることがらを線で結んでいく方法である。児童生徒が書いたものを見ると，共通テーマから多方面に線が出ているものと，共通テーマから出た線から枝分かれしながらもどんどん深めていくものとがある。同じ共通テーマでも，児童生徒により体験や知識，興味の度合いが異なっていることから，多様なウェビングが出来上がる。頭の中にあることを可視化することで，自分の興味がどこにあるのかを知ることができることに加え，友達との情報交換も可能になる。

自由に広げていく方法とは別に，共通テーマに対して，あらかじめ必要な用語を記入しておき，そこから知っていることがらや関心のあることがらを線で結んでいく方法もある。例えば，大阪府が共通テーマである場合は，そのまわりに「地形」「気候」「歴史」「産業」「交通」などの用語を記入しておき，そこから書き進めていく（図8-5）。

カテゴリーの限定はあるものの，基本的な知識の習得途上である児童生徒にとっては，共通テーマに対して自分の得意な面だけを深く書いていくだけでなく，多方面から書き始めることができるという長所がある。加えて，自分がよく知っていたりよく調べていたりする分野には多くの言葉や線があるが，そうでない分野は空白であることから，さらに深めたい分野ともう少し下調べが必要な分野などが見て取れることも長所であろう。一方，事前に用語が記入されていることで，発想が限定されることも考えられる。教員は，目的や発達段階を考慮して使い分ける必要がある。

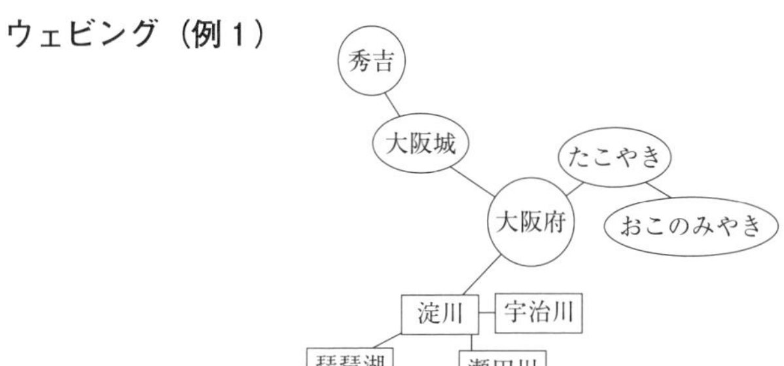

1　知っていることを書く　⬭印
2　大阪に関する本の目次を見て興味のあることを書き加える　▭印
3　全体の中から調べたいことを決める

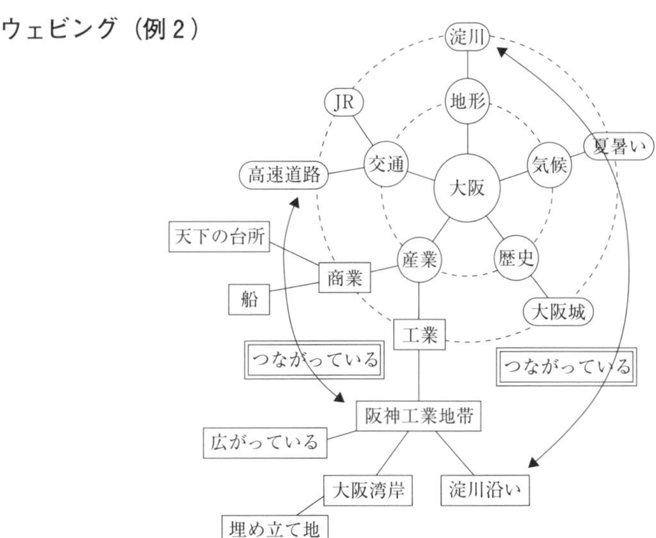

1　イメージをもつための用語を記入する　○印（事前に教師が入れても可）
2　それぞれの用語から知っていることをつなげて書く　⬭印
3　大阪に関する本の目次を見て興味のあることを書き加える　▭印
4　全体の中から調べたいことを決める　⧈印

※ここでは調べたいことを決めるので，目次を見る程度でおさえておく。詳しく中味まで調べるのは情報の収集の過程とする。

図8-5　ウェビングの使用例

(3) ブレーンストーミング

ブレーンストーミングは，アレックス・F・オズボーン氏によって考案された会議の仕方の1つである。あるトピックから思い浮かぶことをできるだけ多く自由に出し合う方法である。ブレーンストーミングでは，多様なアイデアを出すことに主眼が置かれている。

ブレーンストーミングでは，各自が思いついたことをカードや付箋に書くことから始めるのが一般的である。カードや付箋は動かすことを考慮し，1枚に1つのことを書くようにする。書き終えたらそれらをホワイトボードや紙の上に似たものは重ねたり違うものは離して置き，出し合った後に線でつなげたり輪で囲ったりしていく。この過程において，カードや付箋を出しながらその理由を述べたり，線や輪を書きながら関係を説明したりすることを通して，単なる思いつきであったことが調べていきたいことや考えたいことへと発展していく。

学校現場では，教員が示した共通テーマに対して，自分の興味関心のあることや今後調べてみたいことなどをはっきりさせる1つの方法として，ブレーンストーミングが行われている。

(4) KWL シート

学校現場では共通テーマに対して，基本的な知識や体験の少ない児童生徒が興味をもって取り組むことができるように，単元の導入段階で様々な工夫をしている。講師に講演を依頼したり，映像や写真を見せたり，体験活動を行ったりする場合がそれに当たる。興味をもつためには，ある程度の知識や体験も必要であるからだ。

また，学校図書館も，この一端を担っている。児童生徒が共通テーマの概要を把握するための情報源を，学校図書館が提供できるからである。

例えば，導入段階では，教員が読み聞かせやブックトークを行ったり，リサーチガイドで紹介したり，児童生徒が百科事典などの参考図書で調べたりする方法がある。教員が読み聞かせやブックトークを行うことにより，児童生徒は図書を手に取りやすくなる。教員に適切な図書を紹介したり，単元に合わせた展示をしたりすることは，教育課程と蔵書についての両方の知識がある司書教諭にとって，重要な役割である。

リサーチガイドとは，共通テーマに関連する情報源を資料リストとして整理したものである。情報源には，百科事典などの参考図書の該当項目名，Web ページの URL，新聞記事の検索語などがある。学校によっては毎年同じ共通テーマを扱うこともあるので，リサーチガイドを作成しておくと便利である。

このような多岐にわたる活動そのものが「広げる」ことであるため，児童生徒は新しい刺激をシャワーのように受けることになる。このような活動後に自分の知りたいことを可視化する方法として，KWL シートが便利である（図8-6）。K・W・L に分けることにより，自分の「問い」がどこにあるのかが見えてくる。

K: What I know　知っていること
W: What I want to know　知りたいこと・疑問に思うこと
L: What I learned　学んだこと

K 知っていること	W 知りたいこと 疑問に思うこと	L 学んだこと

図8-6　KWL シート

4 問いを立てる

高等学校では，教員が共通テーマを設定せずに生徒自身が問いを立てることを重視した探究的な学習が行われ始めている。共通テーマがないところから生徒が自分のテーマをどのように決めているのだろうか。

まず，テーマを決める段階においてかなりの時間を費やしている。高校２年生の総合的な探究の時間を担当している山﨑勇気先生（清教学園高等学校）は，１年間のうち１学期はテーマの設定に時間をかけていると言う。この授業は，山﨑先生自身を含め３人の教員で担当し，年間を通してキャリアに基づいたSDGsに関係するテーマでの探究を行っている。１学期に行っていることは次の通りであり，これらの項目の進捗状況を生徒が毎月提出し，教員はコメントを書いてフィードバックしている。教員のフィードバックは，生徒に返すだけでなく一覧にして生徒全員と学校司書が見ることができるようにしている（図8-7）。

図8-7　教員のフィードバックを生徒が閲覧している様子

○研究テーマ　とりあえずキーワードを書く　そして疑問文で書く
○参考文献　何冊借りたのか（読んだのか）
○進捗状況　テーマに関わる研究ピース（引用文，コメント，出典を書いて，グループごとデータとして保存）を何個書けているのか
○夏休みのフィールドワークの予定
　何をするのか（実験，統計調査，インタビューなど）
○困っていることや悩んでいること
　本を探せない，ぴったりの情報がないなど

次に，テーマに関わる研究ピースを集めるために，生徒はサポートを生かしながらテーマを決めていく。具体的に次のようなサポートがある。

図8-8　選書された図書資料をもとに研究ピースを書く生徒

○学校司書によるテーマに関する図書の選書（図8-8）

学校図書館には，研究テーマに関する図書が揃えられている。学校司書から提供された図書の目次を見ながらグループで取り上げたキーワードについて調べ，研究ピースに引用している。

○先輩の研究テーマの一覧や論文の保存

先輩の論文のタイトルや論文本体はデータで保存されており，生徒はいつでも閲覧可能できる。

○教員による対面での相談（図8-9）

教員は資料の目次を見せながらグループの関心事と資料の用語ををつないでいくことを心がけている。

対話の際，「エネルギー」「環境問題」「宇宙開発」のように，現在よく見聞きすることを選んでいる生徒には，教員が生徒自身との関わりを尋ね，どうしてそのことが関心事なのかを生徒自身が言語化するようなやりとりを意識している。その一方で，具体的

図8-9　目次を示しながらグループへの支援を行う教員

なことから関心事を選んでいる生徒には，上位概念へと視座を上げていくやりとりを心がけている。

このように，探究を生徒が主体的に進めることができるように，テーマの設定に時間をかけることを重視し，さらに教員や学校司書のサポート体制と学習環境を整備した上で総合的な探究の時間が進められている。

5 情報探索の計画を立てる

（1）情報探索の計画を立てるには

課題（テーマ）の設定できたら，必要な情報・資料を探索するためにはどのような情報源があるのか，それはどこにあるのか，どのようにして入手したらいいのかを考える。

しかし，情報探索の計画を立てるときに，常に学校図書館を使うとは限らない。インタビューしたりアンケートをとったりして人に聞くことで情報を得ることも多い。さらに，実験・観察をして自分で確かめデータを得ることもある。

小学校では，各教科等の学習において，いくつもの情報収集の方法を体験している。例えば，３年生では基本的なインタビューの仕方，百科事典の使い方，４年生ではアンケートの取り方，５年生では年鑑の使い方，やり取りの重なるインタビューの仕方など，多岐にわたっている。また，社会科では見学，理科では観察や実験，これらもすべて情報収集の方法である。

調べる方法を整理すると，「①読んで調べる方法」「②人に聞いて調べる方法」「③自分で確かめる方法」の３つに分けられる。そこで，このような体験を経た小学校高学年，または中学校１年時に，調べる方法を整理しておくと良い。

① 読んで調べる方法として，印刷媒体のものと電子媒体のものがある。印刷媒体のものには，図書，雑誌，新聞，ファイル資料などがあり，電子媒体のものには，CDやDVD，インターネット，百科事典や新聞記事などのデータベースなどがある。

② 人に聞いて調べる方法として，インタビューやアンケートなどがある。

③ 自分で確かめる方法として，実験，観察などがある。

テーマ
淀川はどのような使われ方をしてきたのか。

チェック	調べること	方法
	淀川はどこを通っているのか	地図帳
	淀川はどのような洪水を起こしたのか	淀川河川事務所

図8-10　調べる計画を立てるときに使うシート例

（2）情報探索の計画の立て方

３つに分類された調べる方法を一通り経験した年齢になると，自分の問いを解決するにはどの方法で調べるのがいいのかを選び，計画を立てることができる。小学生は，多様な調べ方を通して「問い」を解決していくことを体験的に学んでいる時期である。

そこで，３つの調べる方法を組み入れた計画表を用意しておくのも，１つの方法である。どのような調べ方をするのかが決まったら，どこへ行けば調べられるのかを考える。必要に応じて事前に電話連絡をしたり，手紙やメールなどでお願いしたりすることもある。また，お世話になったときはお礼を言うことも指導しておきたい。

中高等学校の生徒には，自分の問いを解決するに当たり，どのような方法で情報収集をするのか，それをどのように整理・分析するのかまで，探究の過程を見通した計画を立てる指導をする。

例えば，アンケートやインタビューを行う場合には，結果をどのように整理するのかまで決めておく。実験する場合は，予想や仮説を立て，実験の手順や準備物，実験結果をどのように整理するのかまで決めておく。読んで調べる場合は，どういう情報が必要なのかをあらかじめ整理しておく。例えば，基本情報を得る，用語を確認する，同じテーマで調べている先輩はいないかを調べる，数値で現状を把握する，反対意見を調べるなど，目的をもって情報収集できるような計画が必要になる。

そのためには，自分の問い（テーマ）に対して，向かう方向をイメージした「仮のゴール」が必要になる。仮のゴールが見えるようになるためには，テーマ設定段階での下調べやディスカッションを積み重ねることも効果的である。

なお，学年が上がると読んで調べる内容も増えるため，学校図書館を使って情報探索をする必要が出てくる。そこで，必要な情報・資料を探索するためには，どのような情報源があるのか，それはどこにあるのか，どのようにして入手したらいいのかなど，情報源の種類や探索方法の知識が必要になる。これについては，第９章で説明する。

6 まとめ

問いの立て方や言語化の仕方，情報探索の計画の立て方を学ぶとき，シンキングツールを使うことは，問いや計画を見える化・操作化・共有化するために有効である。その際，目的に応じたシンキングツールを選び，児童生徒の発達段階に留意して進める必要がある。

■ 理解を確実にするために

1 次の用語を説明しましょう。

① 「探究の過程」の４段階とはそれぞれどのような段階を示していますか。

② 「調べる方法」は，大別するとどのような方法がありますか。

2 次の問いに答えましょう。

「問い」を見える化するために，どのような手法がありますか。

■ 理解を深めるために

① 宅間紘一『はじめての論文作成術―問うことは生きること』日中出版，2008

② 佐藤浩章編著『高校教員のための探究学習入門（問いかけからはじめる７つのステップ）』ナカニシヤ出版，2021

③ 佐藤功編著『現場発！高校「総合探究」ワークを始めよう（教室と社会を結ぶ「探究」ワークシート＆指導書）』学事出版，2021

参考文献

①赤木かん子『お父さんが教える自由研究の書きかた』自由国民社，2009

②今泉浩晃『超メモ学入門マンダラートの技法―ものを「観」ることから創造が始まる』日本実業出版社，1988

③小笠原喜康・片岡則夫『中高生からの論文入門』講談社現代新書，2019

④塩谷京子『探究的な学習を支える情報活用スキル　―つかむ・さがす・えらぶ・まとめる―』公益社団法人 全国学校図書館協議会，2014

9　情報リテラシーの育成（2）情報の収集

塩谷京子

《目標＆ポイント》 課題の設定ができたら次は，情報を収集する段階に入る。情報を収集するためには，まず学校図書館の使い方やルールを知る必要がある。また，自分が必要としている情報にたどり着くための方法や集めた情報を手元に置く方法も知っておきたい。本章では，学校図書館のオリエンテーションから始まり，情報の集め方と記録の仕方について理解を深める。
《キーワード》 オリエンテーション，分類，目録，情報探索，参考図書，ファイル資料，情報カード，要約，引用，目次，索引，インタビュー，アンケート

1　学校図書館を活用する

学校図書館は「教育課程の展開に寄与する」ことから，公共図書館とは機能面で異なった位置づけをされている。学校図書館は，読書センター，学習センター，情報センターとしての機能をもち，それらの機能を使える利用者を育てるためにも，入学時や年度当初に行われるオリエンテーションでは児童生徒の実態に合わせた実施が必要になる。

一般的には，学校図書館での約束（ルール）や図書館資料の分類などの指導が行われている。しかし，どこにどのような資料があるのかを知っただけでは，各教科等でレポートの提出などの課題が出されたとしても，書き上げることは難しいだろう。このような情報リテラシーを身につけていくことも含めてオリエンテーションを計画的に行うことが望

ましい。

（１）学校図書館オリエンテーション　―小学校―

小学校１年生には，学校図書館との出合いを大切にしたい。１年生に丁寧にオリエンテーションを行うことは，学校図書館の使い方を身につけるだけでなく，公共物である本を大切にする態度を養ったり，読書に親しむ態度を培ったりすることにもつながるからである。

１年生には，約束や本の借り方・返し方を教えることに加え，読書に親しみながら本の扱い方や本の探し方なども，計画的継続的に指導したい。

具体的な指導内容には以下のようなものがある。

○「がっこうのとしょかんには」
　学校の図書館にいる人，学校の図書館にあるもの
○「ほんとなかよし」
　学校の図書館の約束，本の扱い方
○「ほんのなかまわけ」
　ラベルの見方，分類番号を使った探し方

小学校３年生になったら，自分で図書館資料を探せるようになりたい。日本十進分類法（NDC）（図9-4）や，目次・索引などを使って必要な情報にたどり着く方法を体験的に学ぶ授業を組み立てたい。

小学校５年生以上になったら検索用端末を使う方法を取り入れることにより，多様なキーワードを使って必要な情報にたどり着くことが可能になる（図9-1）。

図9-1 **小学校のオリエンテーションの様子**（タブレット端末を使って本を探す授業）

（2）学校図書館オリエンテーション　—中学・高等学校—

多くの中学校や高等学校では複数の学校から生徒が集まるため，入学前までの学校図書館での体験や学びが異なる。生徒が培ってきた知識や技能の差が，入学した学校でのプレゼンテーションやレポートの仕上がりの差にならないためにも，入学時のオリエンテーションの内容を吟味し工夫して組み立てたい。

高等学校でも小学校と同じように，約束，借り方・返し方，分類などを年度当初に学ぶ。しかし，それだけでは，「問い」の答えを導くことはできない。どのようにリソースを使えば，自分の問いの答えにたどり着くのかを習得するために，複数の情報源を使いながらメディアの使い分けを体験的に学ぶ授業などが行われている（**図9-2**）。

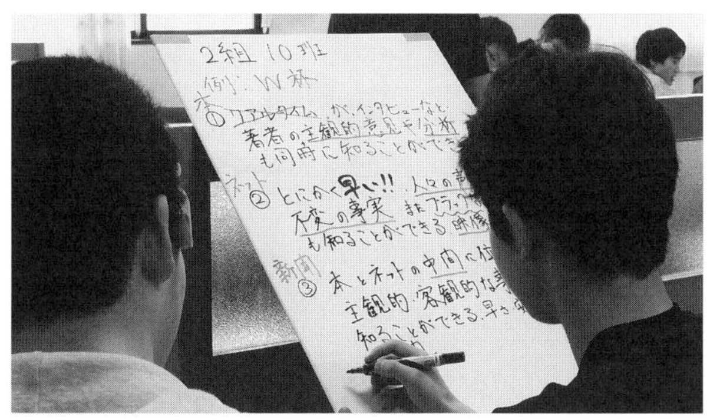

図9-2　**高等学校のオリエンテーションの様子**（複数の情報源を使いながらメディアの使い分けについて体験的に学ぶ授業）

2　情報・資料の探索

(1) 学校図書館のメディア

学校図書館は「学校の教育課程の展開に寄与する」ために，様々なメディアを収集している。さらに，多様なメディアから必要な情報源を取り出しやすいように，学校図書館の資料は組織化されている。

学校図書館のメディアには印刷メディアと電子メディアがある。印刷メディアには，図書（一般図書，参考図書），逐次刊行物（雑誌，新聞など），ファイル資料（パンフレット・リーフレットなど）などがある。電子メディアには，CD，DVD，VTR をはじめ学校自作のコンテンツなどがある。

ファイル資料とは，新聞や雑誌などの切り抜きを台紙に貼り，件名を付与して引き出しなどに五十音順に並べたり，表題を付けてファイリングしたりして探しやすくしたものである（図9-3）。ファイル資料には，

図9-3 ファイル資料例

新聞・雑誌の切り抜き，パンフレット，リーフレット，ポスター，写真，市町村の広報紙などがある。総合的な学習の時間や社会科など，地域を題材として学習するときに学校独自のファイル資料を作っておくと便利である。ファイル資料は地域資料の他に，世界で話題になっている今日的な課題など図書では集められない情報の収集にも役立つ。

作成したファイル資料を組織化するためには，形や大きさをそろえること，件名を付与することが必要である。ファイル資料の大きさは様々であるが決まった大きさの台紙に貼ると形がそろうので使いやすくなる。台紙の大きさは，収集する種類や収納するものによって異なる。また，件名，日付，出所を台紙の決まった場所に記すようにすると，台紙1枚にひとつの件名となり児童生徒が記事を探しやすくなる。

パソコンやタブレット端末は学校図書館になくてはならないものになってきている。これらを使って児童生徒は，CD・DVD などの電子資料を見たり，Web 検索をしたりすることが多い。電子資料には市販のものと各学校などで作成したコンテンツがある。最近では，Web 検索だけでなく，中学・高校向けの事典や辞典などの総合データベースや新聞記事データベースを取り入れる学校図書館も増えてきている。

（2）参考図書と一般図書

参考図書は一般図書に対する用語であり，調べるための本の総称である。学校図書館の資料は原則として日本十進分類法（NDC）で整理しているが，参考図書には別置記号（例：R など）をつけて，参考図書コーナーを設置している学校もある。

課題の設定後，資料の探索（図書館で資料を探すこと）にとりかかると，多くの生徒は一般図書の書架で資料を探そうとする。資料が見つかったらその中から必要な情報を抜き出してノートに書き写す様子を見かけることがある。そうではなく，自分の問いを文で表したら，問いの文中で用いたキーワードをまずは参考図書を使って調べてみたい。概要を知ったり全体像が見えたりすることで，大枠からそれない探索ができるからである。

小学生が参考図書を使う目的は大きく２つある。１つは，自分で決めたテーマや自分の問いに関する用語の確認のためである。そのとき，定義を示しことがらを簡潔にまとめてある子供用百科事典が役立つ。百科事典を引くことが習得され習慣化されると，定義に対して敏感になり，ものごとの概念と用語をつなげることができるようになる。もう１つは，統計情報の収集のためである。そのとき，年鑑や統計書が役立つ。現在，小学校の国語の教科書には，百科事典の引き方，年鑑の使い方などが掲載されている。

中高校生になり，百科事典，年鑑や統計書の使い方がわかると，目的によって自分で参考図書を選ぶようになる。オリエンテーションでは，今までの体験を整理しながら目的に合わせた参考図書の選び方を学ぶ時間を組むと，各教科等の授業で利用することができる。

目的と使用する参考図書は，以下の通りである。

①問いに関する用語の確認のため
- ことばを調べるときに→国語辞典，漢字辞典，ことわざ辞典
英和辞典，和英辞典，現代用語辞典
- ことがらを調べるときに→百科事典（オンライン百科事典），図鑑，
ハンドブック
- 人物を調べるときに→人名事典
- 場所を調べるときに→地図，地名事典
- 特定分野のことがらを調べるときに→専門事典

②統計情報収集のため
- 1年間に起きたできごとを調べるときに→年鑑
- 人数や件数などの数値を調べるときに→統計書
- 政府が公式に発表する報告書の内容を知りたいときに→白書

3 情報・資料の探索のためのツール

（1）分類と案内表示（サイン）

調べることの概要がわかったところで，わかっていることとわからないことを整理し，必要な資料の探索をはじめる。そのときに必要なのが，分類と案内表示（サイン）の知識である。

学校図書館の本も公共図書館と同じく日本十進分類法（NDC）で分類されている（表9-1）。NDCとは，すべてのことがらを0から9の数

表9-1　日本十進分類法（NDC）区分表

000 総記
- 010 図書館，図書館情報学
- 020 図書，書誌学
- 030 百科事典，用語索引
- 040 一般論文集，一般講演集
- 050 逐次刊行物，一般年鑑
- 060 団体，博物館
- 070 ジャーナリズム，新聞
- 080 叢書，全集，選集
- 090 貴重書，郷土資料

100 哲学
- 110 哲学各論
- 120 東洋思想
- 130 西洋思想
- 140 心理学
- 150 倫理学，道徳
- 160 宗教
- 170 神道
- 180 仏教
- 190 キリスト教，ユダヤ教

200 歴史
- 210 日本史
- 220 アジア史，東洋史
- 230 ヨーロッパ史，西洋史
- 240 アフリカ史
- 250 北アメリカ史
- 260 南アメリカ史
- 270 オセアニア史，両極地方史
- 280 伝記
- 290 地理，地誌，紀行

300 社会科学
- 310 政治
- 320 法律
- 330 経済
- 340 財政
- 350 統計
- 360 社会
- 370 教育
- 380 風俗習慣，民俗学，民族学
- 390 国防，軍事

400 自然科学
- 410 数学
- 420 物理学
- 430 科学
- 440 天文学，宇宙科学
- 450 地球科学，地学
- 460 生物科学，一般生物学
- 470 植物学
- 480 動物学
- 490 医学，薬学

500 技術，工学
- 510 建設工学，土木工事
- 520 建築学
- 530 機械工学，原子力工学
- 540 電気工学
- 550 海洋工学，船舶工学，兵器，軍事工学
- 560 金属工学，鉱山工学
- 570 化学工業
- 580 製造工業
- 590 家政学，生活科学

600 産業
- 610 農業
- 620 園芸，造園
- 630 蚕糸業
- 640 畜産業，獣医学
- 650 林業，狩猟
- 660 水産業
- 670 商業
- 680 運輸，交通，観光事業
- 690 通信事業

700 芸術，美術
- 710 彫刻，オブジェ
- 720 絵画，書，書道
- 730 版画，印章
- 740 写真，印刷
- 750 工芸
- 760 音楽，舞踊，バレエ
- 770 演劇，映画，大衆芸能
- 780 スポーツ，体育
- 790 諸芸，娯楽

800 言語
- 810 日本語
- 820 中国語，その他の東洋の諸言語
- 830 英語
- 840 ドイツ語，その他のゲルマン諸言語
- 850 フランス語，プロバンス語
- 860 スペイン語，ポルトガル語
- 870 イタリア語，その他のロマンス諸言語
- 880 ロシア語，その他のスラブ諸言語
- 890 その他の諸言語

900 文学
- 910 日本文学
- 920 中国文学，その他の東洋文学
- 930 英米文学
- 940 ドイツ文学，その他のゲルマン文学
- 950 フランス文学，プロバンス文学
- 960 スペイン文学，ポルトガル文学
- 970 イタリア文学，その他のロマンス文学
- 980 ロシア，ソビエト文学，その他のスラブ文学
- 990 その他の諸言語文学

字に納める方法である。10ではひとつのかたまりが大きすぎるので，それをさらにまた10に分け，さらにまた10に分けというように，細かくしていくことができる。はじめの大きな分類を第１次区分，次を第２次区分，その次を第３次区分，または，類，綱，目という（図9-4）。例えば，446は，４「理科・算数・動植物（自然科学)」のなかの，４「天文学」のなかの６「月」ということになる。446は月に関する本につけられる分類記号であり，読むときは，「よんよんろく」と読む。

本を探すときは，探したい分類記号の本がどの辺りの書架にあるのかの目星をつける必要がある。まず，図書館の配置図（ライブラリーマップ）を見て書架の位置を確かめる（図9-5）。次に，書架の横に貼ってあったり上に置いてあったりするサイン（図9-6）を見ながら，棚を探す。そして，本の背表紙の下の方に貼ってあるラベルを見ながら，目当

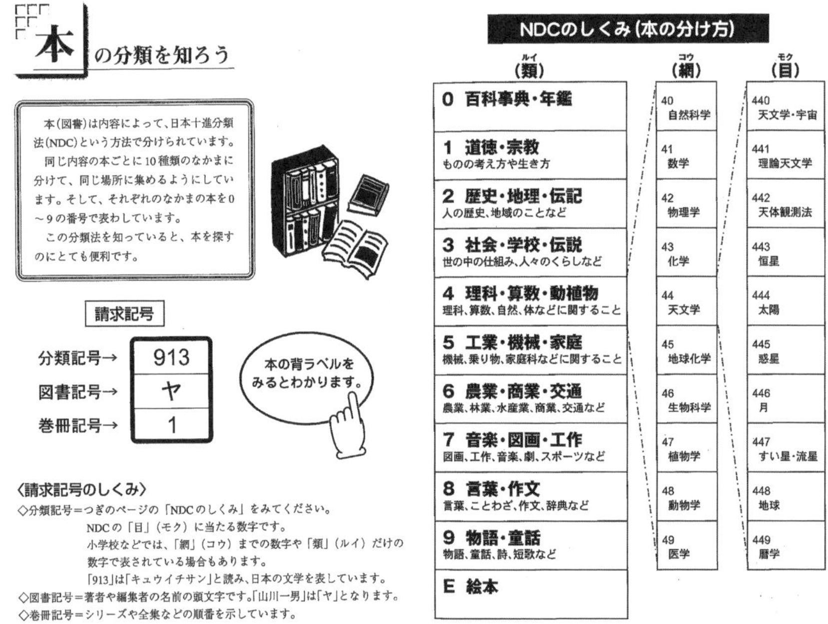

出所：藤田利江『学校図書館支援シリーズ①このまま使える学習ガイド』図書館流通センター，2008，pp.2-3

図9-4　日本十進分類法

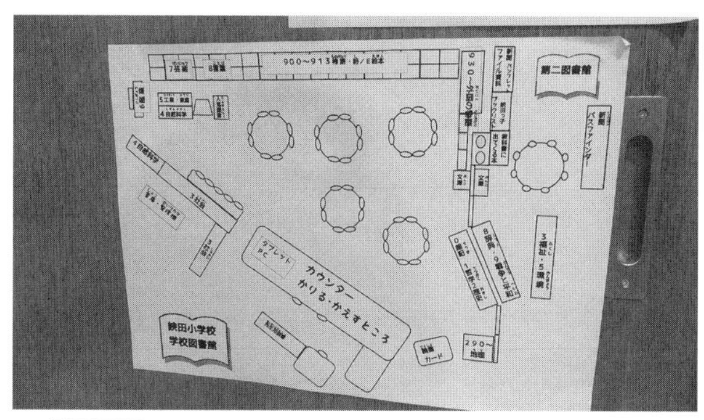

図9-5　図書館の配置図（ライブラリーマップ）

図9-6　サイン

ての本にたどり着く。

ラベルは3段に分かれており，上段は「分類記号」，中段は「図書記号」（著者名の姓の頭文字），下段は「巻冊記号」（シリーズ者の巻数や年次）が書かれており，これらをまとめて請求記号という（**図9-4**）。

年度当初に行われるオリエンテーションで扱われる「図書館の分類」を，児童生徒は幾度も学んでいる。小学校1年生の入学時では，たくさんの本がただただ並んでいると思っている児童が，本には決められた

「部屋」（置かれている場所）があることを理解するところから始める。学年が進むに連れて，分類体系のもとに整理されていることが見えてくる。さらに，参考図書があることや，目的に応じた参考図書の選び方なども学ぶ。このように，学校では発達段階に合わせたオリエンテーションが行われている。

（2）図書館資料の検索ツール

図書館には，所蔵目録がある[注1]。以前は図9-7のようにカードに記入したものを図書館で保管し，検索時に役立てられていた。最近では，オンライン所蔵目録（OPAC: Online Public Access Catalog）を使って，所蔵されている資料を検索するのが一般的である。

キーワードを考え，OPACに入力すると，検索結果を見ることができる。そこには，請求記号，件名，内容紹介，著者紹介，目次などが書かれている。請求記号には，分類記号，図書記号，巻冊記号などが記されている。分類記号は図書館資料のある場所を示すことから，図書館の

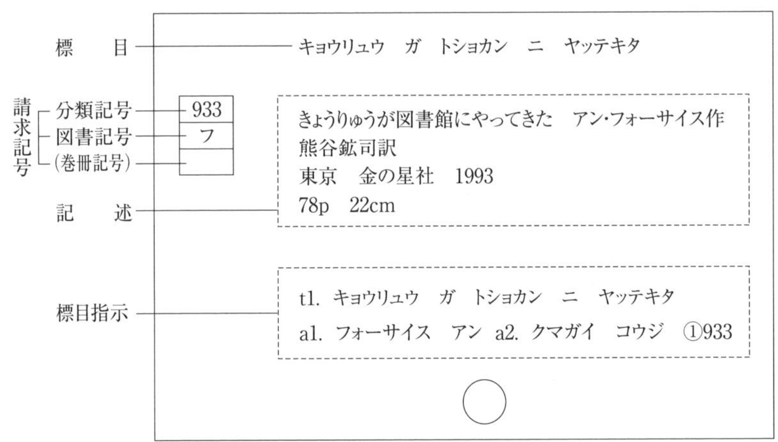

図9-7　カードに記入した所蔵目録の例

注1）所蔵目録とは，図書館にある資料を記録したものである。最近では，所蔵目録を図書館内の端末で検索することはもとより，ホームページ上に公開し，どこからでも検索できるようにもなっている。このようにパソコンを使って検索できるシステムをOPACと言う。

配置図，案内表示（サイン）をたどっていくと請求記号が貼ってある本に行き着く仕組みになっている。

（3）サーチエンジン

サーチエンジンとは，インターネット上で公開されている情報を検索するためのシステム，または，システムを提供するWebサイトのことである[注2)]。単語やフレーズを入力すると情報にたどりつくため，手軽で便利な検索方法である。そのため，情報収集の手がかりを見つけたい最新の情報が欲しいときには役立つ場合が多い。その一方で，検索結果が膨大であるため，信頼できる情報を選び出すのは容易ではない。信頼できる情報が欲しときには，参考図書が役立つ。

サーチエンジンと参考図書には，それぞれに長所と短所があることから，特徴を理解し，目的に応じて使い分ける必要がある。

4　読むことによる情報収集

（1）目次と索引を使う

図書館はインターネットとは異なり，必要な情報へ直行できない。まずは，調べたい内容の本を探す（探索する）ための知識（サインや分類など）が必要である。探し当てたら次は，調べたい内容が本のなかのどこに書かれているのかを特定して情報を取り出す知識を必要とする。そ

注2）総務省の「国民のための情報セキュリティサイト」では，「情報発信の際の注意」として，「著作権侵害に注意」というタイトルで，インターネット上のホームページで電子掲示板などに掲載されているほとんどのものは誰かが著作権を有しており，これらを権利者の許諾を得ないで複製することや，インターネット上に掲載して誰でもアクセスできる状態にすることなどは著作権侵害にあたると，注意を促している。（https://www.soumu.go.jp/main_soshiki/joho_tsusin/security/enduser/attention/01.html　2021年1月8日参照）サーチエンジン（例えば『Google』『Yahoo! JAPAN』など）を使って検索した情報は，インターネット上で公開されているとは言え，著作権があることを授業で扱っておきたい。

のために，目次と索引が役に立つことを小学校のうちから学ぶ。

目次は，本の内容をまとまりごとに分けてその見出しを並べたものである。本の全体を把握したり，調べたい内容をまとまりの中から探したりするときに便利である。索引は，本文に含まれていることがらを，五十音順またはアルファベット順に並べたものである。目次ではどのまとまりに入るのかがわからないことがらであっても，索引を使えば探すことができる。

目次・索引の初期指導においては図鑑が役立つ。図鑑は絵や写真を中心に説明されているのでわかりやすく，どのページからでも興味のあるところから見ることができる。また，左右２ページで完結されていることが多いので，ひと目で把握しやすい。

まず，図鑑の背表紙を見てどういう分野のことがらが載っているのかを想像することから始める。「昆虫の図鑑にはひまわりはのっているかな」「トンボは？」という簡単なやりとりを通して，昆虫，植物などの

チュウ目・コガネ
……………89
……………155
ウ目・コメツキム
……………97
……………157
ミチョウ科）
……………35
ョウ科）
…………23・43
チョウ科）

モンキチョウ（チョウ目・シロチョウ科）
Colias erate ……………21
モンキモモブトハナアブ（ハエ目・ハナアブ科）
Pseudovolucella decipiens ……………156
モンクロシャチホコ（チョウ目・シャチホコガ科）
Phalera flavescens ……………57
モンシロチョウ（チョウ目・シロチョウ科）
Pieris rapae ………20・18.19.210.後ろ見返し
モンシロドクガ（チョウ目・ドクガ科）
Euproctis similis ……………52
モンスズメバチ（ハチ目・スズメバチ科）
Vespa crabro flavofasciata ……………113
モントガリバ（チョウ目・トガリバガ科）
Thyatira batis ……………60

ヤ

ヤエヤマイチモンジ（チョウ目・タテハチョウ科）

出所：ニューワイド学研の図鑑『昆虫』学研プラス，2018，改訂版第22刷，p.231より

図9-8　図鑑の索引例

まとめたことばがあることをおさえていく。発達段階に合わせて，目次にも大見出しと中見出し，小見出しがあることを学ぶ。そうした上で，図鑑の背表紙や目次にはどんなことばが書かれているのかを探してみると，そこには上位語と下位語があることを理解できるようになる。

次に，目次で探せないときには索引を使う。索引を引いてみると，ただページ数だけを表しているのではないことがわかる。**図9-8**は，図鑑の索引である。記載されているページは１つではなく，表記されているすべてのページが索引には載っているということを意味している。あるページのみを濃く表すことで一番詳しく書かれていることを示したり，写真や絵が載っていることを記号で示したりなど，索引には多くの情報が詰まっている。

このように，目次・索引は，必要な情報にたどり着くために，先人が見つけ出したツールである。その便利さを児童生徒が実感する学習を組み立てたい。

(２) 百科事典を引く

百科事典は，１行目に定義が書かれており知りたいことが簡潔にまとめられているので，調べようとすることがらの全体像を把握するのに便利である。百科事典の引き方は２通りある。

１つは，「背」「つめ」「柱」を見ながら探す方法である。まず，調べたいことがらの最初の文字がどの巻にあるのかを探すために「背」を見る。次に，調べたいことがらが小口のどの「つめ」に当たるのかを確認してページを開ける。その次に，柱を見ながらページをめくって探す（**図9-9**）。もう１つは，巻末の索引を使って探す方法である。百科事典は１冊そのものが索引になっていることが多い。百科事典の索引を引くと，調べたい項目名がどの巻のどのページに載っていることがわかるだ

1 みなさんこんにちは。
3年生になって理科という新しい教科が始まりました。理科では，モンシロチョウの観察をしましたね。そして，観察してわからなかったことを本で調べました。
2 モンシロチョウについて調べた時，どんな本を使いましたか。
・モンシロチョウの本
・昆虫の図鑑
3 そうですね。いろいろな本を使って調べました。理科のほかにも社会や毛筆といった新しい勉強が始まります。
音楽では，「リコーダー」という楽器を使い始めます。
　＊リコーダーを見せる
リコーダーってどのように演奏するか知っていますか。
・知ってる
・吹くと音が出る
・穴があいているところを押さえて吹く
4 よく知っていますね。
吹き方のほかに知っていることはありますか。
・・・・・
5 リコーダーについてもっと詳しく知りたいとき，どうしたら良いですか。
・音楽の教科書を見る。
・音楽の先生に聞く。
・本で調べる
6 そうですね。
もっと知りたいときには，人に聞いたり本で調べたりします。
リコーダーについて図書館の本で調べる時はどんな本を使いますか。
・・・・・
7 ちょっと難しいですね。
図書館には，モンシロチョウのこともリコーダーのことも調べられる本があります。
それが，百科事典です。
今日は百科事典の使い方について勉強していきましょう。
　＊紙「百科事典の使い方」を貼る
8 ここに百科事典があります。
　＊百科事典ポプラディアを提示
何冊ありますか。
・11冊
9 そうですね。11冊あります。でも，本当はこれで1冊です。
　＊ポプラディアで示す。
これを一冊にまとめてしまうと，重くて運べません。
だから，調べやすいように分けてあります。
この1つずつを「巻」と言います。
　＊1巻をもつ

10　さっそく「リコーダー」について調べましょう。
何巻を使いますか。
・10巻
11　そうですね。
ここを本の背と言います。背を見ると，五十音が書いてありますね。
百科事典は，五十音順に言葉がのっています。
10巻には，「む」で始まる言葉から「ん」で始まる言葉までのっています。
リコーダーは「り」で始まるので，10巻です。
このように，まず背を見て，巻を選びます。
12　では，10巻のどこにのっているのでしょうか。
反対側を見ます。ここを小口と言います。
いろいろな色が付いていますね。
初めの言葉ごと，色が違っています。
小口の色のついている所を，爪と言います。
「む・め・も・や・ゆ・よ・ら・り」とみて，８番目の爪を選びます。
小口を見て，爪を選びます。
13　リコーダーはこの爪の前の方ですか。後ろの方ですか。
・二番目の文字がコだから前の方
14　そうです。二番目の文字が「コ」だから前の方を適当に開きます。
開いたところのページにのっている最初の項目の４文字がここに，最後の項目の４文字がここに書かれています。これを柱と言います。
柱を見て，載っているページを探します。
15　このページにリコーダーはのっていますか。
・のっていない
もっと前ですか。後ろですか。
・後ろの方
16　後ろを見ます。
・あった
17　ページが決まったら，一つずつ項目名を見て探しましょう。
リコーダーは写真があったので，すぐに見つかりました。
10巻の185ページに載っていました。
18　百科事典は
1　背を見て巻を選ぶ
2　小口を見てつめを選ぶ
3　柱を見てページを探す
4　項目名を探す
このような順序で調べます。
19　もう一度百科事典を見てください。
10巻に「ん」で始まる言葉までのっています。
11巻は何が書いてあるのでしょうか。
わからない時は，「背」を見ます。

20　なんと書いてありますか。
　・索引
21　索引とはなんですか。
　・本にのっている言葉が全部出ている。
　・五十音順に書かれている。
22　そうです。(11巻をもって開きながら)
　だから，あから始まってどこを開いても言葉が書いてあります。
　そして，わ・んでおしまいです。
　ということは，「リコーダー」も載っているということですね。
　探してみましょう。
　　＊11巻を置く
　・あった
23　何と書いてありましたか。
　・⑩　185
　・10巻の　185ページのことだ
　・写もかいてある
24　写は写真がのっているという意味で，⑩は巻を185はページを表しています。
　さっき調べた時，10巻の185ページに載っていましたね。
25　よく見ると他にも書いてあります。
　・管楽器
　・縦笛
　・木管楽器
　・矢印
26　この矢印は，この項目にも「リコーダー」のことが書かれていますという印です。
　本当でしょうか。引いてみましょう。
　管楽器の項目を調べてみるとリコーダーの文字がありました。
27　このように，索引を使ってリコーダーを調べると，
　リコーダーの項目が出ている巻とページがわかるだけでなく，
　リコーダーという言葉が書かれている他の項目までわかります。
28　次にこの楽器（タンバリン）を調べてみましょう。
29　索引で引いてみましょう。
　この楽器はタンブリンとも言いますが，
　正しくはタンバリンだということがわかります。
30　このように索引を使うと，巻とページがすぐわかるだけでなく，
　関連項目がわかったり，正しい項目名がわかったりします。
　だから百科事典で調べる時，索引も使ってみましょう。
31　これで「百科事典の使い方」の勉強を終わります。

図9-9　「百科事典の引き方」の授業の流れ（静岡市立賤機南小学校（当時）青木依子先生の授業より）

けでなく，「をみよ」，「をもみよ」，「→」などの記号で関連項目が示されていることもある。実際に引いてみると，関連する知識を得る便利さを実感することができる。

百科事典は小学生から大人まで，利用者にあったスタイルで出版されている。中学生や高校生で成人向けの百科事典を利用できるようにするためには，小学生からの利用が大切である。また，オンライン百科事典も出ており，キーワードを入力するだけで必要な情報を得ることができる。動画や音声などによる説明があることや，定期的に更新されるため新しい情報も組み入れられていることが，印刷媒体の百科事典にはない特徴である。

（3）参考図書を使う

中学・高等学校の図書館では，一般図書とは別に参考図書が別置されている場合が多い。参考図書はカウンターの近くに置き司書教諭や学校司書がレファレンスに応じやすくしているのが一般的である。

参考図書を使った情報探索は，中学・高等学校の各教科等で調べ学習を進めて行く上で必要不可欠であり，司書教諭や学校司書の出番でもある。

修学旅行の行き先（この場合「京都」とする）の調べ学習をする光景をよく見かける。まず「京都」について調べたいことが載っていそうな本を一般図書から探し本を開いて必要な情報を見つけたり，インターネットで検索したりして，ノートやカードに書くという手順で行われていることが多い。

しかし，すぐに一般図書を探したりインターネットで検索したりしないで，「京都」を参考図書である百科事典で引いてみるとどうなるだろう。生徒は知らないことばの多さに驚く。また，「京都」に関する新聞記事を読んでみるとどうなるだろう。生徒は調べなければわからないことがたくさん出てくることに気づく。知らないことばや調べなければわからないことを課題として投げかけることにより，生徒はどんな本で調べたらいいのかを考える。このときに役立つ本が参考図書であることを生徒は体験を通して実感する。このような体験の積み重ねが，参考図書を手に取ることにつながるのである。

（4）使用するメディアを目的に応じて選ぶ

より詳しい資料を集めたいときには，学校図書館だけでは不十分な場合がある。自分の住んでいる地域ではどんな資料をどんな場所で集めることができるのかを把握しておくと，広い範囲から資料を集めることができる（表9-2）。

表9-2　文献のある場所とそこで集められる文献の例

文献のある場所	集められる文献
学校図書館	学校の歴史，県史，市史，地域の昔話
公共図書館	広報誌，地域雑誌，経済白書，農業白書，古文書，県史，市町村史
博物館	地域の遺跡から発掘されたもの，写真
市役所（区役所）	市政要覧，防災マップ，住宅地図
観光協会	観光パンフレット，観光マップ

5　聞くことによる情報収集

（1）インタビューの初期指導

聞かなければわからないことに出合ったときに，児童ははじめて知っていそうな人に聞いてみること（インタビュー）の必要性を感じる。しかし，小学校の低学年の児童が大人に向かって話をしたり，大人が話すことのポイントを聞き取ったりするのは難しい。

そこで，インタビューの初期指導では，聞きたいことを質問形式の文にしてカードに書いておくこと，質問する相手から１つだけを答えてもらうことを押さえたい。カードに質問が書いてあると安心してインタビューができることに加え，うまくインタビューできなかったときはカードを見せても構わないからだ。児童がインタビューすると大人はたくさんのことを答えようとする。知識の少ない児童はたくさん答えられても吸収できないことが多い。そういうときは，児童から「１つだけ教えてください」と言うのが効果的である。これができるようになったら，あいさつをすることやお礼をいうことも練習してインタビューに臨みたい。

（２）アンケートとインタビュー

初期指導後，インタビューの経験が多くなってくると答えに対してさらにインタビューを重ねていきたくなる。知りたいことが多くなったり深くなったりするからだ。その場合には，アンケートという方法も使われている。

アンケート用紙の構成要素は，「依頼文」「フェイスシート」「質問」の３つである。それぞれの構成要素の中に入れておきたい項目がある。「依頼文」には，自己紹介，アンケートの目的，回答を依頼する文章，連絡先を入れる。さらに，個人情報には配慮するとの一文を忘れずに書く。「フェイスシート」では，回答者の年齢（学年）や性別などの属性を尋ねる。回答者が簡単に記入できるように選択肢を作る。「質問」の作成の手順として，調べたいことを考え，自分が回答者としたらどのような答えがあるのかを考える。回答方法として「自由記述式」「選択式」がある。回答者の負担をなくすためにも，できるかぎり選択式にするようにする。最後にお礼の文章を書くことも忘れないようにしたい。

アンケートの質問のところをインタビュー形式で行うこともある。その場合も，アンケートを作成する手順で質問を考える。インタビューの回答に対してさらに聞きたいことがあるときは，何を詳しく尋ねたいのかが相手に伝わるように話す。また，相手の話に耳を傾けうなずきながら聞くことが大切である。

インタビューのときの記録の取り方として，メモをとること以外に，録音，動画撮影などがある。これらを使う場合は事前に許可を得ることがマナーである。

また，インタビューを行うときには事前に依頼することが多い。その場合は，電話，手紙，電子メールなどで，訪問日時，目的，人数，内容などを伝える。終了後には，礼状などで感謝の気持ちを伝えることも大切にしたい。特に，小学生が初対面の人と電話で話すのは難しい。電話は相手の顔が見えないので，伝えたいことが伝わっているのかがわかりにくい。そこで，伝えたいことをメモしておくこと，ゆっくり話すことなど，電話をかけるときに必要なスキルを事前に身につけておくとよい。

6 記録する

(1) 情報源

資料の中から探している情報を見つけたら，それを自分のファイルやノートに抜き出しておく必要がある。その資料は，もう一度探すことがあるかもしれない。さらに，自分が見つけた情報を友だちが探したいと言うかもしれない。そこで再度資料を探し出せるために，書名，著者名，発行者名，出版年などを記録する習慣をつける。

初期指導では，奥付が意味していることの理解が難しいため，表紙に記載されている本の題名と出版社の名前を記録する。最低その２つを特定できれば，再度資料を探すことができることも加えて教えたい。

初期指導後は，奥付の意味を理解した上で，情報源を記録することができるようになる。著者の位置には，編著者，監修など様々な表記がされており，これらはすべて本に対する責任表示を表している。

（２）要約と引用

レポートや論文などを書くときに，「この情報は役立つだろう」と思う場合がある。情報を記録しておく方法として，ノートや情報カードなどに要約，抜書きすること加え，切り抜きやコピーをして下線を引いたりマーカーで印をつけたりする方法もある。

要約は要点をまとめることで，抜書きは丸写しすることである。レポートにまとめるときには，要約したものか，抜書きしたものか，それとも自分の考えなのかをはっきりさせておくことが必要である。

その際，注意することがある。著者の考えをコピーして自分のファイルに綴じたりノートに抜き書きいたりしておくのは構わないが，新聞やレポートを書くときやプレゼンテーションをするときに，ほかの人が書いた文章をあたかも自分が考えたかのように書いてはいけない。これを，著作権の侵害という。

そこで，著者の考えを引用する場合には，「　」で引用部分をくくること，「　」は正確に写すこと，出典を明記する約束があることを教えたい。出典の書き方として，レポートの場合は，最後にまとめて書く方法と引用した文章や図表の後ろに書く方法がある。プレゼンテーションの場合は，引用した文章や図表のあるスライドの中に書くようにする。また，作品によっては利用が制限されているものもあるため，ほかの人の作品を自分のレポートやプレゼンテーションの中で扱う場合は，配慮が必要である。

（3）情報カードを使う

情報カードは，集めた情報を手元に置きたいときに，小中学校でよく使われている方法である。

初めて情報カードに出合う小学校低学年には，「問い」（調べたいこと）と「答え」（調べたこと）を正対することから始めたい（図9-10）。小学校低学年の児童は，疑問や知りたいことが山のようにある。しかしながら，自分の問いを文にしたり，その答えを本から導き出したりすることは，意外と難しい。そこで，本を読みながら「初めて知ったことを情報カードに書いてみよう」と投げかける。

	名前
調べたいこと	
調べたこと	
情報源	

図9-10　初期指導で使用する情報カード（筆者作成）

例えば，図鑑を見たときに，コアラはユーカリの葉を食べていることを初めて知ったとする。情報カードの答えの欄には，「コアラはユーカリの葉を食べる」と記入する。そこで，「この答えの問いの文を考えてみよう」と促す。子供が「何を食べるのか」と答えたら「食べるのは誰？」と問いかける。このようなやりとりを通して，子供は「コアラは何を食べているのか」という文ができるようになる。それを，問いの欄に記入する。

こうすることで，問いと答えを正対させたり，疑問詞を入れた文で問いを書いたりすることに留意して，情報カードに書くようになる。よって，情報カードの大きさもＢ５用紙の半分ほどの大きさで十分である。

「問い」（調べたいこと）と「答え」（調べたこと）が正対するようになったら，次の段階に進む。どのようにして情報を集めたのか，要約したのか引用したのかなどを意識して情報カードを書きたい。そこで，あらかじめ情報カードにこれらのことを記入しておき，児童生徒が○をつけるようにしておくと便利である（図9-11）。項目については，感想を加えたり，カードに通し番号を入れたり，わかったことを考察という用語に変えたりするなど，児童生徒の実態に合わせて数種類作成し，印刷して学校図書館に常備しておくと，使い勝手がよい。

学年が進み，情報カードの書き方が身に付いてくると，問い（調べたいこと）の疑問詞が多様になってくる。時を知りたいときには「いつ」，場所を知りたいときには「どこで」，誰かを知りたいときには「だれが」，目的を知りたいときには「何を」，理由を知りたいときには「なぜ，どうして」というように，欲しい情報と疑問詞は結びつきやすい。

これらに対し，どのように（どんな）を使う頻度は，学年が進むに連れて増えていくものの，調べた内容は漠然とした記述に陥りやすい。そこで，「どのような」の次にくることばを意識して加えさせると，調べることが明確になってくる。児童生徒がよく使う用語として，どのよう

情報カード　　年　　月　　日

年　　組　　番　名前（　　　　　　　　）

課題 ☆課題は文で書く	
調査結果 ・要約 ・引用 ・アンケート ・インタビュー ・見学 ・実験 ・観察 ☆いずれかに○をつける	
わかったことや疑問	
出典☆本やインターネットで調べた時に必要	書名： 著者名：　　　　発行者名： 発行年：　　　　調べた頁：

図9-11　情報カードの作成例（筆者作成）

な種類，どのような方法，どのような様子，どのような特長，どのような仕組み，どのような順序，どのような工夫，どのような原因，どのような影響，どのような対策などがある。年齢に合わせて使うことが望ましい。

このように情報カードを書く活動は，習得した情報リテラシーを活用する場となる。各教科等の学習だけでなく，ノーベル賞受賞など，大きなニュースがあった機会を利用して数日間連続して情報収集を行うと，問いと答えが正対した情報収集を日常生活と結びつけるきっかけとなる。

7 まとめ

情報の収集段階での学びには，学校図書館利用指導として従来から積み重ねられてきた内容や，学校司書のもつ専門的な知識など，学校図書館だからこそ生かすことのできるの利点が多々ある。

現在多くの学校で行っている年度当初のオリエンテーションの時間をより有効に使うため，また，その前の段階である「課題の設定」における問いに対する答えを導くため，さらには，その後の段階である「整理・分析」や「まとめ・表現」を見通すためにも，情報の収集段階での学びを重要視したい。

理解を確実にするために

1 次の用語を説明しましょう。

①「請求記号」には何が書かれていますか。

②「NDC」とは何ですか。

③「参考図書」はどのような目的で使いますか。

2 次の問いに答えましょう。

学校図書館では，どのような手順で本を探しますか。ライブラリーマップ，サイン，請求記号の用語を使って説明しましょう。

理解を深めるために

① 佐藤敬子『楽しく進める学び方の指導　中学校司書教諭のあゆみ』公益社団法人 全国学校図書館協議会，2016

参考文献

①赤木かん子・塩谷京子『しらべる力をそだてる授業！』ポプラ社，2007

②塩谷京子『すぐ実践できる情報活用スキル50　学校図書館を活用して育む基礎力』ミネルヴァ書房，2016

③藤田節子『新訂第３版　図書館活用術情報リテラシーを身につけるために』日外アソシエーツ，2011

④藤田利江『学習に活かす情報ファイルの組織化（学校図書館入門シリーズ　10)』公益社団法人 全国学校図書館協議会，2004

⑤山本順一『補訂版　新しい時代の図書館情報学』有斐閣，2016

10　情報リテラシーの育成（3）整理・分析

塩谷京子

《目標＆ポイント》 情報収集後は，手元に情報が数多く集まる。目的に応じて，これらを整理したり分析したりするのが整理・分析の段階である。本章では，主に比較・分類・関係付けの仕方について理解を深める。
《キーワード》 比較する，分類する，関係付ける，多面的にみる，シンキングツール

1　はじめに　―整理・分析の過程の概観―

情報収集後は，情報が手元に数多く集まる。収集した情報（事実や結果）を分析しやすいようにするのが「整理」，整理された情報をもとに比較・分類・関係付けなどして，何が言えるのかを読み取り解釈する（特徴や傾向をつかむ）のが「分析」の過程である。

整理の方法として，調査の仕方により，「文献調査結果」「アンケート・インタビュー・見学結果」「実験・観察結果」の３種類に情報を分ける場合がある（第９章参照）。また，収集した情報の種類により，「量的なデータ」（数量の大小で示す）と「質的なデータ」（種類別などで示す）の２種類に分ける場合もある。

分析の方法として，ものごとを「数量」で読み取り特徴や傾向をつかむ場合と，ものごとを「数量以外」で読み取り特徴や傾向をつかむ場合がある。

(1) ものごとを「数量」で読み取り，特徴や傾向をつかむ

ものごとを数量で読み取るときに，目的に沿った方法を選択する必要がある。例えば，変化を数量でとらえたいときには折れ線グラフ，分布を数量で見たいときにはヒストグラム，数量で比較したいときには棒グラフ（項目ごとのデータの差を比較）・円グラフ（各項目の全体に対する割合を比較）・箱ひげ図（散らばりをもつ２つ以上のデータを比較）などを使用する。また，関係を数量で見たいときにはクロス集計表や散布図，数量で推定したいときには標本調査（サンプルから母集団を予測），検定をしたいときにはｔ検定（２つの母集団の平均値に差があるのかを判定）などが用いられる。

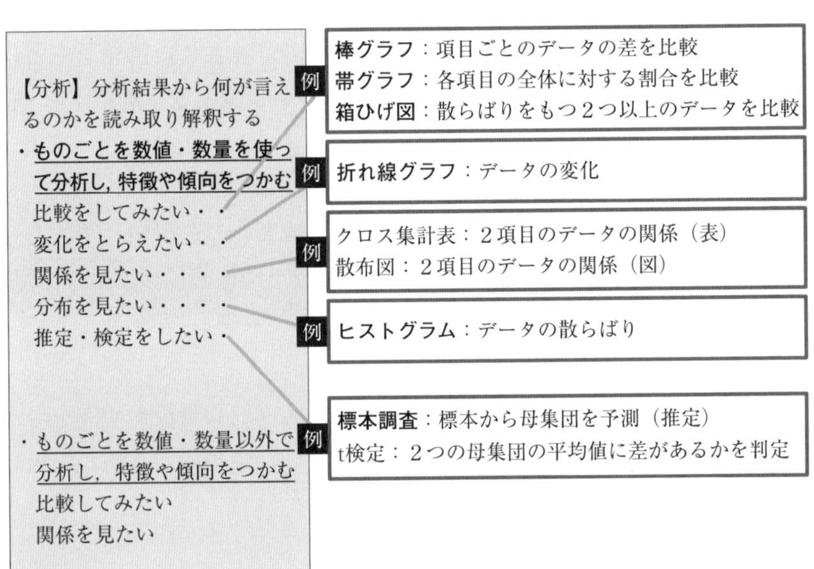

図10-1 ものごとを数量で読み取り特徴や傾向をつかむときの目的と使用するグラフの例（筆者作成）

（2）ものごとを「数量以外」で読み取り，特徴や傾向をつかむ

ものごとを数量以外の内容で読み取り，特徴や傾向をつかむ場合も，目的に沿った方法を選択する必要がある。例えば，比較をして読み取りたいときにはベン図やマトリクス表，分類して読み取りたいときにはXチャートやYチャートなどを使用する。また，関係づけて読み取りたいときにはコンセプトマップ（概念地図法）などが用いられる。

本章では，ものごとを「数量以外」で読み取り，特徴や傾向をつかむための具体的な方法を紹介する。

2　「考えよう」から「考えることを教えよう」

（1）情報と情報の関係

学習指導要領国語の「知識及び技能」には，「情報と情報の関係」に関する記述が小中高等学校を通して系統的に示されている（文部科学省，2017，2018）[注1]。

小学校

［第1学年及び2学年］

ア　共通，相違，事柄，の順序など情報と情報との関係について理解すること。

［第3学年及び4学年］

注1）「小学校学習指導要領（平成29年告示）　中学校学習指導要領（平成29年告示）　第2章各教科　第1節国語　第2各学年の目標及び内容　2内容［知識及び技能］（2）話や文章に含まれている情報の扱い方に関する次の事項を身に付けることができるようにする」（文部科学省　2017），「高等学校学習指導要領（平成30年告示）第2章　各学科に共通する各教科　第1節国語　第2款各科目　第1現代の国語　第3論理国語　2内容［知識及び技能］（2）話や文章に含まれている情報の扱い方に関する次の事項を身に付けることができるようにする」（文部科学省，2018）において系統的に示されている。

ア　考えとそれを支える理由や事例，全体と中心など情報と情報との関係について理解すること。

イ　比較や分類の仕方，必要な語句などの書き留め方，引用の仕方や出典の示し方，辞書や事典の使い方を理解し使うこと。

［第5学年及び6学年］

ア　原因と結果など情報と情報の関係について理解すること。

イ　情報と情報の関係付けの仕方，図などによる語句と語句との関係の表し方を理解し使うこと。

中学校

［第1学年］

ア　原因と結果，意見と根拠など情報と情報との関係について理解すること。

イ　比較や分類，関係付けなどの情報の整理の仕方，引用の仕方や出典の示し方について理解を深め，それらを使うこと。

［第2学年］

ア　意見と根拠，具体と抽象など情報と情報との関係について理解すること。

イ　情報と情報との関係の様々な表し方を理解し使うこと。

［第3学年］

ア　具体と抽象など情報と情報との関係について理解を深めること。

イ　情報の信頼性の確かめ方を理解し使うこと。

高等学校

第1　現代の国語

ア　主張と論拠など情報と情報との関係について理解すること。

イ　個別の情報と一般化された情報との関係について理解すること。
ウ　推論の仕方を理解し使うこと。
エ　情報の妥当性や信頼性の吟味の仕方について理解し使うこと。
オ　引用の仕方や出典の示し方，それらの必要性について理解を深め使うこと。

第３　論理国語
ア　主張とその前提や反証など情報と情報との関係について理解を深めること。
イ　情報を重要度や抽象度などによって階層化して整理する方法について理解を深め使うこと。
ウ　推論の仕方について理解を深め使うこと。

（下線筆者）

小学校，中学校，高等学校の順に見ていくと，「情報と情報の関係」について系統立てられていることがわかる。特に，「ア」では，児童生徒がどのような「情報と情報の関係」を理解するのかについて，具体的な関係が示されている。

（2）考えるための技法

「小学校学習指導要領（平成29年告示）総合的な学習の時間　第２　各学校において定める目標及び内容　第３　指導計画の作成の内容の取扱い」（文部科学省　2017）では，以下のように示されている。

第２　各学校において定める目標及び内容
３　各学校において定める目標及び内容の取扱い

（6）探究課題の解決を通して育成を目指す具体的な資質・能力については，次の事項に配慮すること。

イ　思考力，判断力，表現力等については，課題の設定，情報の収集，整理・分析，まとめ・表現などの探究的な学習の過程において発揮され，未知の状況において活用できるものとして身に付けられるようにすること。

第3　指導計画の作成と内容の取扱い

2　第2の内容の取扱いについては，次の事項に配慮するものとする。

（2）探究的な学習の過程においては，他者と協働して課題を解決しようとする学習活動や，言語より分析し，まとめたり表現したりするなどの学習活動が行われるようにすること。その際，例えば，比較する，分類する，関係付けるなどの考えるための技法が活用されるようにすること。

（下線筆者）

総合的な学習の時間では，「他者と協働して課題を解決しようとする学習活動や，言語より分析し，まとめたり表現したりするなどの学習活動」を行うことが示され，そのときに，「例えば，比較する，分類する，関係付けるなどの考えるための技法が活用されようにすること」（下線筆者）とある。ここでは，どのようにして考えるのかという「考えるための技法」を活用することが記されていることに注目したい。例として，「比較して考える」「分類して考える」「関係付けて考える」が出されている。これらの用語は，前出の「（1）情報と情報の関係」で引用した学習指導要領の中でも，繰り返し出てきている。

では，「比較して考える」「分類して考える」「関係付けて考える」などの考えるための技法を児童生徒の側から見てみよう。

何枚もの情報カードを集めたからこそ見えてきたもの，それが意見である。しかしながら，情報を集めただけでは意見を導くことは意外と難しい。意見を導くには，集めた情報を分類したり，比較したり，関係付けたりする必要がある。このようなことを児童生徒に取り組んでほしいときに，担当の教員は「～を考えてみよう」「～を考えよう」と投げかけることが多い。「考えてみよう」と言われたら，手が止まったり黙ったりする児童生徒がいるだろう。児童生徒は「考える」ことを促されても，どうやって考えるのかが見えないからだ。児童生徒は考えることができないのではなく，考えるための技法を知らない（学んでいない）に過ぎない。

事実と事実を観点をもとに「比較する」ことで，情報を収集しているときには見えなかった共通点や相違点が見えてくる。集めた段階では別々である事実と事実も，「関係付けて考える」ことで，気づきが生まれ自分の意見を見出すことができる。「比較して考える」「関係付けて考える」などのように，どのようにして考えるのかという技法を知っていれば，集めた事実から意見を見出すことが可能になる。考える技法を知っていたら，自分でどの技法を使って考えたらいいのかを選ぶこともできる。

（3）シンキングツール

頭の中で考えたことは見えない。考えたことを見えるようにするためには，可視化するための図が必要になる。その図のことを「シンキングツール」と言う[注2)]。シンキングツールに似たものとして，教員はよく

注2）黒上晴夫教授（関西大学）は，思考スキルの育成や運用に焦点をあてたベン図やイメージマップなど，考えることを支援する20のシンキングツール®と，4つの思考を促す方法について，活用場面や活用方法，活用の手順などを解説した教材を公開している。（http://www.ks-lab.net/haruo/index.html）

ワークシートを作成する。ワークシートは教員が独自で作ったもので汎用性が少ない。シンキングツールは既に社会で出回っており，多くの人が知っている。そのため，いつでもどこでも使うことができる。互いに何のために使っているのかを想像することも可能である。

「比較する」ことにより，相違点や共通点が見える。相違点はそれぞれの特長となる。それぞれの特長を見たいときには，マトリックス表がよく使われる。また，１本の線を引くだけでも左右に分けて違いを記入することもできる。相違点と共通点の両方の特長を見たいときには，ベン図（図10-3）が便利である。

「分類する」ことにより，類ごとに分けるための視点が見える。類ごとに見出しをつけることで，ばらばらの情報が整理される。Ｘチャートや Ｙチャート（図10-2）を使って分類したり，付箋紙やカードに書いたものを仲間ごとに集めてグループ化し，それぞれのグループに名前をつけたりする。学校図書館も０－９の数字で分類されている。

「関係付ける」ことにより，一見関係のなさそうなことが意味をもってつながるようになる。関係付けるときには，キーワードとキーワードを輪で囲んだり，線と線で結んだりする。関係付けることを，教科書には「照らし合わせる」「つなげる」と表記されている場合もある。ばらばらのキーワードがつながることにより全体が見えてくることから，主張が見えたり予想を立てたりすることができる。コンセプトマップ（概念地図法）（図10-5，図10-6）などを使うと可視化できる。

「多面的にみる」ことにより，多様な視点やものの見方，価値観などに出合う。多面的に見るときは，事前にどういう見方があるかを確かめた方が可視化しやすい。例えば，小学校の生活科では五感を大切にする。ひとつのことを目で見るだけでなく，耳で聞いたり，鼻でにおいを嗅いだりするなど，多面的にとらえることで，ものの見方に広がりをもたせることができる。可視化するツールとしてくま手図（図10-7）が使われる。多面的な方向から原因や要因を見出すときにはボーン図（図10-8），ディベートで肯定と否定の両面から意見を作るときにはバタフライチャート（図10-9）が便利である。

このように情報を収集した後，整理・分析する段階で使う考えるための技法はいくつもある。また，考えたことを可視化するためのシンキングツールも多様にある。ここであげた考えるための技法は一部であることは言うまでもない。国語科の教科書には，「比べて考えましょう」などの表記が至る所にあり，そのための図表も事例として掲載されている。児童生徒に「考えてみましょう」ではなく，「比べて考えてみましょう」と投げかけることにより，どのようにして考えたらいいのかが見えてくる。考えるための技法に合ったシンキングツールを使う体験を小学生の段階から重視したい。

3 集めた情報を分類・比較する（仲間分けする・比べる）

「分類する」「比較する」ことは「仲間分けする」「比べる」という用語で，児童生徒は日常的に行っている。分類したり比較したりすることにより，情報を集めたときには見えなかった観点やそれぞれの特長，分けたものをまとめることばなどが見えるようになる。

（1）分類する

集めることが好きな児童にとって，「仲間分け」は集中して行う活動である。例えば，お店屋さんごっこをするときには，カードに書いた商品を自然に仲間分けし始める。種類ごとに分ける，値段で分ける，商品の大きさで分けるなど，観点をもって分けることができる。しかしながら，これを言語化するのは意外と難しい。そこで，分類するときには，「何で分けたのか」「それぞれどのような名前がつくのか」を，意図的に尋ねるとよい。例えば，ケーキやさんの場合は，種類で分け，それぞれにスポンジ，タルト，クッキーと名前をつける。この活動は，今後分類するときに，観点を見出したり，分けたそれぞれにラベリングをしたりするときに役立つ。

学年が上がるにつれ，集めたカードだけでなく分類の観点やそれぞれに付けたラベルも意味をもつようになる。例えば，身の回りのマークをカードに書いて集める活動の後にカードを分類する場合，分類の仕方をいく通りも見つけたがるため，前に分類した観点やラベルが残らない。そこで，Xチャート（図10-2）の上で分類し，分類した観点やそれぞれに付けたラベルをXチャート上に記入をしておく。別の分類方法を試したいときには，新たなXチャート上で行えばよい。このようにしてXチャートを使うことにより分類の足跡が残すことができる。もちろん，分類するときに常に用紙やカードを用意する必要はない。ノートにXと書けば，それでXチャートができあがる。

また，分類の観点も，見た目で分類，体験したことをもとに分類，知識をもとにした分類というように，成長とともに観点が変化していく。児童生徒の発達段階を考慮し，どのような観点で分類しているのかを見落とさないようにしたい。

(2) 比較する

「比べてみよう」というと，違いに目を向けやすい。「鉛筆の長さを比べる」「ケーキの大きさを比べる」ときには，長さや大きさの違いに目が向く。しかしながら，比較するときには違いが見えるのと同時に，共通点も見えることを確認しておきたい。また，違いをみるときには，「長

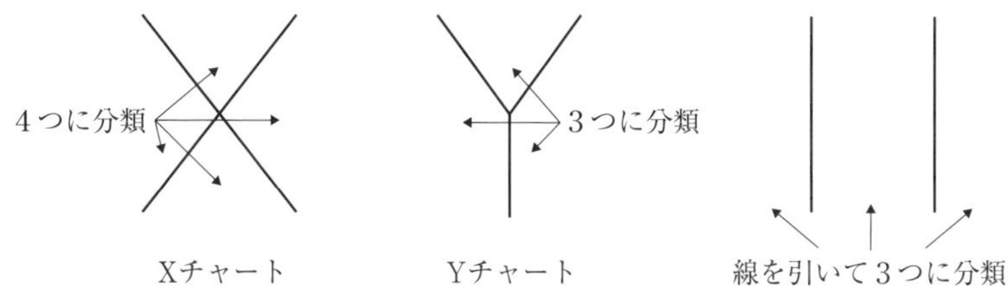

図10-2　分類するときに使うシンキングツール例

さ」「大きさ」などの観点が必要になる。

学年が上がるにつれ，外から見えることで比較しようとすることから，徐々に体験したからこそ比較できること，知識があるからこそ比較できることというように，比較できる範囲が広がってくる。例えば，モモとバナナを比較するときには，色や形の比較から始まり，食べたときの味や皮をむいたときの色，そして，産地や気候条件というように比較の観点が変化する。日常当たり前のように比較していることを，整理・分析するときに生かすとなると，このような指導が必要になってくる。加えて，可視化するためのツール（道具）として，マトリックス表，ベン図などを使うことにより，意見交換のときに相手に説明しやすくなるため，コミュニケーションのツールとしても利用度は高い。

中高校生になると，意見交換したことを図式化しながら話し合いを進めることができるようになる。高等学校の授業では，図書・新聞・インターネットの「向き」「不向き」を比較するときにマトリックス表を利用しているグループがあった（図10-3）。マトリックス表という比較して考えるときに用いるシンキングツールを使うことにより，グループでの話し合いを可視化できるだけでなく，見せながらプレゼンテーションを行うこともできる。

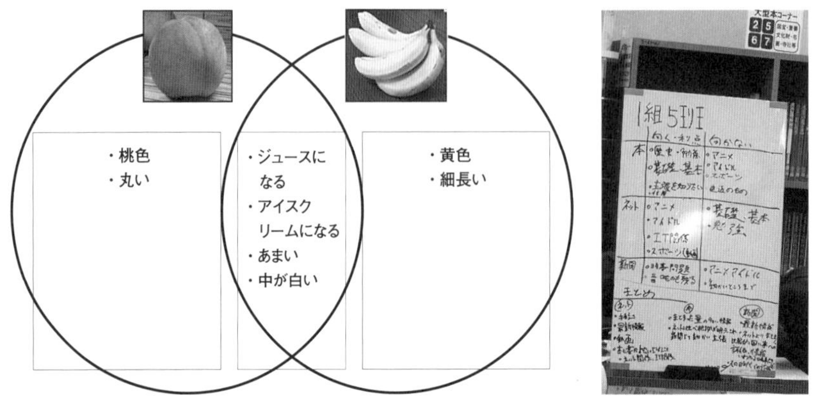

図10-3　ベン図，マトリックス表を使って比較して考える

4　集めた情報を関係付ける（つなげる）

つながりを意識するときの初期指導として取り組みやすいのが，お話の登場人物図鑑作りである（図10-4）。物語には登場人物が出てくる。彼らがどのような関係なのかを書くことで，人と人とのつながりに目が向くようになり，人物相関図を使って物語を紹介することもできる。また，知識が増え，語彙が豊かになってくると，一見異なることをつなげて考えるようになる。つなげて考えると，今までは見えなかったことに気づくことから，関係付けて考えることを好むようになる。

社会科では，都道府県の学習において，地形，気候，交通，産業などの観点をもって，地域学習を進める。

例えば大阪府の地形は，大阪湾に面して平野が広がっていること，大きな淀川が琵琶湖から大阪湾に流れていること，和歌山・奈良・兵庫の県境には山があることなど，地形というくくりのなかで必要な知識を習得していく。学習が進むにつれ，産業と地形，産業と気候，産業と交通

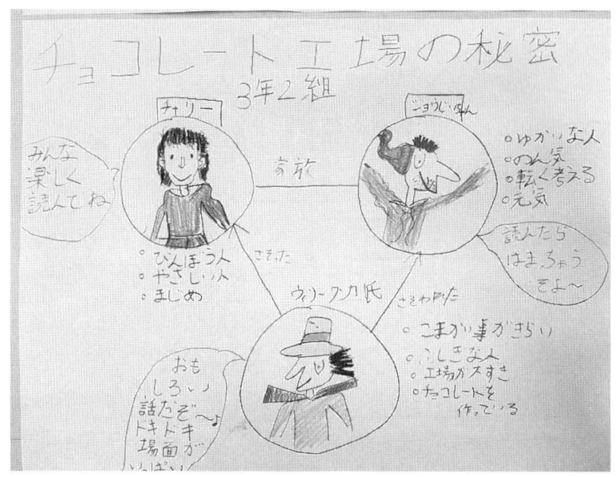

図10-4　登場人物図鑑の例

というように，一見つながりのなさそうなことがらを照らし合わせるようになってくる。

また，大阪府の高槻市で昔から高槻寒天が作られ続けているのには，地形や気候とのつながりが深いのではないかという予想を立てて，詳しく調べるようになる。このようなつながりを言語化していくときに，コンセプトマップが便利である（**図10-5**）。集めた情報カードから必要なキーワードを付箋紙に抜き出す。コンセプトマップに付箋紙を貼り，近いものは重ねたり近づけたりする。そうして，6つほどにまとめていく。まとめたときに新たに生まれたことばは，別の色の付箋紙に書いてもよい。キーワードとキーワードを線でつなぎ，見えたことを線上にフレーズや文で書く。

さらに，社会科や理科などの教科において学んだことを整理するために，コンセプトマップを使うこともできる（**図10-6**）。この図では，光合成の学習で学んだキーワードをもとに，線を使って結んだり囲ったり

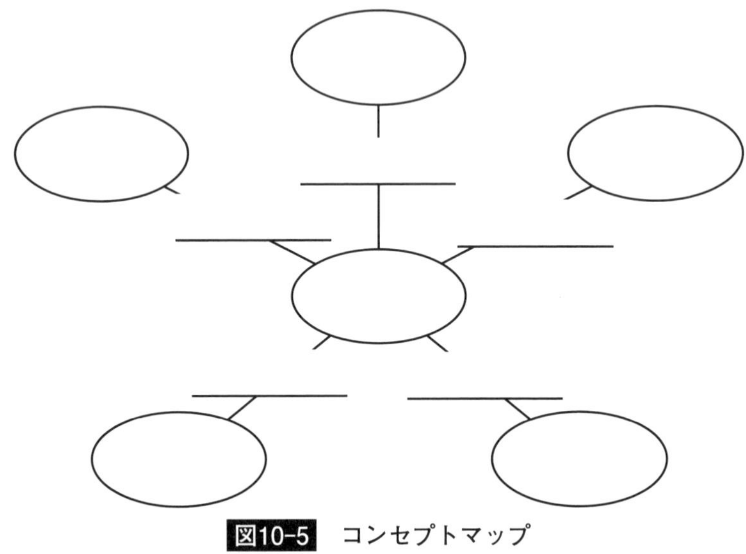

図10-5　コンセプトマップ

している。単なる線ではあるが，発達段階によって，多様なつながり方を表現することが可能になる。線はつながり（関係）を示す。片方の矢印は原因や結果を示す。両方の矢印は互いに因果関係があることを示す。さらには対立を示す線を引く場合もある。もちろん，関係するキーワードを線で囲んだりしても構わない。

キーワードとキーワードをつなげながら，コンセプトマップ全体を見渡したときに見えたことを欄外へメモしておくと，後で主張を作るときに役立つ。全体を俯瞰したり，部分ごとの詳細に目を向けたりすることを通して，キーワードを書いたときには見えなかったことが見えてくる。

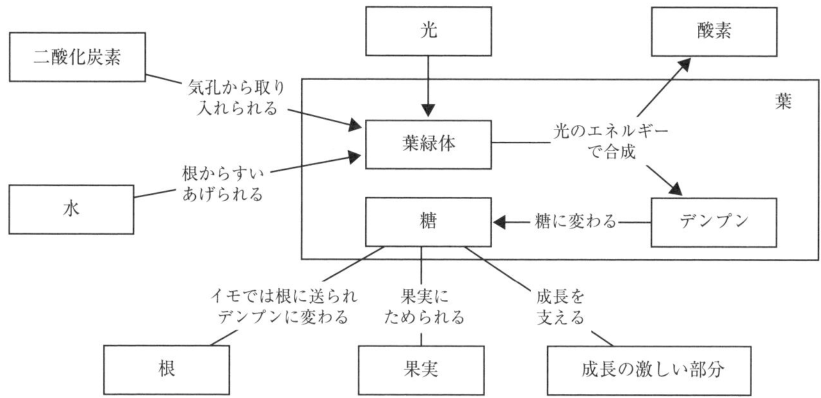

出所：黒上晴夫・小島亜華里・泰山裕『シンキングツール～考えることを教えたい～』NPO 法人 学習創造フォーラム，http://ks-lab.net/haruo/thinking_tool/short.pdf

図10-6　コンセプトマップの使用例（中学校理科）

5　集めた情報を多面的にみる（いろいろな方向からみる）

「多面的にみる」ことは，小学校低学年の生活科で学ぶ。五感を通して，生活科では自然と触れ合うからである。その時，多くの児童は目で見たことを発言する。そこで，多面的にみることを学ぶと，耳で聞いたり，鼻でにおいをかいだり，手でさわったりするなど，多面的に自然をとらえるようになる。「多面的にみる」ことを可視化するときに便利なのが，くま手図である（図10-7）。小学校低学年では，多面的というイメージはとらえにくい。「いくつかの方向からみる」「いろいろな方向からみる」などの言い方がわかりやすいだろう。多面的にみることを活用しながら，スピーチを行うこともできる。サイコロスピーチの事例を紹介しよう。

時期：長期の休みの後，学期をふりかえったときなどが，適切である。

準備：サイコロの面に，悲しかったこと，うれしかったこと，こわかったこと，笑ったこと，おこったこと，びっくりしたこと，などと書いておく。このサイコロをグループ分用意しておく。４人グループを作っておく。

手順：①１人（Ａさん）がサイコロをふる。「私のうれしかったことは～です」と１文話す。
②まわりの友達が質問をする。
③Ａさんは質問に答える。
④質問が終わったところでＡさんはスピーチを行う。

メモ：質問に答えているうちに，Ａさんは話すことが見つかってくる。スピーチの内容を多面的にみることができるようになる。日記の題材探しなどにも応用できる。

多面的にみるときのシンキングツールとして，ボーン図やバタフライチャートなども使われる。

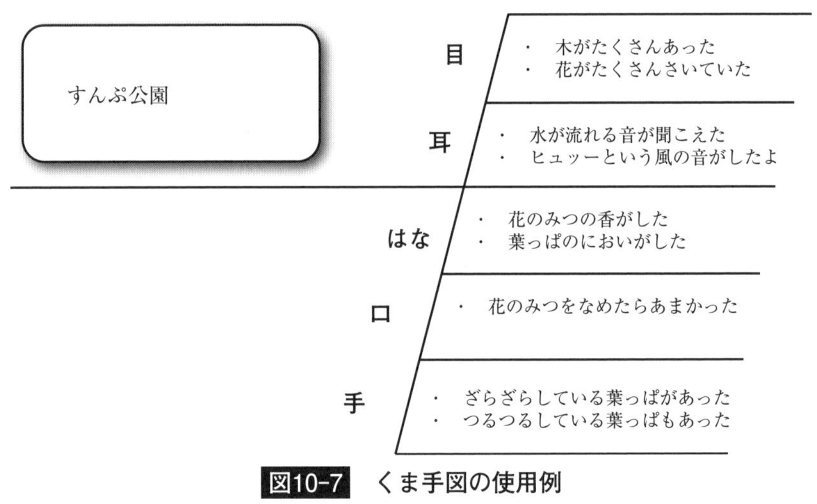

図10-7　くま手図の使用例

ボーン図を使うと，多面的な方向から原因や要因を見出すことができる。委員会活動で「図書館の来館者が減ってきたので増やしたい。読書月間があるのでアピール方法を考えたい（大骨になる）」が議題のときに，ボーン図を使う（図10-8）。はじめに，アピールする相手（中骨）をいくつか決める。例）①１年生に伝えること，②２，３年生に伝えること，③学校司書に伝えること，④先生方に伝えること。次に，それぞれの中でどういうことができるのかをさらに細かく考える。①の１年生に伝えることでは，上級生からのお勧めの本，去年の１年生が読んだ本のベスト10，１年生の様子を取材というように具体を記入する。すべてが記入できたところで，どれを行うのがより効果的なのかを選ぶ。このように，大骨，中骨，小骨と徐々に細かくしていくと，要因や原因が見つけやすい。

小論文やディベートなど反対意見を視野に入れて自分の意見や主張を

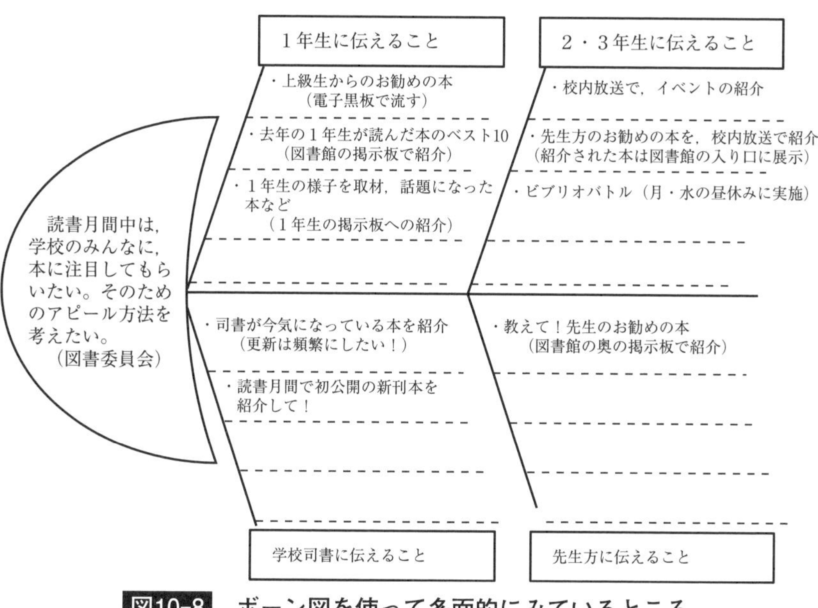

図10-8　ボーン図を使って多面的にみているところ

考えるときには，バタフライチャートが便利である（**図10-9**）。例えば「宿題は必要である」というトピックに対して，肯定と否定の意見を作る。その際，羽の広い面により強い肯定，より強い否定を記入する。肯定の程度を意識することにより，それぞれの意見をディベートのどの場面で使うのが有効なのかが見えてくる。また，肯定側の場合，否定側の意見を想像することもできる。以下の例は中学生が「宿題は必要か」というトピックに対しバタフライチャートに書き込んだものである。

強い肯定：なければさぼってしまうので，宿題を行うことで学力がつく。

肯定：何を学習したらいいのかがわからないので宿題は力をつける便利な方法。

強い否定：与えられたことをやっていたら力はつかない。自分から

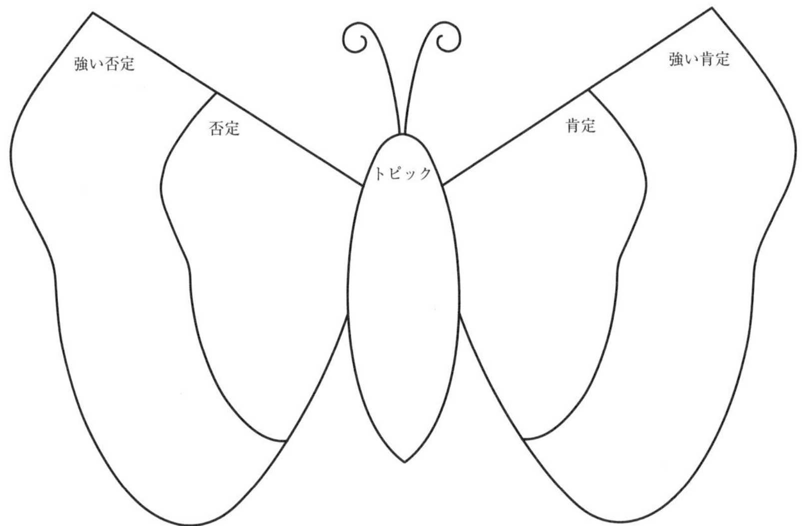

出所：黒上晴夫・小島亜華里・泰山裕『シンキングツール～考えることを教えたい～』NPO 法人 学習創造フォーラム，http://ks-lab.net/haruo/thinking_tool/short.pdf

図10-9　バタフライチャートの使用例

やるからこそ力がつく。
否定：中学生だから，自分で何をやったらいいのかはわかる。だから，自分で選びたい。

このようにひとつのトピックに対し，肯定と否定の両方に立つことは，ものの見方を多面的にしていくよい機会である。また，小論文を書くときには，肯定と否定の両面を調べる必要があるので，ディベートは，そのための布石にもなる。

6　算数・数学におけるデータの活用

日常生活で見かける「棒グラフ」「折れ線グラフ」「円グラフ」「ヒストグラム」などは，算数・数学で学習する内容である。「小学校学習指導要領（平成29年告示）中学校学習指導要領（平成29年告示）」の算数・数学では，「データの活用」という領域において扱う内容が系統的に示されるようになった。例えば，小学校４年生の「データの活用」では，以下のような記述がある。

（1）データの収集とその分析に関わる数学的活動を通して，次の事項を身に付けることができるように指導する。
ア　次のような知識及び技能を身に付けること。
㋐　データを二つの観点から分類整理する方法を知ること。
㋑　折れ線グラフの特徴とその用い方を理解すること。
イ　次のような思考力，判断力，表現力を身に付けること。
㋐　目的に応じてデータを集めて分類整理し，データの特徴や傾向に着目し，問題を解決するために適切なグラフを選択して判断し，その結論について考察すること。

これらは算数・数学に留まらず，各教科等の学びや日常生活・社会生活においてもつながりのある内容でもある。

例えば，図書館資料である年鑑や図鑑にも多くの図表が掲載されており，児童生徒は文章と図表をつなげて情報収集をしている。４年生で「変化」が見える折れ線グラフを学ぶと，３年生で学んだ「差」が見える棒グラフとは用い方が異なることがわかる。このような特徴を生かして，グラフから読み取ったりグラフを書いたりする活動は，国語・社会・理科などの教科でも行われている。

また，総合的な学習の時間では，問題を解決するために適切なグラフを選択して判断することや結論について考察する機会もある。さらには，テレビニュース，新聞，ネット上でも頻繁に図表を見かけ，そこから情報を得たり疑問や問いが生まれたりするなど，データの活用は既に生活の中に入り込んでいる。

このように，算数・数学における「データの活用」で学ぶ内容は，整理・分析の過程において，特に数量を分析し特徴や傾向をつかむときに必要になる。

7 まとめ

情報の整理・分析の過程では，ものごとを「数量」で読みとり特徴や傾向をつかむ場合と，「数量以外」で読みとり特徴や傾向をつかむ場合がある。従来から行われてきた「数量」については，算数・数学において系統的に整理された。「数量以外」については，「比較する」「分類する」「関係付ける」など情報と情報の関係の理解と活用が国語において系統的に示された。

シンキングツールをはじめ，グラフや表を用いて整理・分析することにより，収集したときにはばらばらであった情報が，２つの観点からつなげたり，結論（または主張）へとつながる根拠を複数見出したりするなど，情報と情報をつなげた線になる。そうすることで，新たな気づきや考えが生まれる。

学校図書館は情報収集する場として活用されていることが多い。しかし，探究の過程は情報の収集で終わることなく，整理・分析，まとめ・表現と続いている。探究の過程が俯瞰できる年齢では，手元に集めた情報をその後どうするのかまで視野に入れた情報収集の仕方を選ぶようになる。そのためにも，小学校段階から整理・分析の仕方を学び，各教科等で活用する機会を意図的に設定する必要がある。

理解を確実にするために

1 次の用語を説明しましょう。

①シンキングツールとワークシートは，何が違いますか。

②「比較する」ことで，何が見えるのでしょうか。

2 次の問いに答えましょう。

考えるためのスキルには，「比較する」以外にどういうものがありますか。それぞれどのようなシンキングツールを使うと可視化できますか。

理解を深めるために

① ジェニ・ウィルソン&レスリー・ウィング・ジャン著，吉田新一郎訳『「考える力」はこうしてつける』新評論，2004

② 桑田てるみ『思考を深める探究学習』公益社団法人 全国学校図書館協議会，2016

参考文献

①久保田賢一・今野貴之『主体的・対話的で深い学びの環境とICT』，東信堂，2018

②田村学・黒上晴夫『考えるってこういうことか！　思考ツールの授業』小学館，2013

③田村学・黒上晴夫『こうすれば考える力がつく！中学校　思考ツール』小学館，2014

11 情報リテラシーの育成（4）まとめ・表現

塩谷京子

《目標＆ポイント》 整理・分析後は，事実や意見をもとに自分の主張を見出し，それを表現する段階に入る。主張を伝えるには，いくつかの根拠から主張を導き出す筋道が必要になる。本章では，まとめる方法や，相手に伝える方法について理解を深める。また，学び方を振り返ったり，自己のテーマに対する進捗状況を振り返ったりするなど，振り返る（評価する）時間は欠かせない。情報リテラシーの育成の終章である本章において，評価の視点についても考える。

《キーワード》 組み立てる，筋道立てる，論理立てる，ピラミッドチャート，レポート，プレゼンテーション，振り返り，評価

1 はじめに

テーマが決まり，資料を収集しそこから情報を取り出し，整理・分析を行い自分の意見や主張が見えてきたならば，最後のまとめ・表現の段階に入る。整理・分析ができたら，文章を書いたり，プレゼンテーションを行ったりできそうに感じるが，そうではない。突然意見を述べられても，何を根拠にしているのかが見えないと，聴き手や読み手は納得しない。根拠が少なくても多すぎても，腑に落ちない。また，自分の主張を相手に伝えるときには，一定の様式がある。それに則っていないと，受け取る側は混乱する。まとめ・表現の段階には，自分の主張を聴き手

や読み手に受け入れてもらえるようにするためのスキルが，いくつもある。

2 まとめる

まとめるとは，自分の考えを相手に伝えるための組み立て（論理展開）を作ることである。そこで，誰に伝えるのかという対象をはっきりさせる必要がある。その相手を思い描きながら，自分の考えを根拠づける理由や事例を筋道の通ったものにすることが「まとめ」である。

（1）仮の主張を作る

まとめの段階でまず行いたいのは，仮の主張を作ることである。整理・分析段階で見えてきた意見をもとに，どの方向に自分の主張をもっていくのかというゴールを描く必要がある。それが仮の主張である。仮のため，今後，何回変えても構わない。キーワードで書いても文章にしてもどちらでもよい。形式にとらわれず自分の言いたいことを描くことを大切にしたい。なお，仮の要旨という場合もある。

仮の主張は，テーマ設定時に描ける場合もある。情報を収集しながら見えてくる場合もある。整理・分析時のディスカッション中に，浮き彫りになるときもある。

（2）文章構成を系統的に学ぶ

文章には，文学的な文章と説明的な文章があり，それぞれの読み方を小学校の国語科で学習する。

説明的な文章が「はじめ」「なか」「おわり」の３つで構成されている

ことは，小学３年生で学ぶ。文がたくさん並んでいるという２年生のまでのイメージを一新する捉え方だ。「はじめ」「なか」「おわり」は，読むだけでなく，自分の言いたいことを話すときも書くときにも使う。小学校中学年の間に，読んだり話したり書いたりする活動を通しながら，３つのかたまりを体得していくのである。

「はじめ」には「問い」があり，「おわり」には「答え」があるということも学ぶ。学年が進むにつれ，はじめに書かれるのは問いとは限らず，話題が提供されたり，結論を冒頭で述べるなどもあることを具体的な文章と出合いながら児童生徒は学ぶ。そして，本論へつながり，本論を読んでももらうための序論としての役割をもつことを理解する。

４年生になると，「なか」に注目する。「なか」がいくつに分かれているのかをみていくときに，「まず」「次に」「そして」などという接続詞を追うことを知る。「なか」のそれぞれには意見と事実があり，どういう事実をもとに筆者は意見を述べているのかを学ぶ。

高学年になると，本論から結論へのつながりを視野に入れた上で文章全体の構成へと視点が移る。中学１年生になると，「序論」「本論」「結論」，「問題提起」と「結論」という言葉で捉え使うことができるようになる。中学２年生では事実と考察から結論を導くことを学び，中学３年生では文章を要約した上で筆者の主張に対しての自分の考えを述べることにも主眼が置かれる。

文章構成（論理展開）について，小学校低学年では「順序立てて考える」，小学校３年生から中学校１年生までは「筋道立てて考える」，そして中学２・３年生は「論理立てて考える」という視点で，構成要素の関係を学ぶ。特に「筋道立てて考える」は，義務教育９年間のうち，５年間かけて学ぶことになる。

(3) 組み立てる

小学3年生の国語科の説明文の学習において,「はじめ」「なか」「おわり」を学んだからといって,読んだり話したりするときにすぐに使えるわけではない。小学校低学年の国語科の教科書には,3つの構成を意識して話す単元もある。また,生活科の学習で地域の方や下の学年を対象に学校の紹介をしたり学んでいることを伝えたりするときにも,3つの構成を意識して組み立てることが多い。

例えば,1年生の児童が新しく入学してくる年長の幼児に対して,「〜小学校は楽しい学校だよ」/「運動場が広いし」「6年生のお兄さんお姉さんがいる」「図書館には数えられないくらいの本もあるよ」/「だから,〜小学校は楽しいよ。4月を楽しみにしてね」などと,学校紹介をすることがある。すべてを1人で話す以外に,「　」ごとに分担して数人で話すこともできる。

5つの文ではあるが,/で示したように「はじめ」「なか」「おわり」に分かれており,楽しい理由としてあげている3つは,いずれも学校生活の楽しさを想像させる。しかし,突然「運動場が広いし」「6年生のお兄さんお姉さんがいる」「図書館には数えられないくらいの本もあるよ」などと,話したら,聴き手は困惑する。「はじめ」で使った「楽しい学校だよ」という一文は,聞き手にとって,聞く構えを作るためにも大切である。

絵を描いたり印刷した写真を見せたりしながら話すと,聴き手がより想像しやすくなる。また,写真や映像をタブレット端末を使って見せながら話すこともできる。耳から聞くだけでなく目で見ることにより,聴き手は目と耳を使って学校を想像し,「楽しい」ということばと3つの理由をつなげていく。

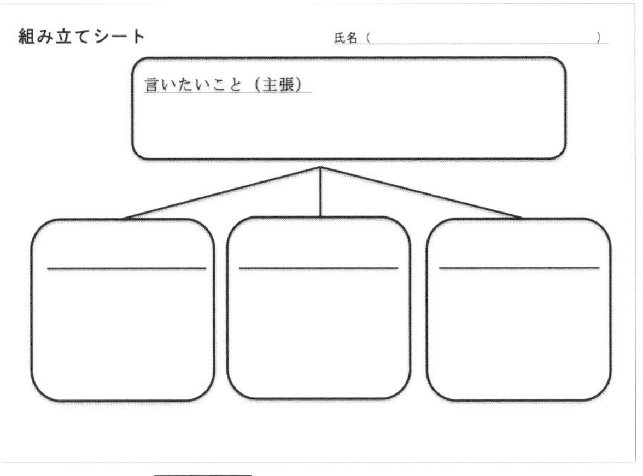

図11-1　なぜ・なにシート

このような紹介を組み立てるときに便利なのが「なぜ・なにシート」である（図11-1）。上の欄には伝えたいことを，下の欄には理由や事例を記入する。

（4）筋道立てる・論理立てる

「なぜ・なにシート」は，２段の「ピラミッドチャート」と同じように使われる。なぜ・なにシートでは，言いたいことと理由や事例があらかじめ線でつながっているが，２段のピラミッドチャートでは，つながっていない。必要ならば線は自分で引くことことになるのであるが，この自分で線を引くという一見簡単そうに見える行為は，その後の３段のピラッッミドチャートへとつながることを考えると，はじめから線が与えられているのと自分で引くのとでは，大きく異なる。

２段と３段のピラミッドチャートは，何が違うのだろうか。

小学校４年生の国語科の説明文の学習では，主張（言いたいこと）の根拠のつながりをより説得力をもたせるために，「はじめ」「なか」「おわり」のうちの「なか」には意見だけでなく意見のもとになる事実の文があることを学ぶ。自分の主張を述べるときにも，その根拠として，意見だけでなく意見のもとになる事実も示された方がより説得力があることを知る。そうすると，一番上の段に主張，真ん中の段に主張（言いたいこと）に対する根拠，一番下の段に根拠のもとになる事実（情報収集した結果）という三段のピラミッドチャートが必要になる（図11-2）。

例えば，小学校４年生の社会科の授業で「浄水場」に見学に行ったとする。見学したことを新聞にまとめているときの様子をもとに，児童生徒の目線で考えてみたい。

新聞を書いている途中に（または出来上がってから），「見出しの言葉を工夫してごらん」「大見出しと小見出しがつながっていないね」などと先生が助言したらどうだろう。「出来上がりはもうすぐなのに…」「もっと早く言って欲しかったな…」と，思うだろう。

新聞やレポートを書いたり，プレゼンテーションを作成したりする前の段階，すなわちピラミッドチャートを使って「筋道立てたり」「論理立てたり」している段階ならば，１枚の図（ピラミッドチャート）上で修正ができる。友達に図を見せ（共有化し），筋道が通っているのか，

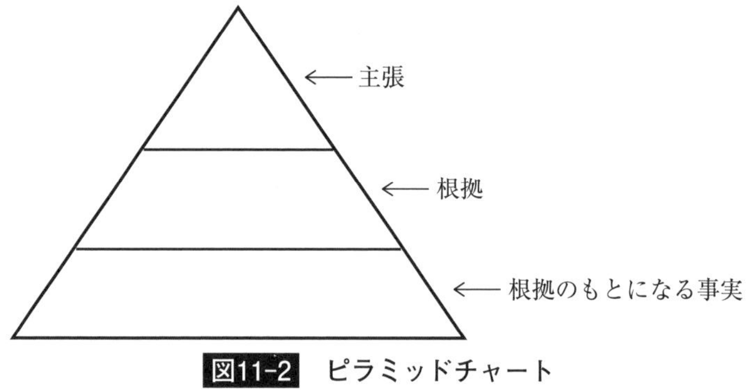

図11-2　ピラミッドチャート

論理立てられているのかなど，実際に操作を繰り返しながら，対話的に学んだり，説明して意見をもらったりすることが可能になる。

では，どのように話し合っているのかを見てみよう。

A さんのグループでは，見学を通して言いたいこと（主張）は「水は大切な資源である」と，仮にゴールを決めていた。根拠として，「地球上でそのまま飲める水は少ない」「淀川の水を飲めるようにするためには時間がかかる」「淀川の水を飲めるようにするためにはお金がかかる」の3つを出している。主張と根拠がつながっているのかという視点で話し合っていた。「水が大切であることはいいと思うけど，大切ってどこにもある言葉だから主張というと弱いかな」「私たちにとって水はどんな資源なのかな？」「浄水場の人が地球上でそのまま飲める水はとても少ないと言っていたけど，どれくらい少ないのかな？」「調べてみようか」…。このようなやりとりを通して，主張を「水は守っていきたい資源である」と修正し，次に根拠のもとになる事実である具体的な数値を調べていた。「地球上でそのまま飲める水は少ない」については国土交通省の HP を，そして「淀川の水を飲めるようにするためには時間がかかる」「淀川の水を飲めるようにするためにはお金がかかる」については浄水場でもらったパンフレットを情報源としていた。

このようにして，「主張」「根拠」「根拠のもとになる事実や結果」の筋道が通った三段のピラミッドチャートが出来上がった（図11-3）。

小学校4年生段階では，筋道立てられているのでこれで十分であるが，中学2年生以降，つまり論理的に考えていくという視点が加わると，論理展開がどのように修正できるのか。その事例を紹介したい。

例えば，「淀川の水を飲めるようにするためには時間がかかる」「淀川の水を飲めるようにするためにはお金がかかる」については，情報源が浄水場のパンフレットであることから，「淀川の水を飲めるようにするためには時間とお金がかかる」というように1つの根拠としてまとめたらどうだろうかという提案があった。そうすると根拠を新たにもう1つもってくることができる。そこに，インタビューやアンケートで調べた結果から言えることを根拠とすると，より説得力のある論理展開になる。ピラミッドチャート作成時には，インタビューやアンケートで調べていないので再調査が必要になる。しかし，この段階であるならば，原稿を書いたりスライドを作成したりしていないので，修正は十分可能である。クラスの友達を対象に「地球上でそのまま飲める水の割合」と「淀川の水を飲めるようにするために浄水場でかかるお金と時間」を示した上で，「この事実を知っていましたか」「朝歯磨きの時に水道水の蛇口はどうしていますか」「これからどうしようと思いますか」「それはなぜですか」という質問で選択肢と自由記述でアンケートを作成した。その結果，「水は身近な資源であるが，水に対する知識不足のため無駄にしている人の割合が多い」ということが見えてきた。

根拠は，①「地球上でそのまま飲める水の割合」と②「淀川の水を飲めるようにするために浄水場でかかるお金と時間」から，③「水は身近な資源であるが，水に対する知識不足のため無駄にしている人の割合が多い」という矢印ができ，③から主張へとつながる構成となる。そうなると主張を「水は守っていきたい資源である」から「水を守るためには知識も必要である」へと変えていた（図11-4）。

このようにまとめの段階で，筋道が通っているのか，より説得力のある論理展開にするにはどうしたらいいのか，という視点で検討するとき，ピラミッドチャートが役立つ。

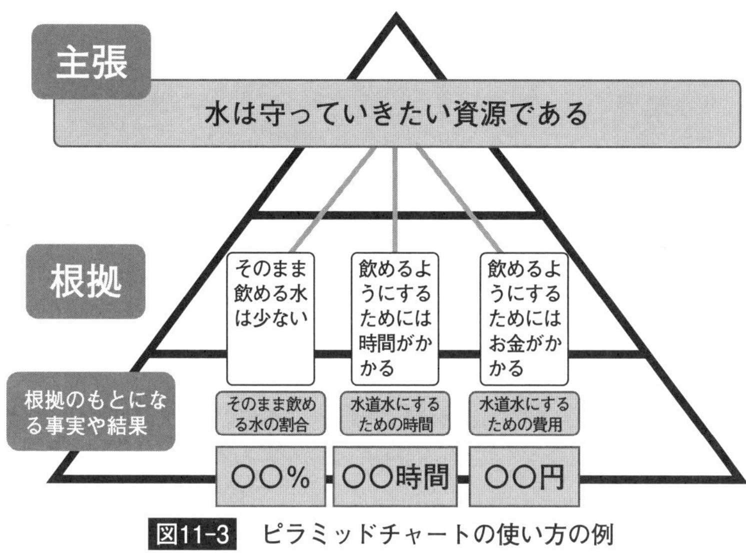

図11-3　ピラミッドチャートの使い方の例

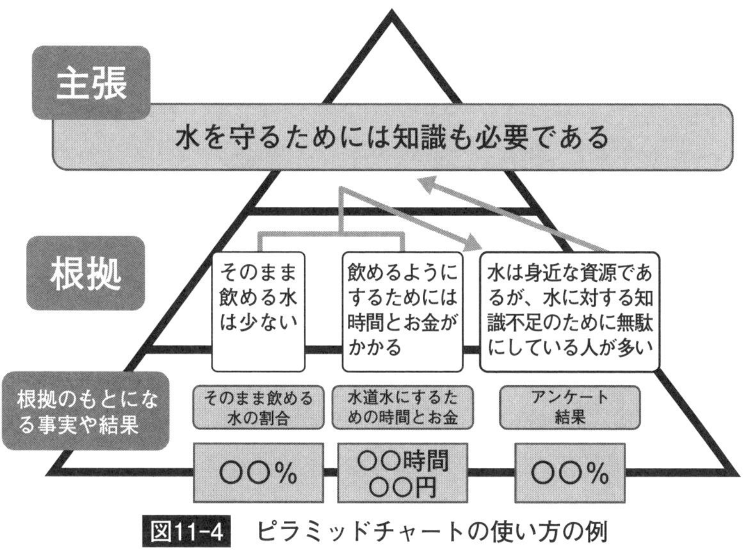

図11-4　ピラミッドチャートの使い方の例

3 表現する方法

まとめができたら，次は伝える段階である。伝えるときには，まず伝える対象を考える。クラスの友だち，家の人，地域の人など，具体的にイメージしてみたい。次に，伝える方法を考える。伝える方法は，書いて伝える方法や話して伝える方法以外にも，実物を見せて伝えたり，台本を使い劇などの動作で伝えたり，絵や図を使って話しながら伝えたり，パソコンやビデオなどを使って伝えたりするなど様々である。伝える方法が決まったら作成にとりかかる。書いたものは展示したり掲示したりして，読んでもらう場を設定する。見せたり話したりするものは発表会を設定する。

伝える（表現する）方法として，図鑑，新聞，リーフレット，ポスター，レポートなど，様々な形式が国語科の教科書で取り上げられている。これらを，書いて表現し展示や掲示するなどして読んでもらう方法と，書いて表現し説明を加えて聞いてもらう方法に分けて解説する。前者の具体例として新聞やレポート，後者の具体例としてポスターセッションやプレゼンテーションを取り上げる。

(1) 新聞・レポートを書く

学校現場でよく用いられる書いて表現し，展示や掲示するなどして読んでもらう方法として，新聞とレポートがある。いずれも，根拠をもとに主張を書いて述べることは同じである。しかし，そこには別の目的や表現形式が存在する。

新聞は，広範囲で新しい情報を多くの人を対象にタイムリーに届けることを目的とし，「発行日」「リード文」「大見出し」などを用いて読み手を記事へと誘い，「見出し」「図や表」「文章」を関係付けて根拠をもとに主張を述べている。その一方でレポートは，調査結果，実験結果などを報告することを目的とし，「タイトル」「序論」などを用いて，読み手を「本論」へと誘い，「本論」において「図や表」を示しながら調査結果や実験結果を説明し考察を述べた上で，「結論」へと導く書き方をする。

このように，新聞とレポートには，共通点をもちながら，相違点がある。レポートの構成は「はじめに」「本文」「まとめ」，「序論」「本論」「結論」などの言い方があり，これがレポートの本体である。この本体に加え，「タイトル」「目次」と「参考文献」を加えるとできあがりである。整理すると，

①タイトル（テーマ，所属，名前）
②目次
③序論　　（動機や目的，仮説，方法）
④本論　　（調査結果，実験結果，考察）
⑤結論　　（まとめ，主張，今後の展望）
⑥参考文献

となる。この基本をもとに，何をどのように報告するのかを児童生徒の発達段階に応じて，「序論」「本論」「結論」の書き方が異なることを学ぶ。例えば，何を報告するのかによりレポートの種類が異なる（**表11-1**）。レポートの種類には，「文献調査のレポート」「実験のレポート」「調査のレポート」がある。以下は，この３種類それぞれのレポートの目的，内容，留意点などを説明する。

まず，文献調査のレポートは，図書，新聞，雑誌，統計資料，インターネット情報などをもとに文献調査を行い，テーマや知りたいことに対して，既にわかっていること（知見）を見出して報告することを目的として書く。もちろん，わかっていないことやさらに知りたいことを見つけ

表11-1　レポートの種類

文献調査のレポート 図書・雑誌・新聞・ 統計資料・インターネット	実験のレポート 実験	調査のレポート インタビュー・アンケート
国語科・社会科・理科 総合的な学習の時間	理科 総合的な学習の時間	社会科 総合的な学習の時間
・文献調査を行い，テーマや知りたいことに対して，既にわかっていることを見出す。 ・もちろん，わかっていないこと，さらに知りたいことを見つけて報告もできる。	・実験を行い，仮説が本当かどうかを確かめる（仮説を検証する）。 ・実験を通して確かめられたことを報告する。 ・もちろん課題も報告してもよい。	・ある部分の人々がどういう状態なのかを報告する。 ・部分の調査から，全体を推定することもできる。 ・ある部分の人々への調査から，～な見方があることを提案することもできる。
読み手が同じ文献で調べられるために必要なこと ・使った文献	読み手が同じ実験ができるために必要なこと ・実験道具 ・実験材料 ・実験手順	読み手に伝えておく必要があること ・調査日，時間，場所 ・調査の対象 ・調査内容，手順
要約と引用を区別する	事実と意見を区別する　図表を使う	

出所：塩谷京子『すぐ実践できる情報スキル50』ミネルヴァ書房，2016，p.166

て報告することもできる。

このとき，レポートの読み手が同じ文献で調べるために，使った文献(参考文献，または参考にした資料と言う）を提示することが必要である。参考文献の書き方は，参考にした資料によって異なる。書き方はいくつかあるが，例えば次のような方法がある。

○図書の場合

著者名『タイトル』出版者名　出版年　引用したページ

○雑誌の場合

著者名「記事のタイトル」雑誌名　巻号　出版年　掲載ページ

○新聞記事の場合

「記事のタイトル」新聞紙名　発行年月日　朝夕刊の別　掲載面
○インターネットの場合
著者名「タイトル」URL　アクセス年月日

本論を書くときにまず留意したいことは，文献調査したこと（他の人が書いた文章）を自分のレポートに書く方法として「要約」と「引用」の２つの方法があることを知り，目的に応じて使い分けることである。いずれも誰がいつ書いたのかを本文中で示すことは共通しているが，以下の例のように，引用は引用部分を「　　」で囲み，一文字も違えずに「　　」に収める書き方をする。

○要約　例１　塩谷（2021）は言語活動について………………。
　　　　例２　言語活動とは………………（2021，p.15）。
○引用　例１　塩谷は「……………………」(2021，p.15)。
　　　　例２　「……………………………」(塩谷，2021，p.15)。

レポートの中に，上記のように要約されたもの，もしくは引用されたものがあるとき，読み手はどちらの方が読みやすいのかという視点に立つと，文体が変わらない要約の方が読みやすいと言える。では，どういう場合に引用を使うのだろうか。他の人が書いた文章をそのまま「　　」で示すことにより，自分の文体と異なることで強調されたり，特徴的な言い方や言い回しをそのまま使えることで説得性をもたせたりする効果がある。

次に留意したいことは，レポートの種類により明記することが異なることである。実験レポートは，実験を行い，仮説が本当かどうかを確かめ（仮説を検証し），実験を通して確かめられたことを報告することを目的として書く。もちろん，仮説が検証できなかったことや課題も報告できる。このとき，読み手が同様の実験を行えるように，実験道具，実験材料，実験手順を明記することが必要になる。

調査のレポートは，インタビューやアンケートを行い，ある部分の人がどういう状態なのかを報告することを目的として書く。もちろん，ある部分の調査から全体を推定したり，～な見方があると提案することもできる。このとき，読み手に伝えておく必要があることは，調査日・時間・場所，調査の対象，調査内容・手順である（図11-5）。

実験レポートと調査のレポートの本論を書くときに留意したいことは，実験・調査結果と結果からの考察を区別して書くことである。また，実験・調査結果を表やグラフで表すときに，何を表すことができるのかを見極めた上で適切な表やグラフを選択したい。

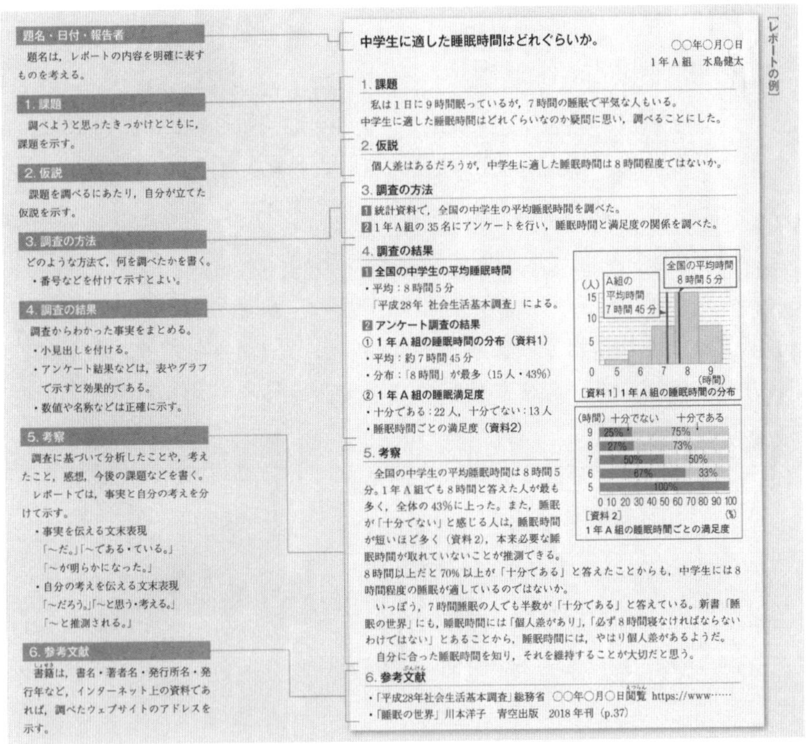

題名・日付・報告者
題名は，レポートの内容を明確に表すものを考える。

1. 課題
調べようと思ったきっかけとともに，課題を示す。

2. 仮説
課題を調べるにあたり，自分が立てた仮説を示す。

3. 調査の方法
どのような方法で，何を調べたかを書く。
・番号などを付けて示すとよい。

4. 調査の結果
調査からわかった事実をまとめる。
・小見出しを付ける。
・アンケート結果などは，表やグラフで示すと効果的である。
・数値や名称などは正確に示す。

5. 考察
調査に基づいて分析したことや，考えたこと，感想，今後の課題などを書く。
レポートでは，事実と自分の考えを分けて示す。
・事実を伝える文末表現
「～だ。」「～である・ている。」
「～が明らかになった。」
・自分の考えを伝える文末表現
「～だろう。」「～と思う・考える。」
「～と推測される。」

6. 参考文献
書籍（しょせき）は，書名・著者名・発行所名・発行年など，インターネット上の資料であれば，調べたウェブサイトのアドレスを示す。

［レポートの例］

中学生に適した睡眠時間はどれぐらいか。

〇〇年〇月〇日
1年A組　水島健太

1. 課題
私は1日に9時間眠っているが，7時間の睡眠で平気な人もいる。
中学生に適した睡眠時間はどれぐらいなのか疑問に思い，調べることにした。

2. 仮説
個人差はあるだろうが，中学生に適した睡眠時間は8時間程度ではないか。

3. 調査の方法
1 統計資料で，全国の中学生の平均睡眠時間を調べた。
2 1年A組の35名にアンケートを行い，睡眠時間と満足度の関係を調べた。

4. 調査の結果
1 全国の中学生の平均睡眠時間
・平均：8時間5分
「平成28年 社会生活基本調査」による。
2 アンケート調査の結果
① 1年A組の睡眠時間の分布（資料1）
・平均：約7時間45分
・分布：「8時間」が最多（15人・43%）
② 1年A組の睡眠満足度
・十分である：22人，十分でない：13人
・睡眠時間ごとの満足度（資料2）

［資料1］1年A組の睡眠時間の分布

［資料2］
1年A組の睡眠時間ごとの満足度

5. 考察
全国の中学生の平均睡眠時間は8時間5分。1年A組でも8時間と答えた人が最も多く，全体の43%に上った。また，睡眠が「十分でない」と感じる人は，睡眠時間が短いほど多く（資料2），本来必要な睡眠時間が取れていないことが推測できる。8時間以上だと70%以上が「十分である」と答えたことからも，中学生には8時間程度の睡眠が適しているのではないか。
いっぽう，7時間睡眠の人でも半数が「十分である」と答えている。新書「睡眠の世界」にも，睡眠時間には「個人差があり」，「必ず8時間寝なければならないわけではない」とあることから，睡眠時間には，やはり個人差があるようだ。
自分に合った睡眠時間を知り，それを維持することが大切だと思う。

6. 参考文献（ぶんけん）
・「平成28年社会生活基本調査」総務省　〇〇年〇月〇日閲覧（えつらん） https://www……
・「睡眠の世界」川本洋子　青空出版　2018年刊（p.37）

出所：『国語１』光村図書出版，2021，pp.140-141

図11-5　中学校国語の教科書に掲載されている調査レポートの書き方の例

このように，「文献調査のレポート」「実験のレポート」「調査のレポート」では，全体構成は同じであっても，レポートの本体である「序論」「本論」「結論」の書き方は，レポートの種類により異なる。そのとき，書き手が何を報告するのかと，読み手が何を必要としているのかの両者を合わせて考えることにより，その違いが見えてきやすい。

（2）ポスターセッションやプレゼンテーションを行う

ポスターを作成して発表するポスターセッション，スライドを作成し発表するプレゼンテーションは，いずれも，目の前に聴き手がおり，意見交換や議論に発展しやすいことから，授業で盛んに行われている。

ポスターセッションではポスターを作成しそれをもとに発表する場合がほとんどである反面（**図11-6**），プレゼンテーションのスライドの作成の仕方は多様である。例えば，プレゼンテーションはコンピュータソフトを使って行うことだけを意味している訳ではない。紙芝居のように紙でスライドを作成し，１枚１枚めくりながら行うこともできる。また，整理・分析の際に作成した表や図を見せながら発表する方法がある（**図10-3**を参照）。この方法を使うと，授業時間中にスライドを作成する時間が必要ないだけでなく，より説得力のある論理展開の工夫や発表後の議論などに時間を使うことができる。

作成に当たり，書いて表現する新聞やレポートと，話して表現するポスターセッションやプレゼンテーションの特質を知っておくことが必要である。新聞やレポートは読み手が何度も繰り返して読むことができるが，ポスターセッションやプレゼンテーションを聴き手が途中でもう一度聞き直すことは難しい。そのため，聴き手に興味をもって聴き続けてもらうための工夫が常に必要になる。

まず，ポスターやスライドを作成するときの工夫として，聴き手が初

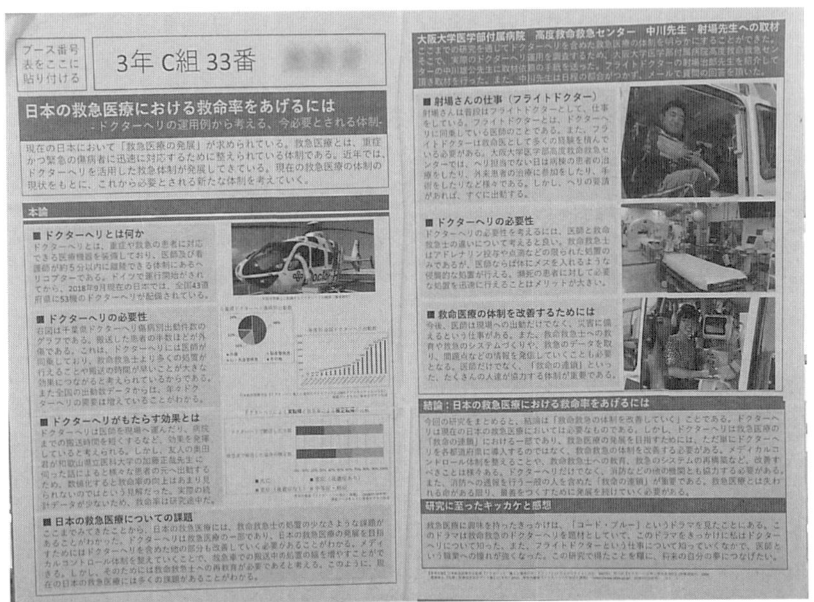

図11-6　探究の成果を発表するポスターセッションのために，生徒が作成したポスターの例

図11-7　探究の成果を発表するために，生徒が作成したレポートの例

めて聴くことを前提とし，情報の詰め込み過ぎに注意することである。スライドならば，文字を羅列するのではなく，見出しと図（写真・グラフなど）や表などを使い，１枚のスライドで伝えることを１つに絞ることを心がける。例えば，はじめは簡単な絵から，そして写真，さらには整理した表，思考の跡が見えるグラフやシンキングツールなどを使って説明する。ポスターを作成するときも同様に，見出しで使うフレーズと説明したいことが見える図表を，いかにシンプルにつなげるかを意識したい。

次に，話し方の工夫として，聴き手の顔を見ながらゆっくりと話すことを心がける。発表する側は何度も使っている言葉であっても，聴く側は初めての場合が多い。メモを見ながらの発表にしたい場合は，メモには大切なフレーズのみ書くようにし，聴き手の顔を見るようなことも大切にしたい。最後に発表時間内での発表となっているかの確認をする。

最後に，聴き手の成長が話し手の成長につながることを視野に入れ，聴き手が心を傾けて聴くことを大切にしたい。ポスターセッションやプレゼンテーションは話し手と聴き手の両方があって成立する。終了後の質疑応答では，貴重な視点や意見をもらえることも多い。相手を尊重するこの姿勢は，自分が聴き手の立場であるときにも意識し，ポスターセッションやプレゼンテーション後に，質問や感想，意見などを言うつもりで聞くことの積み重ねが重要である。発表者が発表時間を守り，その後の対話や議論の時間を確保し，その時間の充実までをポスターセッションやプレゼンテーションであると，指導者は考えたい。

4　保存の仕方

一単元の学習活動が終わると，図書などで調べて収集した情報，作成したアンケート，整理の段階で不必要になった情報，発表用に作成した資料など，児童生徒の手元にはたくさんの情報が残る。これらをただ単にしまっておいたのでは，必要なときに必要なものを探し出せない。ここで情報の組織化が必要となる。

小学校では総合的な学習の時間用のファイルが用意されていることが多い。時系列にファイルに綴じていくだけでも，児童にとっては大変なことである。まずは，学習の過程や結果を丁寧に綴じる習慣をつける。次に，単なる時系列ではない整理の仕方を学ぶ。ファイルに見出しをつけたり，ページをつけたり，インデックスをはったりするなど，一定の法則で引き出せるように工夫する。新聞の切り抜きのように形が一定でないものには台紙をつけるとよい。小学校段階で収集した情報の整理や保存ができると，情報の収集量が増える中学生や高校生になったときに役立つ。

また，個人レベルでの保存だけでなく，学校図書館で児童生徒の作品を整理・保存するとよい。先輩の作品を展示したり掲示したりすることは，下級生のお手本になる（図11-7）。

5 学習活動の評価

探究の過程において，評価は重要である。ここでの評価は２つある。

１つは探究の過程において学びが効果的に行われたのかが，その成果の評価である。レポートを書いたのならレポートの評価であり，プレゼンテーションを行ったらプレゼンテーションの評価となる。テーマに対して満足のいくまとめができたのか，満足のいくものを作成できたのかを検討することは，次の学びへのステップとなる。

学習の成果の評価の例として，

〇目次と索引の違いがわかったのか
〇レポートの構成がわかったのか
〇アンケートの書き方に沿って書くことができたのか
〇参考にした文献の書き方に沿って書くことができたのか
〇目当て通りに，レポートが書けたのか
〇目当て通りに，プレゼンテーションができたのか

など，表現の仕方は様々だが，授業のねらいが学習活動を通して達成できたのかを尋ねることが多い。学習の成果の評価はもちろん教員が行うが，次の学びのステップとするためにも児童生徒の自己評価や相互評価も大切にしたい。

相互評価は，レポートやプレゼンテーションなど，表現されたものに対して行うことが多い。評価用紙を用意したり付箋紙に書いたりすると，後で，本人に手渡すことができる。

自己評価をするときは，ワークシートやチェックリストがあると役立つ（**表11-2**）。ワークシートを使って，自己評価をするときは，「態度はどうだったのか」「方法はどうだったのか」「できるようになったのかどうか」の３つの観点で項目を作っておく。そうすると，何について振り返ればいいのかがわかるので，児童生徒はワークシートに記入しやすくなる。

「態度はどうだったのか」の記述例としては，

〇うなずきながらプレゼンテーションをきくことができたのか
〇プレゼンテーションのあと，質問ができたのか
〇友達の上手なところ見つけることができたのか

というような尋ね方をすると，児童生徒は振り返りやすい。

「できるようになったかどうか」の記述例としては，

〇目次と索引の違いがわかったのか

表11-2 「情報リテラシーチェックリスト例」 筆者作成

情報リテラシー質問用紙　　　　年　　組　　番　名前（　　　　　　　）
＊調べるときに必要なことがらについて，おたずねします。知らないことはこれから学習します。

	質　　問	説明できる（自分で，行うことができる）	大体わかる（大体できる）	聞いたことはある（少しはできる）	まったくわからない
1	調べるためのテーマを見つけるには，どうしたらいいのかがわかる	4	3	2	1
2	テーマ作りに困ったときに，どうしたらいいのかがわかる	4	3	2	1
3	本で調べる，インターネットで調べる以外の調べる方法を知っている	4	3	2	1
4	自分が聞きたいことを相手にインタビューすることができる	4	3	2	1
5	インタビューで質問する項目を，自分で作ることができる	4	3	2	1
6	インタビューの時，相手に対し，聞きたいことをその場で見つけて，聞き返すことができる	4	3	2	1
7	デジタルカメラなどで，写真をとることができる	4	3	2	1
8	アップやワイドにしたり，アングルを変えたりするなど，写真のとり方を知っている	4	3	2	1
9	自分の伝えたいことにあわせて，写真のとり方を工夫することができる	4	3	2	1
10	目次と索引（さくいん）の使い方がわかる	4	3	2	1
11	著作権（ちょさくけん）とは，どのようなものかを知っている	4	3	2	1
12	調べたことを，自分でまとめること（要約すること）ができる	4	3	2	1
13	百科事典を引くことができる	4	3	2	1
14	総索引（索引巻など索引が1冊になっている）を使って百科事典を引くことができる	4	3	2	1
15	PC を使ってオンライン百科事典や新聞記事を調べることができる	4	3	2	1
16	調べた本の題名や作者などを記録しておくと，文章にまとめたり発表したりするときに役立つことを知っている	4	3	2	1
17	題名や作者，発行年を記録するときに，本のどこを見たらいいのかがわかる	4	3	2	1
18	複数の情報源（資料）を利用することが，どうして大切なのかがわかる	4	3	2	1
19	キーボード入力ができる（スピードは問いません）	4	3	2	1
20	PC で検索（けんさく）する時，キーワードを使ってしぼりこむ方法を知っている	4	3	2	1
21	インターネットを利用して情報を集める時には，どんなことに注意したらいいのかがわかる	4	3	2	1
22	図書館の本は，テーマによって分類され，並べられているのを知っている	4	3	2	1
23	自分が調べているテーマに合った情報を，図書館の資料（本など）からさがし出すことができる	4	3	2	1
24	集めた情報がたくさんある時，どのようにして整理をしたらいいのかがわかる	4	3	2	1
25	調べたことを，○○新聞のようなものにまとめたことがある	4	3	2	1
26	○○新聞にまとめるときには，どのような構成（書き方）で書けばよいかがわかる	4	3	2	1
27	レポートや報告文（調べたことを文章にしたもの）にまとめるときには，どのような構成（書き方）で書けばよいのかがわかる	4	3	2	1
28	おとなりやグループの友だちに，絵や写真を使って，自分が伝えたいことを話すことができる	4	3	2	1
29	クラスのみんなに，絵や写真を使って，聞き手を見ながら自分が伝えたいことを話すことができる	4	3	2	1
30	クラスのみんなに，パワーポイントなどの PC ソフトを使って，聞き手を意識しながら自分が伝えたいことを話すことができる	4	3	2	1

＊筆者作成　2015/05/14修正

○レポートの構成がわかったのか

○アンケートの書き方が理解できたのか

○参考にした文献の書き方がわかったのか

というような尋ね方をすると，児童生徒は振り返りやすい。

チェックリストを使う場合は，年度始めと終わり，１学期，２学期，３学期のはじめ，というように，定期的に繰り返し使用すると，できている項目とできていない項目，また，できるようになった項目とできるようになっていない項目が，教員も児童生徒も把握することが可能になる。

もう１つの評価は全体を振り返った評価であり，課題の設定，情報の収集，整理・分析，まとめ・表現の段階を通した評価を指す。

○どこの段階が，難しかったのか

○どこの段階が，おもしろかったのか

○どこの段階で，新しいことができるようになったのか

○どこの段階では，もっとどうしたかったのか，どうすればもっとよくなるのか

というように，それぞれの段階を客観的に振り返るようにする。こうした評価は，今後一人で学んでいく時に生きていくため，意図的に取り入れていきたい。全体を振り返った評価は，探究の過程を自分で進めているという認識がある段階で行うことが大切である。学年が低いとき，教員は探究の過程を意識しているが，児童にその認識はない。見通しをもって進めた学びにとりかかるようになった年齢の児童生徒には，この評価を取り入れたい。ここでの評価は自己評価が基本である。この評価は，プロセス全体を見たときに，どの段階をどうしたらさらによくなるのかを考え，次の学びを設計するときの手がかりとなる。情報探索の計画を作成することと，ここでの評価が対応していることから，評価は丁

Plus　　　　よかったこと	Minus　　　改善(かいぜん)したいこと	Interesting　興味をもったこと

No.　　　　　　　　　name（　　　　　　　　　　）【分析表(ぶんせきひょう)（ＰＭＩ(ぴーえむあい)）】

図11-8　PMIシート

寧に行いたい。

学習の成果の評価，全体を振り返った評価以外に，毎日の授業のおわりに本時の学びを振り返る時間を設けることも大切である。本日の学びを振り返るときに，PMIシートが役立つ（図11-8）。学びをプラスとマイナスで捉えるだけでなく，プラスやマイナスでは表現できないことをインタレスティングの欄に書くことができる。できた・できないではなく，別の視点からの振り返りが可能になる。

このような評価を行うことにより，次への学びがスタートしていく。評価の時間を，大切な時間として児童生徒に捉えさせていきたい。

6　まとめ

探究の過程の最後は，まとめ・表現の段階である。整理・分析の段階の後に表現と続くのではなく，まとめ・表現であることに留意したい。

まとめ・表現の段階に入ると，そこでは表現する目的や相手を意識する。読む人や聴く人に伝わるようにするためには，根拠と結論（主張）がつながるように組み立てる必要がある。この組み立てをするのが「まとめ」である。読み手や聴き手が迷わずに最後まで読んだり聞いたりするためには，まとめの段階で筋道が通っているかを吟味するが必要であることを再度確認しておきたい。

また，探究の過程はまとめ・表現で終わりではなく，課題の設定へとスパイラル的に続いていく（第2章　図2-1参照）。児童生徒の学びが次につながりさらに発展するためにも，評価（振り返り）の時間を十分確保したい。

■ 理論を確実にするために

1 次の用語を説明しましょう。

①参考文献の書き方

②学習活動の評価

2 次の問いに答えましょう。

①評価はなぜ必要なのか。その理由を説明しましょう。

②レポートとプレゼンテーションの共通点と相違点を説明しましょう。

■ 理論を深めるために

① 河野哲也『レポート・論文の書き方入門』第３版　慶應義塾大学出版会，2002

② 後藤芳文・伊藤史織・登本洋子『学びの技　14歳からの探究・論文・プレゼンテーション』玉川大学出版部，2014

③ 堀田龍也監修『わたしたちとじょうほう　情報活用スキル編』学研教育みらい，2021

④ 堀田龍也監修『わたしたちとじょうほう　情報社会探究編』学研教育みらい，2021

■ 参考文献

①小笠原喜康『最新版　大学生のためのレポート・論文術』講談社現代新書，2018

②塩谷京子『探究の過程におけるすぐ実践できる情報活用スキル55』ミネルヴァ書房，2019

③小笠原喜康・片岡則夫『中高生からの論文入門』講談社現代新書，2019

12 特別支援教育と学校図書館活用

鎌田和宏

《目標＆ポイント》 特別な支援を必要とする児童生徒の学習に関して，学校図書館をどのように整備し，司書教諭や学校司書はどのように関わればよいかについて述べる。
《キーワード》 特別な教育的ニーズ，特別支援教育，DAISY 図書，LL ブック，墨字図書，拡大図書，拡大読書機，対面朗読

1 特別支援教育とは何か

近年，図書館や学校図書館において，障がい者サービスや特別な教育的ニーズに応ずる教育が話題にされるようになってきた。

学校教育の世界においては「特殊教育」と呼ばれていた障がい等に応ずる教育は，21世紀に入り「特別支援教育」と呼ばれるようになり，障がいに対する理解や子どもの発達特性に対する研究の進展に伴って，学校での取り組みは変化してきている。かつて，盲・聾・養護学校や特殊学級で行われてきた教育は，広く通常の学校でも取り組むべき課題となっている。文部科学省の調査では，通常の学級に在籍する児童生徒の中にも，発達障害の可能性のある—すなわち特別な教育的ニーズがある—とみられる児童生徒が一定数存在すると報告されている[注1)]。また，特別支援学校で学校図書館の活用実践に取り組む実践者や，それを研究

注1）文部科学省は2012年に「通常の学級に在籍する発達障害の可能性のある特別な教育的支援を必要とする児童生徒に関する調査」の結果を公表している。https://www.mext.go.jp/a_menu/shotou/tokubetu/material/__icsFiles/afieldfile/2012/12/10/1328729_01.pdf（2021年２月20日確認，以下同様）

する研究者[注2)]も現れている。

特別支援教育について取り上げる前に，障害者を取り巻く社会状況について把握しておきたい。2006年に国際連合総会で採択された「障害者の権利に関する条約」は，2008年に発効している。これは国際人権法に基づく人権条約で，日本は2007年に同条約に署名し，条約締結に必要な国内法の整備・制度改革等を進め，2014年に批准した。この条約の趣旨を具現化するために，2016年には「障害を理由とする差別の解消の推進に関する法律」(「障害者差別解消法」) が成立・施行され，2019年には「視覚障害者等の読書環境の整備推進に関する法律」(「読書バリアフリー法」) が成立・施行された。この通称「読書バリアフリー法」は，法律の正式名称は視覚障害者等となっているが，条文に視覚障害等とは「視覚障害，発達障害，肢体不自由その他の障害」としており，あらゆる障害のある人を対象とするものである。そして読書において利用する書籍等（雑誌，新聞その他の刊行物等）だけでなく電子書籍も整備の対象としている。地方公共団体はこの法の趣旨をふまえ，読書環境の整備推進の施策を講ずることが求められているが，特に学校及び図書館の取り組みは重要だと考えられる。学校においては，学校図書館が中心となって，様々な子どもの障害に応じた読書環境整備の取り組みが期待される。

学校教育においては，2007年４月に特別支援教育が学校教育法に位置づけられた。特別支援教育とは，障がいのある児童生徒の自立や社会参加に向けた主体的な取り組みを支援するという視点に立って，それぞれの教育的ニーズを把握し，そのもてる力を高め，生活や学習上の困難を

注２）野口武悟によって特別支援教育と学校図書館の先駆的な研究が行われている。野口の研究については以下を参照されたい。野口武悟「特別支援教育における学校図書館の概観と展望」(公益社団法人 全国学校図書館協議会『学校図書館』No.707. 2009年９月)。野口武悟・成松一郎『多様性と出会う学校図書館　一人ひとりの自立を支える合理的配慮へのアプローチ』(読書工房，2015)。野口武悟・児島陽子・入川加代子『多様なニーズによりそう学校図書館　特別支援学校の合理的配慮を例に』(少年写真新聞社，2019)。

改善・克服するために適切な指導・必要な支援を行うものである。学校教育法では

「盲学校，聾学校又は養護学校は，それぞれ盲者（強度の弱視者を含む，以下同じ），聾者（強度の難聴者を含む，以下同じ）に対して，幼稚園，小学校，中学校又は高等学校に準ずる教育を施し，あわせてその欠陥を補うために，必要な知識技能を授けることを目的とする」（学校教育法第71条）

と規定されていた。しかし，特別支援教育では上記の法で対象としている障害児者の考え方を拡大してとらえ，次のように条文を改正している。

「特別支援学校は，視覚障害者，聴覚障害者，知的障害者，肢体不自由者又は病弱者（身体虚弱者を含む。以下同じ。）に対して，幼稚園，小学校，中学校又は高等学校に準ずる教育を施すとともに，障害による学習上又は生活上の困難を克服し，自立を図るために必要な知識技能を授けることを目的とする」。

すなわち，障がいを欠陥ではなく，子ども個々のある特別な在り方ととらえ，その特別な教育的ニーズに対して教育を行っていこうというものである。この様な考え方に基づき，行われる特別支援教育は，特別支援学校や特別支援学級で学ぶ子どもたちだけでなく，小中学校の通常級で学ぶ子どもたち，すなわち学習障害（LD）・注意欠陥多動性障害（ADHD）・高機能自閉症等の状態を示す軽度の発達障害の児童生徒も対象として含み込んでいる。これより，特別支援教育は全ての学校で取り組まねばならない実践課題であることがわかるであろう。

また，平成29年（2017年）度に告示された小・中学校の学習指導要領総則では「児童の発達の支援」（小学校）や「生徒の発達の支援」の節に特別な配慮を必要とする児童（中学校は生徒，以下同様）への指導の項が設けられた。この項には「障害のある児童等への指導」と「海外か

ら帰国した児童や外国人の児童の指導」がある。これは「障がい者の権利に関する条約」に示されている教育の理念の実現に向けて，特別支援教育の目的・意義を理解し，個に応じた指導を充実させるために教育課程の編成における留意事項として示されたもので，児童生徒の障害の種類や程度等を理解し，障害のある児童生徒の困難さに対する指導の工夫の検討，組織的・計画的な対応の実施を求めたものであった。

ここまで，特別な教育的ニーズを主として障害について述べてきたが，障害の他にも海外から帰国した児童生徒や，外国にルーツを持つ家庭の児童生徒，日本語の習得に困難のある児童生徒などの特別な教育的ニーズに対応することも求められていることも注意しておかねばならないだろう。これからの学校図書館は多言語や多文化等の視点も重要だということなのである。

2 特別支援教育と学校図書館

特別な教育的ニーズに応ずる特別支援教育にいて，学校図書館が果たす役割は，小・中・高等学校学習指導要領に示された次の3つのセンター機能が基本である。

①豊かな人間性，教養，創造力等を育む自由な読書活動や読書指導の場である「読書センター」機能

②児童生徒の自主的・主体的・協働的な学習活動を支援したり授業の内容を豊かにしてその理解を深めたりする「学習センター」機能

③児童生徒や教職員の情報ニーズに対応したり，児童生徒の情報収集・選択・活用能力を育成したりする「情報センター」機能

ただし，これらの機能を展開するためには，児童生徒の特別な教育的

表12-1　特別な教育的ニーズに応じるための学校図書館の施設・設備，メディア，学校図書館活動について

特別な教育的支援ニーズ	ニーズに応じるための施設・設備・器具等	ニーズに応じるためのメディア	ニーズに応じるための学校図書館活動
（1）視覚障がい	・視覚障害のある利用者に対応した施設。 ・リーディングトラッカー，拡大読書機、視覚障害のある利用者が利用できるコンピュータ（点字ディスプレイ，OS，アプリケーション等のユーザーインターフェースの工夫）	・通常の図書等の資料 ・点字図書 ・拡大図書（拡大写本・大活字本） ・録音図書（カセットテープ，DAISY図書） ・さわる絵本 ・電子書籍	・対面朗読
（2）聴覚障がい	・通常の施設・設備	・通常の図書等の資料（墨字図書） ・映像メディア（字幕・手話映像入り） ・電子書籍	・手話による読み聞かせ
（3）肢体不自由	・車いす等の移動や利用が可能な施設（書架の間を広めにとる等） ・機能障害等に対応した補助具，機器やコンピュータ機器はユーザーインターフェース等の工夫が必要	・通常の図書等の資料 ・拡大図書（拡大写本・大活字本） ・DAISY図書 ・電子書籍	・学級文庫の整備・充実（学校図書館の分館として）
（4）病弱	・通常の施設・設備	・通常の図書等の資料 ・電子書籍	・ベッドサイドまで図書を届ける活動
（5）知的障がい	・コンピュータ等の機器については操作が容易となるような機器（タッチパネル式ディスプレイ），ユーザーインターフェースの工夫	・多種多様なニーズに対応できる幅を持たせたメディア ・絵本、紙芝居 ・布絵本 ・視聴覚メディア（CD，ビデオテープ，DVD） ・DAISY図書（マルチメディアDAISY） ・LLブック ・電子書籍	・視覚・聴覚等様々な感覚に訴える活動（パネルシアター，絵本を拡大投影した読み聞かせ、歌や手遊びをとれ入れた活動等）
（6）学習障がい	・通常の施設・設備	・DAISY図書（マルチメディアDAISY） ・LLブック ・電子書籍	・対面朗読

ニーズに応ずるための施設・設備・器具等の整備，ニーズに応ずる為のメディアを含む学校図書館コレクションの構築，学校図書館サービスの提供（学校図書館活動）が必要である。

表12-1として，特別な教育的ニーズに応じるための学校図書館の施設・設備，メディア，学校図書館活動を示した。特別な教育的ニーズとして視覚障がい，聴覚障がい，肢体不自由，病弱，知的障がい，学習障がいを取り上げた。

これらについて検討する際に留意しなければならないのは，特別支援教育の現状を考えると，単一の障がいによる特別な教育的ニーズに応じればよいケースよりも，複数のニーズが重なる場合が多いということである。すなわち重複障害への対応ということである。それ故，施設・設備・器具等，メディア，学校図書館活動，複数の障がいへの対応を念頭におかねばならないだろう。多くみられるのが知的障がいとの重複である。このような対応を考えた時に，注目したいのがメディアによる対応でDAISY図書[注3)]とLLブック[注4)]である。

DAISY図書[注3)]は，そもそも視覚障がい者や普通の印刷物を読むことが困難な人への録音図書の代わりとしてデジタル録音図書として開発が始められた。DAISYはDigital Accessible Information SYstemの略で「アクセシブルな情報システム」と訳されている。デジタルの特性を生かし，単に音声を収録するだけでなくテキストや画像（静止画・動画）

注3）DAISYについては，以下のサイトを参照のこと。「ENJOY DAISY」（公益社団法人日本障害者リハビリテーション協会情報センター内　DAISY研究センター　https://www.dinf.ne.jp/doc/daisy/index.html　財団法人日本障害者リハビリテーション協会がDAISYを紹介するパンフレットを発行している。「ENJOY DAISY DAISYって何だろう？」（https://www.dinf.ne.jp/doc/daisy/book/images/Whats_DAISY.pdf）。また，日本障害者リハビリテーション協会のサイトに説明があり，閲覧用ソフトウエア・作成用ソフトウエア，DAISY図書のサンプル等を無償でダウンロードすることができる。伊藤忠記念財団は児童書をDAISYの規格で電子化し，全国の特別支援学校，公共図書館，医療機関等に無償で提供し，障害のある子どもの読書支援に取り組んでいる。詳細は同財団のサイトを参照のこと。https://www.itc-zaidan.or.jp/

注4）藤沢和子・服部敦司（編著）『LLブックを届ける』読書工房，2009年3月

を同期させて示すことができる。この様に多様なメディアを統合しマルチメディア化したDAISY図書はマルチメディアDAISYと呼ばれ，DAISYコンソーシアム公認のオーサリングツールを利用して作成することができ，専用の読書機やコンピュータで再生され利用されている。DAISY図書は，出版社が作成するだけでなく，点字図書館や公共図書館，ボランティアグループなどでも製作され，CD—ROMに記録され貸し出しされている。視覚障がい者の他に，肢体不自由，学習障がい，知的障がい，精神障がいのある人にとっても有効であるとされている。また，DAISY図書で一部の教科書を供給できるようにもなってきている。著作権法では2010年の改正の際に，図書資料等を特別なニーズに応じた形で利用に供するためのメディア変換が学校図書館にも認められるようになった。

今ひとつ注目したいものがLLブック[注4)]である。LLブックはスウェーデンで普及しているやさしく読める本で，LLとはスウェーデン語のLättläst（レットラスト）で，日本語にすると「やさしくてわかりやすい」の意である。スウェーデンでは障害のある人の権利を保障するために，1960年代末にやさしく読める図書の機関が国によって設立され，出版社の協力の下にLLブックが出版された。その後，やさしく読める図書センターが設立され，ニュースを伝える『8ページ』という新聞やLLブックが作られた。やさしく読める図書センターでは，読みやすくわかりやすい本を作るためのガイドラインを作成している。ガイドラインは以下の5点からなる。

①内容と言葉に関するもの

②レイアウトに関するもの

③絵に関するもの

④難しさのレベルに関するもの

⑤読みやすさを必要とする読者に関するもの
このガイドラインを柔軟に利用しながら言葉をやさしくし，イラストや写真，図を効果的に利用し，時にはシンボルなども用いてやさしく読むニーズをもつ人のために興味深い本を作っている。日本にもこの考え方が導入され，スウェーデンで刊行された本の翻訳や，日本で独自に製作されたLLブックが刊行されている[注5)]。

特別な教育的ニーズに応ずる為には，施設・設備・器具等，特別なニーズに応ずるメディア，学校図書館サービスの工夫が重要であるのだが，なかでもDAISY図書やLLブックのように特別なニーズに応じたメディアは重要で，公共図書館等と連携しながらそれらのメディアに関する情報を収集しつつ，実際のメディアを収集・整理して利用に供することが求められる。実はこれらの取り組みは特別な教育的ニーズをもつ児童生徒のためのみでなく，その他の児童生徒にとっても意味ある取り組みとなっている。例えば特別な教育的ニーズに応じたメディアは，その他の児童生徒にとっても読みやすく，手に取りやすい資料となっている。特別な教育的ニーズを想定して行う学校図書館整備は，学校図書館のユニバーサルデザイン化に取り組むことにもなる。それはすなわち，全ての児童生徒が利用しやすい学校図書館を生み出すことを意味しているのである。

3 特別支援学校における学校図書館

学校教育法において特別支援学校は，小中学校に在籍し特別な教育的ニーズをもつ児童生徒がその教育的ニーズに応じた教育を受けられるよう，必要な助言・援助を行うように定められている。特別支援学校がもつ教育上の高い専門性を生かしながら，地域の小中学校を積極的に支援

注5）例えば藤澤和子他『はつ恋（LLブック）』（樹村房，2017）や，大垣勲男・野口武悟『カフェの仕事―裕二さんの1日（仕事に行ってきます⑤）』（埼玉福祉会出版部，2019）などがある。

するセンター機能が期待されているのである。この考え方からすれば，特別支援学校の学校図書館は，地域で特別な教育的ニーズをもつ児童生徒のための学校図書館支援を行うセンター的機能を有さねばならないことになるだろう。では特別支援学校の学校図書館はどのような状況なのだろうか。2013年に全国SLA特別支援学校図書館調査委員会が全国の特別支援学校に行った調査から概況を見ることにする[注6)]。

特別支援学校の中で学校図書館を設置している学校は約90％で，設置率が100％となっているのは視覚，聴覚特別支援学校であり，設置率が最も低かったのは知的の約80％で，知的の学校図書館は他の施設との兼用率も約40％となっている。学校図書館法では学校図書館は必置となっているので問題となる状況である。

その学校図書館で有している設備，備品，機器はというと，閲覧机，閲覧いす，書架であり，視覚でDAISY再生機，拡大読書機等を有している程度であるという。

また，学校図書館の平均蔵書数を見てみると4,474冊で，視覚が約1万冊（点字図書，録音図書，拡大図書，墨字図書を合わせた数），聴覚が7,300冊，肢体が約5,000冊，病弱が約4,700冊，知的が約2,300冊と校種間での差が大きく，都道府県間での差も極めて大きい。同年度の小中高等学校の平均蔵書冊数と比較しても少なく，文部科学省の学校図書館図

注6）野口武悟（全国SLA特別支援学校図書館調査委員会委員長）「特別支援学校における学校図書館の現状（Ⅰ）（Ⅱ）」（公益社団法人 全国学校図書館協議会『学校図書館』765号・767号），2014年7月・9月号）。2013年9月に全国学校図書館協議会特別支援学校図書館調査委員会は全国の特別支援学校の本校1048校に対して質問紙による調査を実施（回収率64.7％）した。これに先立ち，野口は2007年に全国の特別支援学校に対して全国悉皆調査を行っている（『特別支援学校の学校図書館はいま―2007年全国実態調査の結果から―』誠道書店（新潟），2009年9月。なおこれは，研究代表者　野口武悟「特別支援学校における学校図書館の現状と課題―全国悉皆調査と事例研究を通して―」（平成19～20年度科学研究費補助金成果報告書）によっている）。本文中ではこれらを2007年調査と呼ぶことにする。また本調査と比較するために全国SLAが毎年行っている学校図書館調査を取り上げている（「2013年度学校図書館調査報告」公益社団法人 全国学校図書館協議会『学校図書館』757号，2013年11月）。

書標準を達成している学校は少数である（ただし学校図書館図書標準は高等学校は対象外）。特別支援教育で教科書のように利用されることも多い絵本の平均所蔵冊数では，視覚が約600冊，聴覚が約1,200冊，肢体が約1,100冊，病弱が約800冊，知的が約800冊となっている。図書以外のメディアについては，全ての学校種を通した平均点数の多いものだけあげると，カセットテープ約100点，ビデオテープが約70点，紙芝居約70点，CD 約20点，DVD 約10点といった状況で，学校図書館に設置されたコンピュータは平均2.1台で回答のあった503校の内の39％であった。ちなみに，学校図書館の年間経費は校費・私費を合わせた総額の平均で１校あたり22.6万円であった。

学校図書館を運営する司書教諭の発令率は，視覚約30％，聴覚約30％，肢体約60％，病弱約40％，知的約60％で平均54.2％であった。調査校の全学部数における12学級以上の規模の学部の割合は31.7％であることを考えると，発令率は高いと考えられる。特に，12学級以上の学部の割合が0.5％の視覚，6.2％の聴覚で約30％の発令率が見られるのは特筆に値する。学校規模にかかわらず司書教諭を発令する意義が認められているととらえる事もできるだろう。ただし司書教諭の約10％が学校図書館以外の校務分掌に所属していることにも注意しておきたい。発令はされたものの実質上司書教諭の業務に従事できない司書教諭であることも想定できるからである。関連して学校司書の配置は約10％で，専任率は82％であった。

以上，特別支援学校の学校図書館概況を見てきたが，特別支援学校では小中高等学校に「準ずる」教育を施すとともに「障害による学習上又は生活上の困難を克服し自立を図るために必要な知識技能を授けること」を目的としている。よって，小中高等学校よりも教育的ニーズの幅は広くなり，その教育課程の展開を支援する学校図書館も幅の広い施設・設備・器具等の整備が，また，ニーズに応ずるメディアを備えたコレクションの構築が望まれる。そして，特別支援学校は地域の特別支援教育のセンター的な役割を果たすことが求められており，特別支援学校の学校図書館もその一翼を担って地域の特別支援教育展開のために小中学校や関係諸機関との連携協力が重要な役割となってくる。そのような期待される役割からしてみると，現状の特別支援学校の学校図書館の状況は，物的にも人的にも十分なものとは言い難い。それぞれの学校が応えなければならない特別な教育的ニーズは多種多様であるが，司書教諭のリーダーシップの元にあらゆる児童生徒に対応できる学校図書館を構築し，活動していくことが望まれる。

4 特別支援教育における学校図書館活用の実際

松江市立揖屋小学校を事例に，小学校の特別支援学級で行われている学校図書館を利用した授業について紹介する[注7)]。

揖屋小学校の特別支援学級—青空学級・たんぽぽ学級—では，情緒・知的な側面に特別な教育的ニーズのある子どもが達が在籍している。この青空・たんぽぽ学級では，教育課程に位置づけて，週に１時間合同の図書の時間を実施している。担任の坂本道子先生は，４人の子どもに共通する課題としてコミュニケーションをあげられている。大人とのコミュニケーションが主となる子ども達に，子ども同士のコミュニケー

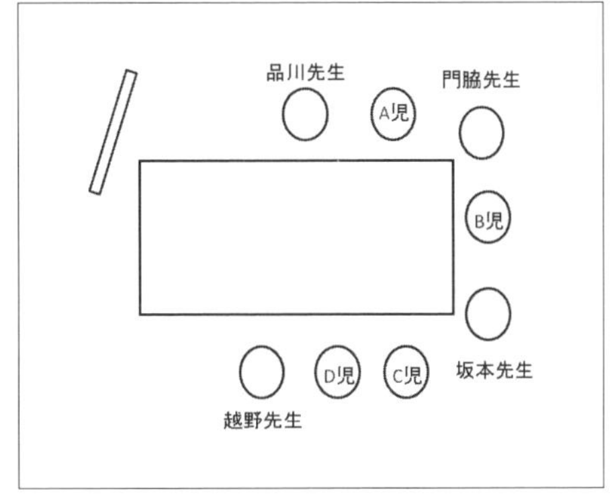

注７）この授業は2009年10月14日に行われた授業である。

ションを拓く場としても図書の時間をしたいと考えておられた。

2009年10月14日の授業では，担任の坂本先生，越野先生，司書教諭の品川輝子先生，学校司書の門脇先生（すべて当時）の４人で指導にあたられていた。

授業が始まる少し前に４年生の男子（以下Ａ児）が学校図書館へやってくる。図書の時間を楽しみにしている様子だ。程なく，先生と他の子ども達がやってくる。２年生の女の子（以下Ｂ児）「図書の勉強を始めましょう」のあいさつで授業は始まった。

あいさつのあと品川先生が「今日も２つお勉強をします。１つは門脇先生におもしろい本を読んでもらいます。２つ目はちょっと楽しいゲームをやります。カードを見て考えてね」と授業の見通しを示された。

授業の前半は門脇先生による読み聞かせである。前時に読み聞かせた加藤チャコ『おおきなカエル　ティダリク』（福音館書店，2005）について，ページを繰りながらふり返った。学校行事等の関係で，直前の週の授業というわけではなかったのだが，子ども達はすぐにお話を思い出し，思い入れのあるページでは立ち上がり，指さしをしながらストーリーをふり返っていた。門脇先生がストーリーの後半をふり返るところでは，集中してページを見つめて，お話の世界に入る気持ちの準備ができていた。『おおきなカエル　ティダリク』はオーストラリア（アボリジニ・ガナイ族に伝わる）の話だったが，本時は西アフリカのお話を読むことを話された。その間，品川先生がすかさずホワイトボードに貼られた地図を用意されていて，子どもは「アフリカって…」と品川先生の助けを借りながら，地図のどこなのかを確認していた。本時読み聞かせたのは斎藤隆夫『おおぐいひょうたん』（福音館書店，2005）というお話である。読み聞かせに入る前に，ひょうたんを知っているか確認されていた。ひょうたんを知っているかどうかで，お話の世界に入っていけるか否か大きく変わってくる。品川先生が「ひょうたんって知ってる？」と投げかけながら植物図鑑を示され，子ども達と写真を見ながら確認されていた。さて，読み聞かせが始まると子ども達はページに視線を集中させ，だまって話を聞いている。次第に前のめりになり，時折「へぇ，すごい」などとつぶやきながら聴いている。子どもの間に座っている先生達は，本を見つめているように見えながら，子ども達に十分注意を払っており，子どものつぶやきや反応をしっかりと見とりながら，必要なところでは子どもの耳元でささやきながら読み聞かせを楽しめるようにされていた。人食いひょうたんが主人公の子どもを食べようとするストーリーにさしかかるとＢ児は「えーっ，こわい」と素直につぶやき１年生の女の子（以下Ｃ児）にアイコンタクトをした。怖さを共有したいと考えたのであろう。Ｃ児も２人の間に座っている坂本先生の表情を確認しながら，表情を動かしていた。Ｂ児は読み聞かせが終わると少し心配そうに「大食いひょうたんって，日本にもある？」とつぶやいた。品川先生がアフリカにいるのではと話されても「絶対にやだって」と６年生の女の子（以下Ｄ児）はつぶやき，隣に座られていた先生に話しかけていた。授業の始まりから元気がよく，何かとつぶやき，授業の流れは気にしながらも，時折自分の気になることを話していたＡ児も，読み聞かせの間はすっかりストーリーに集中してテーブルに身を乗り出して読み聞かせに聞き入っていた。

品川先生は『おおぐいひょうたん』のお話で，ひょうたんは何を食べたのかふり返らせながら，「私たちは楽しいお食事考えよう」と巧みに２つめの活動につなげられた。「もしもできるとしたら，お城でお食事がいいですか？気球で朝ご飯食べるのがいいですか？川でおやつがいいですか」と，ジョン・バーニンガム『ねえ，どれがいい』（評論社，1983）のページを拡大コピーされたカードを示しながら子どもに問いかけられた。はじめに問いかけられたＤ児は川でおやつを選んだ。品川先生は「なんでこれがいいの？」と選んだ理由をたずねられた。その子は「なんか，いい感じっていうか」とうまく言葉にはできないのだが，自分の選んだ理由を伝えようと身を乗り出し身振り手振りを入れながら品川先生に語りかける。品川先生はその様子に共感し「うん，わかる，わかる」と返すと，彼女は船に乗っているのがいい気持ちなのだということを身振りを交えながら伝えることができた。その彼女の表現を大人４人が共感的に受け止める様子を見ながら，他の子どもは自分だったらとカードを見つめている。次に答えたＡ児は気球で朝食を選び，理由を問われるまでもなく，自分から「ここでなんか遊ぶ」と選んだ理由を話していた。品川先生は「そりゃあいい気持ちだね，お空の上で」と受け止めていた。この男の子が話し出す前から自分も話したそうだったＢ児は，自分の番が来るのを待って自分の選んだお城でお食事のわけを語り出した。所々繰り返しながら「何でお城でお食事したいかは，夜になって，お月見の時に月があってきれいだと思う」ということを話した。話し終えた彼女の表情は嬉しそうであった。そんな彼女を，坂本先生はしっかりと見てうなづき，大丈夫，よくわかるよと表情で支えながら見守っていた。最後にＣ児が話す番になった。隣に座っているＤ児が―川でおやつを選んだ―，彼女の手を取り，川でおやつを指ささせた。品川先生のどうして川でおやつがいいのかなという問いかけに，嬉しそうな表情を見せながら言葉を探しているように見受けられた。そんな彼女に，坂本先生が穏やかにささやきかけ，それに対して微笑しながらうなずいていた。やりとりがおやつに何を食べたいのかに進むと，自分の好きなおやつや食事の話になり，子ども達は先ほどよりも自由に話し始め，Ｂ児とＤ児は２人で食べ物について話し始めた。食べ物の話に花が咲き始めると「じゃあ次のお食事を考えてもらっていいですか？」と品川先生が次のカードを示す。虫のおかゆ，かたつむりのおだんご，くものシチュー，へびのジュース。カードが出るたび「えーっ」等と歓声が上がる。活動の見通しをもった子ども達は，先ほどよりも表情を柔らかくして楽しみながら活動に入っていく。「わぁ，食べたくない」と言いながらもカードを選んでいく。どう考えても食べるものではない４枚のカードである。品川先生は，どうして選んだのかをたずねていくと，先ほどの問いよりも表情豊かに答えだした。Ｄ児は楽しそうに「なんか，たまにですけど，うちのおうちにどこかに蜘蛛の巣があるから，他はないから」と話した。どうやっても理由をつけがたいナンセンスな問いに対して，楽しみながら，理由を探し話していた。Ｃ児は困った表情で―といっても楽しそうであったが―カードを見つめていた。隣のＤ児が手を取ってカードを選ばせようとすると，今度は坂本先生はそれを制止して，自分で選ばせるように目で合図した。「どれにする」と問いかける坂本先生の問いに対して，くものシチューを選ぶことができた。Ｂ児は虫が嫌いなので，どのカードも選びたくないと興奮して話した。虫をめぐる話が始まり，その後２つ目の問いをめぐって子ども達がひとしきり会話を楽しんだところで，品川先生は最後の問いを投げかけた。「もしも，いろんな動物が出てきて，ぞうに，おふろのおゆを全部のまれちゃうのと，鷹っているでしょう？たかにご飯を食べられちゃうのと，ぶたに，（笑）ぼくのずぼんをはかれちゃう，かばにふとんをとられちゃうとしたら，ねえ，どれがいい？」Ａ児が，かばに布団をとられてしまうものを選ぶと「これならば，まだいい？」との問いかけに「うん，こいつ（絵のカバ）をたたく，それで，こいつ（鷹をさして）を攻撃する」と言うと，それに対して向かいにいたＤ児が「つんとつつかれるよ」と返し，男の子は「じゃあ逃げる」と答えていた。Ｄ児は鷹にご飯を食べられるのは嫌だから，野球のバットで打ってしまうという意味のことを言うと，Ｂ児はそれをおもしろがり，C児も少し表情をくずして笑っていた。最後にC児がどれにするか問われると，少しいたずらっぽい表情をして，鷹にご飯を食べられてしまうカードを選んでいた。品川先生の「じゃあ，あとはだめね」の言葉にはしっかりとうなずいていた。「それではお勉強は終わりです。あとは本を返したり借りたりしてください」で4人の学習は終了した。本を返して借りる場面でも，先生達は子ども達の選ぶ本に注意を払い，手に取った本を一緒に開いて借りる本を選ぶ支援をしていた。

本時の授業の中で，司書教諭，学校司書，担任教諭，はどのような役割を果たしていたのだろうか。

授業は学校司書による読み聞かせ，司書教諭によるコミュニケーション活動，本の貸借の3つの場面から成っている。

授業の導入時，司書教諭は，本時で何を学習するのかを話す場面があった。特別な教育的ニーズをもつ子どもの中には，何が起こるのか不安なために見通しがもてない場では充分学習に取り組めない子どももいる。またこれから取り組むことがわかれば，期待感をもって意欲的に学習に取り組むことができる。司書教諭は本時の見通しを示すことによって子どもが意欲的に，安心して学習に取り組めるようにしているのである。本時は，基本的には司書教諭によって進行されていった。

読み聞かせに使われた図書資料の選定は，司書教諭と学校司書によって行われている。授業のはじめにはアフリカの昔話が読み聞かせられていたが，担任教諭から伝えられていた子ども達の実態と課題から，昔話を読み聞かせようと言うことになったのだという。昔話はストーリーの展開がはっきりしていてストーリーの中に繰り返しのある場合が多く，登場人物も少ない。伝えるメッセージ性も明確である。青空学級やたんぽぽ学級の子ども達には理解されやすい。これは，先述したLLブックのガイドラインにも通じるものがある。

また，世界の昔話を選ぶことによって世界に目を向けさせることもできる。本時で読み聞かせた昔話はアフリカの昔話なのであるが，地図で確認する場面を設けたり，ひょうたんを植物図鑑で確認したりと，わからないことを確認する場面があった。地図は小学校の低学年向けの地図が使われていて，学校図書館内には地球儀もおかれていた。特別な教育的ニーズのある子どもの中には，コミュニケーションがうまくできないために，知らなかったりよくわかっていないのに，知っているふりやわかったふりをしたりする子どもがいるという。こういった確認の場は，わからないことは調べるという情報リテラシーのスキルを育てる意味でも重要である。

本時の展開場面で用いられた図書資料『ねえ，どれがいい』は司書教諭と学校司書が選び，どこの場面を使うのか担任教諭と相談して決めたのだという。子ども達と読んでいくと自然と笑いの生まれる楽しい本である。担任教諭の自分で選んだり，話したり，話し合ったりすることに課題のある子ども達であるという捉えを元に，こんなことはないだろうという奇想天外な場面を取り上げ，子どもの心を動かし自然な自己表出を願っての選書であった。この選書は見事にねらいを達成していた。授業の開始時には硬い表情であったＣ児は，読み聞かせの中で，表情を少し緩めた後，この本をめぐるやりとりで自分が実際のコミュニケーションの場に立つことによって選び，理由を考える中で，緊張感を解いた自然な表情に変わり時にはにこやかな表情を見せるまでになっていった。特別支援教育においては，子ども個々の特別な教育的ニーズの幅が広いために検定教科書を用いての学習が効果的でない場合も多い。本時のように学校図書館の支援を得られれば，子どもの実態に応じた教材を利用する事ができる。

本時は授業を司書教諭や学校司書が主導することによって，担任教諭は子どもと共にお話の世界にひたり，そこから自然にこぼれ出てくる子どものつぶやきをしっかりと拾える態勢になっていたことも見逃せない。司書教諭らと担任教諭のティームティーチングの方法は様々であり，必ずしも学校図書館を使う授業を主導するのは司書教諭に限る必要はないが，本時は授業の進行を司書教諭がとることによって，担任は子どもの個別指導に集中できる態勢をとっていてそれが効果的であった。

本時終末の本を借りる場面での支援も見逃せない。特別な教育的ニーズのある子どもだからこそ，一人一人の選書を支援する必要は高い。子どもの選ぶ本を一緒に数ページ読みながら確かめる場面も見られた。

以上，本時の展開に従って学校図書館を活用した授業における司書教諭らと担任教諭の役割とその意義についてみてきたが，通常の学校における授業と基本的には変わることはない。司書教諭は学校図書館機能を授業とつなぐためにリーダーシップを発揮して，担任教諭との子どもの実態・課題の共有を図り，それに応じた授業構成の支援を行う。授業構成の支援においては，学校図書館が最も得意とする資料の提供をはじめとし，読み聞かせやブックトークなどの学校図書館活動の活用，司書教諭による情報リテラシーのスキル指導の支援，司書教諭，学校司書の授業支援等をコーディネートしていくことが重要である。特に特別支援教育においては子ども個々の特別な教育的ニーズの細やかな理解とそれに応じた図書資料等のメディアの準備が重要である。

本節では１時間の授業から特別支援教育における学校図書館の活用を検討してきたが，「先生のための授業に役立つ学校図書館データベース」[注8]には，特別支援教育における学校図書館活用に関する事例が掲載されている。特別支援学校の小学部の高学年児童にルビつきの本を選

注８）東京学芸大学学校図書館運営専門委員会「先生のための授業に役立つ学校図書館活用データベース」（http://www.u-gakugei.ac.jp/~schoolib/htdocs/）には，学校図書館活用のための有益な情報や，授業事例が掲載されている。特別支援学校のカテゴリーにも事例がある。本データベースから紹介する事例は管理番号示すので，これを参考に検索していただきたい。

書して読書指導に取り組んだ事例や[注9)]，中学部の１年生が校外学習で水の科学館に行く前に事前学習として学校図書館を活用した事例[注10)]，その他特別支援学級での活用事例が掲載されているので，参照していただきたい。

注９）管理番号 A0306　情報提供校　東京学芸大学附属特別支援学校，2017～28年の実践事例。

注10）管理番号 A0165　情報提供校　東京学芸大学附属特別支援学校，2013年の実践事例。

理解を確実にするために

[1] 次の用語を説明しましょう。

①特別な教育的ニーズ

② DAISY 図書

[2] 次の問いに答えましょう。

特別な教育的ニーズに応ずる学校図書館メディア，サービス（活動）にはどのようなものがありますか。

理解を深めるために

① 野口武悟・児島陽子・入川加代子『多様なニーズによりそう学校図書館　特別支援学校の合理的配慮を例に』少年写真新聞社，2019

② 野口武悟，成松一郎『多様性と出会う学校図書館 ― 一人ひとりの自立を支える合理的配慮へのアプローチ ―』読書工房，2015

参考文献

① 野口武悟『図書館のアクセシビリティ　「合理的配慮」の提供へ向けて』樹村房，2016

② 季刊『コトノネ』編集部『クッキーづくりの仕事　洋美さんの1日（LL ブック　仕事に行ってきますシリーズ①）』埼玉福祉会，2018（この他，動物園でそうじの仕事，オフィスで事務の仕事，いちごを育てる仕事，図書館の仕事，カフェの仕事，介護の仕事，うどん屋の仕事，魚屋の仕事，物流センターの仕事，等）

13 情報メディアを活用した授業と学校図書館

鎌田和宏

《目標＆ポイント》 学校教育においてデジタル教科書をはじめデジタル資料の利用が普及してきている。情報教育やNIEなどの教育と学校図書館の活用および情報活用能力の育成との関わりについて考える。
《キーワード》 情報教育，情報活用能力，デジタルコンテンツ，電子書籍，タブレット端末

1 学校図書館で扱う情報メディア

本章のタイトルとなっている「情報メディア」とは何だろうか。『図書館情報学辞典（第５版）』では「人間の情報伝達，コミュニケーションを媒介するもの。情報伝達に関与するものは極めて多様なため，さまざまな概念規定が可能である。」[注1] とし，媒介する物体・装置，技術的特性，社会的システムによってとらえ方が異なるとしている。この考えかたからすれば，本などの冊子体のものや新聞などの紙で構成された図書も情報メディアであるが，図書に限らない，情報を伝えるためのさまざまな媒体を想定しての語ということだろう。現在の状況からすれば図書に限定しない，インターネットなどの電子情報のネットワークを通じて得られる，様々な情報について考えておくのは当然のことだろう。

学校図書館で扱う情報メディアについては「学校図書館メディアの構成」や「情報メディアの活用」で詳しく扱っているが，学習指導要領の

注１）日本図書館情報学会用語辞典編集委員会編『図書館情報学辞典　第５版』（丸善，2020，p.110）

総則解説で示された学校図書館の図書館資料について再度確認すると，

> 図書館資料については，図書資料のほか，雑誌，新聞，視聴覚資料，電子資料（各種記録媒体に記録・保存された資料，ネットワーク情報資源（ネットワークを介して得られる情報コンテンツ）等）等の図書以外の資料

となっている。文部科学省の学校図書館の現状に関する調査[注2）]によれば，図書資料以外の図書館資料の状況は厳しい。新聞について言えば学校図書館に新聞を配備している学校は，小学校56.9％，中学校56.8％，高等学校95.1％で，配備している紙数の平均は，小学校1.6紙，中学校2.7紙，高等学校3.5紙となっている。後述するが，情報メディアは，その特性に応じた利用が重要で，新聞は他紙と比較して情報を読み取ることが重要なのだが，少なくとも２紙以上なければ比較はできない。また，図書資料でも探究的学習に不可欠な参考図書の状況についても報告がある。参考図書の代表格である百科事典や図鑑の状況については同調査の2016年のものに報告があり，それらをセット配備している学校は，小学校95.0％，中学校94.1％，高等学校96.3％で，配備セット数は小学校6.7セット，中学校6.8セット，高等学校8.0セットで，それらの刊行後の年数を見ると，10年以上経っているものは，小学校55.3％，中学校62.6％，高等学校86.6％と古いものであることが多い。雑誌については，全国学校図書館協議会と毎日新聞による調査があり[注3）]，雑誌を購読している割合は小学校23.7％，中学校35.5％，高等学校92.6％となっており，平均購読誌数は（かっこ内は購読校での平均）小学校0.7（2.3）種，中学校3.5（8.4）種，高等学校12.6（12.9）種であった。雑誌も新聞同様，メディアの特性から比較して読むことが重要なメディアであるので，高等学校を除くとかなり厳しい状況であると言って良いだろう。

ここまで見てきた伝統的メディアがこのような状況であるので，電子

注２）文部科学省「学校図書館の現状に関する調査」2021

注３）全国 SLA 調査研究部「2019年学校図書館調査報告」（公益社団法人 全国学校図書館協議会『学校図書館』830号，2019年12月，p.38）

資料の整備状況は，極めて厳しいことが予想できるだろう。文科省の前掲の調査によれば，電子書籍を所蔵している学校は，小学校0.2%，中学校0.3%，高等学校1.4%となっている。このような厳しい状況を踏まえ，図書資料はもちろんのこと，各種情報メディアが学習で利用できるように整備することが喫緊の課題である。

2019年末に政府がGIGAスクール構想を発表[注4)]し，小中学生に１人１台のPCやタブレット端末等を配置し，学校内の高速通信ネットワーク環境の整備にのりだした。中央教育審議会も「令和の日本型学校教育の構築を目指して～全ての子供たちの可能性を引き出す，個別最適な学びと，協働的な学びの実現（答申）」[注5)]を取りまとめた。これを見ると，先に内閣府が発表したSociety5.0[注6)]を踏まえつつ，ICT機器・技術の活用が，令和の日本型教育を大きく変える要素であるかと受け止められる構成・展開となっている。これらには原理的には学校図書館の利活用によって育てられる「情報活用能力」や「問題発見・解決能力」に関わる言及が多く見られるのだが，学校図書館への言及はほとんどない。現在の公共図書館や大学図書館を見れば，図書館サービスはICT機器・技術やインターネット等を利用した情報ネットワークの活用なしには考えられない。多くの学校図書館は，公共図書館，大学図書館等がすでに経験してきた情報化から取り残されているのである。GIGAスクール構想の展開に積極的に関与し，情報教育の一翼を担うものとして積極的に

注４）文部科学省「GIGAスクール構想について」2019年12月より。https://www.mext.go.jp/a_menu/shotou/dokusho/link/1378073.htm

注５）文部科学省「「令和の日本型学校教育」の構築を目指して～全ての子供たちの可能性を引き出す，個別最適な学びと，協働的な学びの実現～（答申）（中教審第228号）」（2021年１月26日）https://www.mext.go.jp/b_menu/shingi/chukyo/chukyo3/079/sonota/1412985_00002.htm

注６）内閣府「Society5.0とは」https://www8.cao.go.jp/cstp/society5_0/　これにもとづく教育政策構想については，Society5.0に向けた人材育成に係る大臣懇談会　新たな時代を豊かに生きる力の育成に関する省内タスクフォース「Society5.0に向けた人材育成～社会が変わる，学びが変わる」（2018年６月５日）

進めながら，学校図書館のDX化（デジタルトランスフォーメーション）につとめ，情報メディアを最新のものも含めた構成にする必要があるだろう。学校図書館のDX化は，発達障害を含む障がいや，異文化をルーツにもつ子ども，年齢・能力等に配慮することも含め，発達の状況に応じた，児童生徒への学校図書館サービスの提供を可能にすることも視野に入れて行われるべきである。

2 情報メディアを活用した授業と学校図書館

情報メディアを活用した授業を行うには，

①情報メディアを利用できる機器や環境の整備

②学校図書館コレクションに利用すべき情報メディアを位置付ける

③情報メディアの特性の把握と利用方法を習得する指導を行う

④学習過程に情報メディアの活用を位置付ける

が必要である。①について言えば，新聞や雑誌など逐次刊行物やその他の情報メディアについても，組織化と配架については図書資料と異なる対応を行うことが多かった。また，それらを利用する際にはメディアの特性を把握した利用方法の指導が行われて来た。例えば新聞は速報性に長けたメディアで，正確な情報が発信できるように一定の訓練を受けた新聞記者が取材して記事を作成しているが，取材のあとに新たな事実が明らかにある事もあり，続報を見ていかないと報道の正確性は確認できない。また，紙面構成の都合上，全ての取材が紙面に反映されるわけではない。ラジオやテレビなど，新聞よりも速報性の高いメディアが発達すると，速報性も追いもとめつつ，わかりやすく事件やできごとを解説する方向に記事の重点も変わりつつある。こういった技術や社会の変化に応じたメディアの特性の変化もある。新聞自体も紙で発行されてきたものから，電子化が進められている。これにより，配達のために必要だった時間の差は一切なくなり，発行と同時に読書の手もとに届くことになった。これまで同様，紙面の形式で読むこともできれば，自分であらかじめ登録した分野やキーワードに応じた記事が優先して読めるようになっているものもある。これら電子化が進められた新聞は，読むための機器が必要となってくる。コンピュータやタブレット，スマートフォン等である。必要な記事の探し方も変わってくるのである。

②について，電子資料等の図書資料以外の情報メディアを導入したら，それらを他の情報メディアと同様に，検索が可能となるように組織化し，利用方法を指導する必要があるだろう。

③について，図書館の利用指導の中で，参考図書や一般図書の特性を指導してきたように，新たに位置付けた情報メディアについても特性を把握し，利用方法を学ぶための指導が必要となろう。前節で述べたように，小中学校の児童生徒が，１人１台のPC等の端末を持つ時代がやってきた。その端末で教科書を読む時代も程なく訪れ，その延長線上に，電子書籍やネットワーク情報資源を利用することも遠からず実現するだろう。電子書籍の利用法については，わが国では緒に就いたばかりだったが，COVID-19下で，学校も含め，急速に利用が拡大しつつある。紙媒体の本との読書との質的違いについては，今後の研究を待たねばならないが，同じ端末上で，信頼性が担保された資料や電子書籍も読めれば，信頼性については利用者が吟味しなくてはならないSNS等の情報も読めるのである。利用者にとってはどちらのデジタルコンテンツも同様のもののように見えるかもしれない。フェイクニュースを見抜くためのファクトチェックに取り組む試行的授業実践も取り組まれ始めているが，まだ今後の発展が望まれる[注7）]学校図書館としては，教科書やデータベース等の信頼性の担保されたデジタルコンテンツの導入を進めつ

注７）坂本旬「学校図書館とオンライン情報評価能力の育成―法政大学第２中学校における実践から―」『法政大学資格課程年報』（７）5-16，2018年３月31日

つ，その他のデジタルコンテンツとの違いを捉え，使い分ける指導をしていく指導を考える必要があるだろう。

教科書についてはこれまでは教師用のデジタル教科書があり，法改正により2020年からは小学校の児童用デジタル教科書の利用も始まった。それらを使用しつつ，利用方法の指導について検討するべきだろう。データベースについては既に学校向けのサービスも行われており，電子書籍についても定額制のサービスも始まっている。それらについて試用・吟味し，導入の検討をすることが必要である。

子どもたちは既にスマートフォン等で，デジタルコンテンツに接しており，学校がいわば「ガラパゴス」なのである。学校図書館の DX 化を進め，デジタルコンテンツの利用について積極的に考えていかねばならない。

3 情報メディアを活用した授業

情報メディアを活用した３つの授業スケッチを見ていこう（紹介した３つの授業は，実際にあった授業をもとに，筆者が一部改編して示している）。

【小学校の授業】

ある県の県庁所在地での授業。５年生の総合的な学習の時間。学校図書館で６人一組のグループで子どもたちは座っている。子どもたちが座っているテーブルの上にはグループに１セットずつの百科事典が置かれている。

授業者は「人口」と板書し，どう読むか尋ねた。反応のはやい子どもがすかさず「じんこう」と答えた。授業者は目の前の百科事典で引いてみましょうと指示を出す。既に中学年で百科事典の引き方を学んだ子どもは「背」,「つめ」,「柱」で引くんだよ，等とつぶやきながら「し」と「背」に書かれた巻を手に取り，小口に印刷された「つめ」で「し」の部分をさがしながら，「『じん』だから最後の方かな？」等とつぶやきながら，「し」の終わりの方の頁を開き，頁の上部に印刷された「柱」の単語に視線を走らせる。

「じんけ…あった！『じんこう』だ」

机間指導している授業者は，すかさず声をかける。この授業には学級担任の教諭（司書教諭でもある）と学校司書の２人が授業者として指導している。授業者は「何て書いてあるか，読んでごらん」と全体に話しかける。元気のよい子どもが「じんこう，ある国や地域に住んでいる人の総数…国勢調査で調べられる。」と読み上げていく。授業者は「わからない言葉はない？」とたずねると「国勢調査」の声。「わからない言葉があった時はどうするの？」と授業者がたずねるとすかさず「国語辞典！」と返ってくる。授業者は「今日は百科事典で調べてみようか？」と返すと「次は『こ』だね」と別の巻に手を伸ばす。別のテーブルに目を移すと，索引巻を開き，「人口」をさがす子どもが目に映る。その隣では「国勢調査」の項を見つけて，解説を読み上げる子どもが現れ始める。どのグループも「人口」の項目は，見つけられたようだ。授業者は一旦グループ活動をやめる指示をだし「人口とは何ですか」と問いかける。指名された子どもが項目の最初の１文「ある国や地域に住んでいる人の総数です，どうですか？」と応えた。すかさず「いいです」の声。解説の文章から，問いに必要な部分を抜き出して答えている。百科事典の解説文のはじめには，語の定義が書かれているが，それを理解しているのだろう。授業者は重ねてたずねる。「それはどうやって調べるのですか？」子どもたちは額を寄せ合い，解説文を再読する。ある子どもが見つけ，挙手。「５年に１度の国勢調査で詳しく調べられます，と書いてあります」と答える。授業者は更に「国勢調査って何ですか？」と問いかけると「はい！」と手が上がった。「調べたのだね，教えて下さい」と授業者。子どもは「国が行う統計調査の中で，最も大規模な基本となる人口調査です」と解説を読み上げた。

「なるほど。では，わたしたちの住んでいる○○県の現在の人口は何人ですか？百科事典で調べるにはどの巻を使えばよいでしょうか」と発問した。子どもたちは百科事典の「背」を見てしばらく考える。「12巻のデータ集を見たらよいと思います」と発言する子ども。授業者は「では調べてみましょう」と促した。子どもたちが使っていた百科事典にはデータ集の巻があり，子どもたちは目次を見ながら，どこにあるのか見当をつけながらページをめくっていき，「日本の都道府県」のページを見つけた。表に書かれた○○県の人口を見つけ出し「3,767人だ」と嬉しそうに話している子どもに「そうなのかな？○○小学校だって，全校で千人はいるよね」と，単位がどうなっているのかを見るように注意を促す。別のグループで声が上がる。「見つけたんだけど，これ遅れてるよ」授業者が「どうしたの？」と話しかけると「ここね」と表の外の人口のデータが何によっているのかを示した文章を指さしながら「これ○○年だから，今から７年も前だよ」と調査がかなり前のものだと訴える。グループでの調べる活動が一区切りついたところで，調べた結果を発表させた。「3,767人」と発表したグループに対して別のグループの子どもが「人口って書いてある下に1,000人ってあるから，3,767のあとに０を３つつけて，3,767,000人になると思います」と発言。全体で表の読み方を確認した。授業者は「それはいつ調べたものですか？」と続けると，すかさず手が上がり「○○年10月１日現在と書いてあります」と答えてくれた。授業者は黒板にプロジェクターで映されたワークシート（子どもたちには１人１枚配付されている）の表の項目（調査した年月日，何を資料としたか，人数）に○○年の国勢調査と書き込みながら「今日の課題は○○県の人口でしたね，それでは3,767,000でいいでしょうか？」と確認すると，子どもたちの中からざわめきが起こった。「いいです」という声と「えぇっ」という声，次第に「だめぇ」等と否定的な言葉の声が大きくなってきたところで授業者が「意見が別れてますね。どうしてですか？」とたずねると「データが古いから信用できないと思います」と発言する子ども。続けて「新しい子どもが生まれたり，交通事故で死んだりするから，人口は変わっちゃうから，なるべく新しい方がいいと思います。」そうだ，そうだの声の中に「引っ越してきた子もいるよね」とのつぶやきもでてきた。授業者は「みんなはこの調査の中に入っているのかな？」と問いかけると「うん，入っている」の声。「みんなの兄弟の中で，これに入っていない兄弟がいる人は？」とたずねると多くの手が上がった。「じゃあどうしようか？」と問いかけると「うぅん…」とうなる子どもたちにもう１人の授業者である学校司書が「学校図書館には，こういう資料もあるんですよ」と年鑑を手に話し始めた。「この○○年鑑という本は…」子どもたちは説明を聞き，年鑑で○○県の人口を調べ始めた。

この授業は百科事典や年鑑などの参考図書の使い方を指導する授業である。参考図書の存在や使い方は指導しないと，使えるようにはならないが，使えるようになると子どもたちは何でも自分で調べるようになっていくと授業者はインタビューに答えて語ってくれた。国語辞典では調べられなかったり，解説が詳しくなかったりする事柄について，調べることができる百科事典のよさに触れ，事柄だけでなく人口のようなデータも調べられることに触れつつ，それでも不十分な時は別の参考図書―今回は年鑑―他で調べられることも子どもたちは学んだことだろう。この学校の学校図書館にインターネットに接続している端末があれば，県庁のウェブサイトやその他のサイトを検索して，信頼性の高いデータを手に入れることも考えられたことだろう。またこの授業では，百科事典が６人に１セット用意されていた。学校司書が公共図書館や他校の学校図書館から借りてきたものであったが，GIGA スクールが進展し，１人１台のタブレット端末等が配付され，学校や教育委員会が契約すれば，インターネット経由で利用できる百科事典等の参考図書検索サービスも利用できることだろう。参考図書の利用は，技術の進歩と，学校の情報環境の変化に応ずることによってこれから大きく変わっていることが想定される。

【中学校の授業】

ある中学校の国語の授業である。松尾芭蕉の「奥の細道」が教材文として取り上げられているが，その単元の導入を，国語科教諭（司書教諭でもある）と学校司書がティームティーチングで行っている。授業者はこの２人である。授業の場所は学校図書館。生徒は普段は４人一組で座れる閲覧席のテーブルが，指定の場所となっているが，この授業の時には学校図書館前方の，全員が集まれるスペースに集められていた。国語科教諭である授業者が生徒たちに話し始めた。

「今日から，松尾芭蕉の『奥の細道』について学習していきます。これは松尾芭蕉が東北を旅して，その途上で俳句を読んでいく紀行文ですが，みなさんには旅行代理店の社員になってもらって『奥の細道ツアー』を企画してもらいたいと思います。４人のグループで１つの企画を作ってもらいますよ。企画はこのように作ってもらいたいと思います。まず，奥の細道にのっている俳句から１句を選んで下さい。その句の世界を味わうツアーを考えてもらいます。まずお客様にその句の世界をわかってもらう必要がありますから，どのようなことを詠んだ句なのか，現代の言葉で解説するフリップを作ってもらいたいのです。フリップというのはフリップボードのことで，テレビの情報番組などで，説明をする時などに使われる厚紙で作ったボードです。NHK ではパターンと言うそうですね。これがその例です。『奥の細道』を現代の言葉で説明した本は何種類かありますから，先生はそれをいくつか調べてこのフリップを作りました。解説フリップができたら，ツアーですから，どうやってそこまで行くのか調べて，説明するフリップも作ってもらわなくてはなりません。何を使えばいいですか？（地図と時刻表！の声が上がる）鉄道好きの○○君，ありがとう。列車の旅はいいですね。（先生！コンピュータ室に調べに行っていいですか？の声）それもよいと思います。旅程の説明フリップができたら，そこに行って見られる景色はこんな感じだというフリップを作ってもらいたいと思います（教師が写真の貼られたフリップを見せると，生徒たちから「おぉ」と声があがった。「それ日本ではないんじゃない？」の声も）そうなんです。これはある外国の風景なんですが，この句のイメージだと，こんな風景が見えるんじゃないかと想像した風景を写真集から選んでフリップを作ってください（「それじゃあ詐欺なんじゃない？」の声)。はい，はい，だからこのフリップの下を見てください。『これはイメージです。実際の景色は現地で楽しんで下さい』と書いてあるでしょう？（「え～えっ」と苦笑まじりの声）というわけで，学校図書館やコンピュータ室で調べて，３枚のフリップを作ってもらいます。いいですか？（「はい」の声)」

生徒たちは，学校図書館の閲覧席のテーブルにもどり，教科書を開いて芭蕉の句を見ながら話し合い始めた。すでに書架に行って奥の細道の現代語訳の本を手にしているグループもある。

この授業は，生徒たちの日常とは距離のある古典を親しみやすく，主体的，活動的に学習させたいと考えて，構想された授業であった。授業にあたって，学校図書館は，奥の細道や松尾芭蕉について調べられる資料と，時刻表や旅行案内，風景写真を集めた写真集などを用意した。学校図書館には様々な資料があり，それらの使い方に慣れていくことができるように構成された授業であった。

【高等学校の授業】

高校の学校図書館オリエンテーションの授業である。授業者である司書教諭は学校司書と相談して，メディアの特性とその使い分け方を体感できる授業をしようと考えた。生徒に配付された授業の流れを説明した資料には「メディアを使い分ける②　レポート課題において，以下の３種類のメディアをどのように使い分ければ，より良いレポートが作成できるかを，具体例とともに，次の授業でグループごとにホワイトボードで報告する。①「本（辞書・事典類のデータベースを含む)」，②「インターネット（ウィキペディアを含む)」，③「新聞（新聞データベースを含む）所要時間30分」，と課題が示されている。この授業でまとめる際に使われるよう指示されていたホワイトボードは，グループに１枚配付された１ｍ×1.5ｍ程度の中型のものであった。

生徒たちはこの資料を元にグループに分かれて，話し合ったり，調べたりしながら学習を進めていった。学校図書館オリエンテーションというと，司書教諭や学校司書から説明を聞くといった授業が見られるが，この授業は，生徒が自分で考え，話し合い，行動しながらメディア特性をつかんでいくという授業であった。高校生ともなると，日常的にごく当たり前にインターネットに接し，様々な情報を手に入れている。授業者の意図として，「本が良くてネットはだめ」というような授業にはしたくないとのことだった。また，活動からメディアの特性をつかむような授業にしたのは，与えられるものでなく，自分たちのこととして考え，つかんで欲しいという意図によるものであった。

生徒たちは，グループで活発な話し合いを展開しながら学習を展開していった。生徒の学習状況をみながら具体例の選び方でどうしたらよいか考えているグループが多いことを見て取ると，司書教諭は次のような具体例を選ぶ際の手がかりを示した。

❶レポート課題や「調査レポート」のタイトル一覧から考える
❷答えの仮説を立て，その検証に向いていそうなテーマを考える
❸図書館の蔵書から考える
❹グループメンバーに共通する興味・関心ごとから考える

一般的な問題として，メディアの特性を考えていた生徒たちは，具体例を考えることによって，より具体的にメディアの特性が考えられるようになっていった。授業者である司書教諭は，課題の②で示した，レポートを書く時によく言われる，インターネットを使ってはいけない，例えばウィキペディアを使ってはいけないというのはなぜなのか，それに対する反論も考えるように問いかけ，クラス全体で意見を出し，考えながら進めていった。この話し合いによって，どのツールが良くてどのツールがダメなのかではなく，何が良くて何が問題なのかを判断する基準を考えさせることによって，新たなメディアやサービスが出てきた際にも考えられるようになるのではないかとの意図からであった。生徒たちは調べ，考え，話し合いまとめたことをホワイトボードに書き上げ，それを授業者にタブレットのカメラで撮影してもらい，1時間の授業は終わった。次の時間は，ホワイトボードに書かれたことを基に発表するわけだが，その時間まで保存しておくための撮影であった。次の時間には，その画像を電子黒板に映示して，発表が行われたのであった。

このスケッチの元になった授業は平成30年告示の学習指導要領が公表

されるよりも以前のものであるが，すでに生徒が主体的に活動しながら考え，話し合い，学ぶ，アクティブ・ラーニングの授業が展開されていた（学習指導要領では「主体的・対話的で深い学び」と言い換えられたものである)。この授業から学びたいことは，メディアの特性を教え込むのではなく，よくある問題場面から生徒に，メディアの特性を考えさせ，それを選択する基準を考えさせたところにある。授業者が意図したように，技術の進歩により，日々新しいメディアや情報サービスが登場する。それらと出会った時に自分で特性を考え，判断できるようになることは大変重要である。

【3つの授業スケッチから】

学校図書館がこれまで主として収集してきた本などの図書資料は確かに重要である。しかし技術の進歩によって情報メディアの在様も変化してきている。生まれて初めて出会う本が電子書籍であるといったようなデジタルネイティブ世代の子どももいる。学校図書館としては，広く情報メディアに目を配り，その特性をつかんで，児童・生徒・教職員が目的に応じて適切な方法で利用できるように学校図書館を整備しておくことが重要である。

理解を確実にするために

1 次の用語を説明しましょう。

①デジタルコンテンツ

②電子資料

2 次の問いに答えましょう。

図書以外の学校図書館の図書館資料の状況を情報メディアの種類の観点から説明するとどのような状況ですか。全国調査を踏まえて説明しましょう。

理解を深めるために

① 堀田龍也・為田裕行・稲垣忠他『学校アップデート―情報化に対応した整備のための手引き』さくら社，2020

② 坂本旬・芳賀高洋・豊福晋平他『デジタル・シティズンシップ　コンピュータ１人１台時代の善き使い手をめざす学び』大月書店，2020

③ 赤堀侃司・堀田龍也監修『GIGA スクールで実現する新しい学び』東京書籍，2021

④ クリスティーナ・A・ホルズワイス他『学校図書館をハックする　学びのハブになるための10の方法』新評論，2021

参考文献

① 国際子ども図書館『読書・学習支援コンテンツ構築及び利活用に関する調査研究　国際子ども図書館調査研究シリーズ第４号』国際子ども図書館（国立国会図書館），2019

② 高橋純『はじめての授業のデジタルトランスフォーメーション』東洋館，2021

③ チャールズ・ファデル他『21世紀の学習者と教育の4つの次元 知識，スキル，人間性，そしてメタ学習』北大路書房，2016

14 情報サービスと学校図書館

庭井史絵

《目標＆ポイント》 学校図書館は，児童生徒の学習活動に対しても教職員の教育活動に対しても，その情報ニーズに対応する。本書では，レファレンスサービスをはじめとした情報サービスについて説明し，利用者に適切な情報を提供するためには，どのような準備が必要かを考える。
《キーワード》 情報サービス，レファレンスサービス，レフェラルサービス，カレントアウェアネスサービス，パスファインダー

1 情報サービスとは何か

（1）情報サービスの定義と種類

図書館による「情報サービス」とは，何らかの情報ニーズをもっている図書館利用者に対し，必要とする情報あるいは情報源を効率よく入手できるように援助するサービスをいい，『図書館情報学用語辞典（第5版)』で以下のように定義されている。

（1） 図書館の情報提供機能を具体化するサービス全般。レファレンスサービスがこれにあたる。
（2） レファレンスサービスを高度に，あるいは能動的に伸展させた各種のサービス。オンライン検索，ディスク検索，SDI，カレ

ントアウェアネスといったサービスが相当する。

（3） 図書館が情報を扱う機関であるとの認識から，図書館が実施するサービス全体。

学校図書館は学校の「情報センター」としての機能を有しており，「児童生徒や教職員の情報ニーズに対応したり，児童生徒の情報の収集・選択・活用能力を育成したりする」ことを求められている（学校図書館ガイドライン，2016）。すなわち，児童生徒や教職員に情報(源)を提供したり，情報探索を支援したりするだけでなく，情報探索能力の向上に寄与したり，情報ニーズの自覚を促したりすることも必要である。

図書館による情報サービスには，レファレンスサービス，レフェラルサービス，カレントアウェアネスサービス，情報検索サービス（代行サービス）などがある。これらについて，同辞典で確認しておこう。

●レファレンスサービス（reference service）

何らかの情報あるいは資料を求めている図書館利用者に対して，図書館員が仲介的な立場から，求められている情報を提供ないし提示することによって援助すること，およびそれにかかわる諸業務。

●レフェラルサービス（referral service）

利用者からの情報の要求に対して，その分野の適切な専門家や専門機関に照会して情報を入手し，提供するサービス。また，そうした専門家や専門機関を利用者に紹介するサービス。

●カレントアウェアネスサービス（current awarness service）

図書館その他の情報機関が利用者に対して最新情報を定期的に提供するサービス。コンテンツサービス（筆者注：特定の主題分野の雑誌の目次をコピーして提供する），新着図書目録の配布，SDI（筆者注：

selective dissemination of information，特定主題に関する最新情報を定期的に提供する）などの形態がある。

（2）学校における情報サービス

学校図書館が提供する情報サービスとして特に重要なのは，レファレンスサービスである。「校庭で捕まえた昆虫の名前を調べたい」「SDGsについて書かれた本がほしい」という児童生徒の質問や，「NIEの実践事例について書かれた新聞や雑誌の記事はないか」という教職員のリクエストに対応することは，司書教諭や学校司書の日常的業務である。

これらの質問に対し，自館資料やインターネット，オンライン・データベース等の検索によって解決できない場合も，他校の図書館や地域の公共図書館に協力を仰いだり（図書館間協力），専門家や専門機関に問い合わせたりするなど（レフェラルサービス），できるかぎりの対応をする。

また，質問を待つのではなく，年間指導計画等を確認して，教職員の教育活動に資する情報を事前に提供したり（カレントアウェアネスサービス），特定のテーマに応じた調べ方を案内するツール（索引やブックリスト，パスファインダーなど）をあらかじめ用意したりすることもある。

一方，児童生徒に対する情報サービスにおいては，質問に対する回答をすぐに提供するのではなく，子どもたちが自分で解決できるよう支援したり，調べ方を教えたりすることも重要である（利用指導）。

2 レファレンスサービス

（1）レファレンスサービスの機能

レファレンスとは，「refer ＝参照する，問い合わせる」を語源とする。図書館では，辞書や事典，統計等の参考図書を「レファレンスブック」，それらの図書が並んでいる書架を「レファレンスコーナー」，公共図書館等で利用者の質問に対応する窓口を「レファレンスカウンター」と称する。

レファレンスサービスには「資料・情報の提供」と「利用指導」という2つの機能があり，どちらの機能を優先するかによって，質問への対応の仕方が変わる。

例えば，児童に「地震について調べたい」と質問された場合を考えてみよう。「資料・情報の提供」を重視する場合は，地震について書かれた本を手渡したり，百科事典や図鑑の該当ページを開いて見せたり，資料が排架されている場所を提示したりする。一方，「利用指導」を優先する場合は，目録の使い方を教えて検索させたり，分類の仕組みと排架のルールを説明して「453地震学」を発見させたり，事典の目次や索引の利用法を教えて目的のページを見つけさせたり，質問者が自分で調べて求める情報を入手できるよう支援する。

2つの方法のどちらを選択するかは，質問者の情報探索の知識・技能に応じて判断する。一般に，専門図書館や大学図書館では「情報・資料の提供」機能，学校図書館では情報リテラシーの育成という観点から「利用指導」の機能が優先される。

（2）レファレンスサービスの種類

レファレンスサービスには，「直接的（質問回答）サービス」と「間接的サービス」がある（図14-1）。

①直接的（質問回答）サービス

利用者（児童生徒，教職員）からの質問に直接回答するサービスで，「情報の提供」「資料（文献）の提供」「図書館利用法の指導」「文献探索法の指導」などの方法がある。

例えば，「杉原千畝は何年に生まれたのか」という質問に対して，館内の人名事典を参照し生年を回答する場合は「情報の提供」となり，「杉原千畝の伝記や自伝はあるか」という質問に対して，蔵書を検索して排架場所を示したり，『教科書に載った日本史人物1000人—知っておきたい伝記・評伝』（日外アソシエーツ，2018）といった参考図書を確認して，該当する資料（図書）の書誌事項を回答したりすれば「資料（文献）の

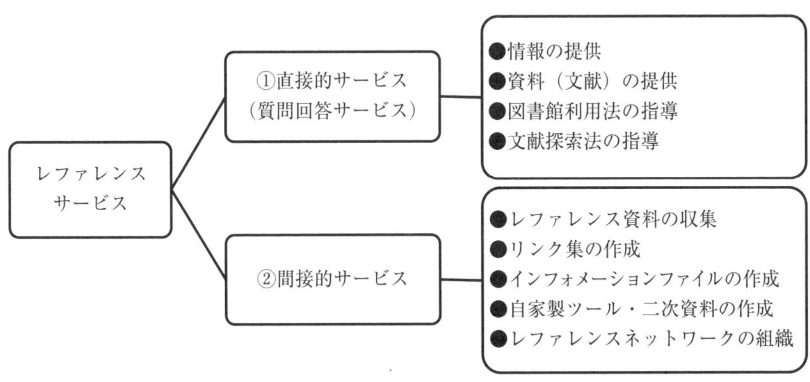

出所：日本図書館協会図書館ハンドブック編集委員会編『図書館ハンドブック第6版補訂2版』公益社団法人 日本図書館協会，2016，p.83より作成

図14-1　レファレンスサービスの種類

提供」となる。

一方，「杉原千畝についてどのように調べたらよいのか」という質問に対して，OPAC 等目録を使った検索のしかたや，NDC（日本十進分類法）と請求記号の仕組みを説明して，伝記関係の図書の探し方を教える場合は「図書館利用法の指導」となり，人物情報の調べ方や人物書誌の使い方を説明する場合は「文献探索法の指導」となる。

②間接的サービス

レファレンスサービスを適時・的確に行うためには，質問に回答するためのレファレンスツールを整備しておく必要がある。ツールには「レファレンス資料」「リンク集」「インフォメーションファイル」「自館製作ツール・二次資料」「レファレンスネットワーク」などがある。

まず，辞書，事典，書誌，索引，統計，年鑑などのレファレンスブック（参考図書）などレファレンスサービスを行う上で必要となる資料を選択，収集し，レファレンスコレクションを形成する。学校図書館では，児童生徒が自ら利用することも考えて，成長段階に応じたレファレンスブックを用意する必要がある。

全国学校図書館協議会は，参考図書の選定基準を次頁のように定めている。

また，最近では，インターネット上の情報をレファレンスツールとして利用することも多い。質問の都度検索するのではなく，あらかじめ，有用なサイトを集めた「リンク集」を作成しておくことも重要である。あるいは，他館が作成したツール，例えば，国立国会図書館の「調べ方案内」（https://rnavi.ndl.go.jp/research_guide/）などで，どのようなテーマが取り上げられているか把握しておくとよい。

レファレンスツールとして整備しておきたいもののひとつに「イン

全国学校図書館協議会図書選定基準（1980年制定，2008年改訂）

〈https://www.j-sla.or.jp/material/kijun/post-34.html〉

1　百科事典・専門事典

（1）　項目の選定や解説が適切になされているか。

（2）　それぞれの項目について，専門家が執筆し，説明の内容は正しく，かつ新しいか。また，執筆者が示されているか。

（3）　見出しが使いやすく，必要な写真・図版が適切に掲げられているか。

（4）　参照の指示が適切になされているか。

（5）　参考となる資料が紹介されているか。

（6）　索引は，調査研究に充分たえるように作られているか。

（7）　統計資料・補遺・年鑑の刊行など，新しい情報を補充するための配慮がなされているか。

（8）　必要に応じて，充分な改訂がなされているか。

2　辞典

（1）　編者は，信頼のおける専門の研究者であり，最新の研究成果を踏まえた編集がなされているか。

（2）　見出し語の選定は適切であるか。

（3）　解説・説明は正確でわかりやすく，客観的になされているか。

（4）　索引や参考となる資料が，必要かつ充分につけられているか。

（5）　必要に応じて，出典・用例・参照などが適切につけられているか。

3　年鑑・統計・白書類

（1）　公的な機関または責任ある団体によって編集されたものか。

（2）　資料の収集や処理が客観的かつ科学的であるか。

（3）　統計は正確で新しく，調査年度および原拠が示してあるか。

（4）　グラフや図版が適切に使われ，必要な解説がつけられているか。

（5）　年鑑は，とくに項目の選定や解説が適切になされているか。

フォメーションファイル」がある。インフォメーションファイル（ファイル資料）とは，パンフレットやリーフレット，新聞・雑誌記事の切り抜きを台紙に貼ったものなどである。それらをファイルボックスやバーチカルファイルなどに入れて整理しておくとよい。特に，地元の行政情報や施設・機関情報，人材情報などの地域情報は，学習活動を広げる際に役立つ。これらの情報は，リストにしたり，ファイルにしたり，件名を付与してデータベースに登録したりして，いつでも検索・利用できるように準備しておくことが大切である。

その他に，質問が予想されるテーマに関する文献リストや，地域情報の索引などの「自館製作ツール・二次資料」がある。学校図書館においては，年間指導計画で授業の内容を確認したり，学校行事やクラブ活動に関連するテーマを想定したりして，ブックリストや，後述するパスファインダーを作成しておくことが可能である。

レファレンスに際して力を発揮するのが，他機関との連携である。日ごろから，他の図書館や関連機関を把握し，担当者と繋がり，コミュニケーションをとっておくことによって「レファレンスネットワーク」を形成しておく。

効果的に情報を提供するためには，このようなレファレンスツールだけではなく，一次情報も含め，様々な情報源を駆使する必要がある（図14-2）。そのため，印刷メディアを中心としたレファレンスコレクションを構築するだけではなく，インターネットや電子メール，チャット，オンライン・データベースなど，様々な電子メディアやコミュニケーションツールの利用環境を整える必要がある。

（3）レファレンス質問

レファレンスに寄せられる質問には，簡単に回答できるものから，く

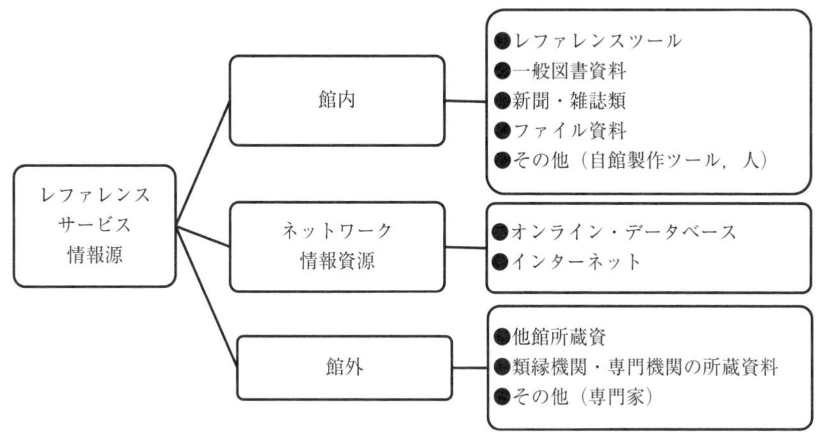

図14-2　レファレンスサービスの情報源

わしく調査しないと回答できないものまで，様々なレベルがあり，以下のように分類することができる。

〈案内指示的質問〉

資料の案内や排架場所，図書館施設の利用案内を求める質問。例えば，「百科事典はどの棚にありますか」「インターネットを利用できますか」などである。

〈即答質問〉

特定の事実やデータなどを求める質問で，あるレファレンスツールを使って即座に回答することができる比較的容易な質問。例えば「長野県で一番大きな湖の名前は何ですか」「地震について書いた本はありますか」「前回の東京オリンピックは何年に開催されましたか」などである。

〈探索質問〉

２種類以上のレファレンスツールを使って回答を得られる程度の質問。例えば，「2030年の日本の推計人口を知りたい」「不登校の原因としてどのようなものが挙げられているか」などである。

〈調査質問〉

探索質問よりもさらに時間をかけて調査する必要がある質問で，レファレンスツールの入手に時間がかかるものや，複数の情報を統合して回答に至るもの。

〈利用指導質問〉

特定資料の利用法や文献探索法を問うような質問。例えば「新聞縮刷版はどのように利用すればよいか」「SDGsに関する図書を網羅的に集めるにはどうすればよいか」などである。

(4) レファレンスプロセス

レファレンスサービスは，図14-3のように，利用者からの質問を受け付けるところから始まる。担当者は，利用者とやりとりするなかで，質問を確認し「欲しい情報」を明確にしていく。何のために，どの程度の資料が必要なのかを明らかにしていくのである。

例えば「地震について書いた本はありますか」と質問された場合，利用者は「地震が起こるメカニズム」について知りたいのかもしれないし，「地震予知の可能性」について，あるいは「東日本大震災の被害状況」について知りたいのかもしれない。また，「昔の道具について調べたい」と尋ねられた場合には，「昔」が石器時代のことなのか，明治時代のことなのか確認する必要があるだろう。このように，質問を確認・分析するためのやり取りを「レファレンスインタビュー」と言う。

質問が明確になったら，どの種類の情報源を使って調べたらよいか選択する。

次に，どのようなキーワードを用いて調べればよいかを考え，検索する。検索結果は，レファレンスインタビューで明確にした情報ニーズに

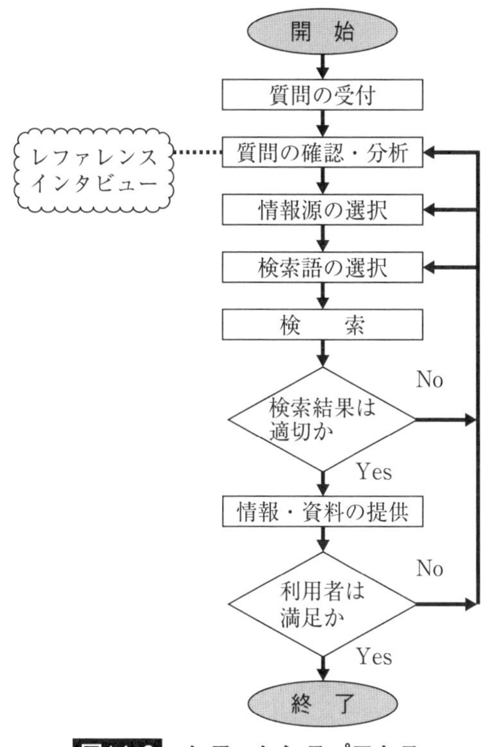

図14-3　レファレンスプロセス

合致しているかどうかを評価して，よければ回答として提供する。不適切であれば，必要な情報を求めて検索しなおす。

利用者への情報提供の後，記録をとることによって（図14-4），他の可能性や反省点がみえてくる。記録が蓄積されれば類型化もでき，レファレンス能力も向上する。

レファレンス記録用紙

依頼者	年　組　番 氏名　／　○△　先生
依頼日	2019年　10月　20日
期　日	月　日　時間目までに　／　期限なし
目　的	(　　) の課題／テーマ学習／委員会・クラブ／その他 (　　)
質　問	「読む」という言葉に命令形はない…という文章をどこかで読んで，引用したいが，出典が分からない。たぶん，読書論の中だったと思う。
依頼内容	☑ 答えを調べてほしい □ 参考資料を探してほしい（校内と Web／他館も） □ 資料のリストがほしい □ その他
既知の情報	
調査メモ	● インターネットで「読書論」「命令形」「読め」「読む」などのキーワードを組み合わせて検索。いくつか，読書論を紹介し，一部を引用しているようなブログがヒットする。 ● その中から「本を読みなさいという命令形」という語を表示したブログを見ると，以下の本が紹介されていた。〈http://d.hatena.ne.jp/Makotsu/20110118/1295357424〉 『ペナック先生の愉快な読書法―読者の権利10カ条』ダニエル・ペナック著．藤原書店．2006年（1993年版タイトル：『奔放な読書―本嫌いのための新読書術』） 「本を読む」という動詞は「本を読みなさい」という命令形には耐えられないものだ。ほかの動詞，たとえば「愛する」とか「夢を見る」などと並んで，この「読む」という動詞は命令形への嫌悪感を共有している…」(p.7) ● 当該図書の所蔵なし。 ● 市立図書館にあり。取り寄せるかどうか○△先生に確認。取り寄せてほしいとのこと。10/21申込。 ● 10/25着。内容確認後，○△先生に見せる。 2019年10月25日調査終了

図14-4 レファレンス記録用紙と記入の例

（5）レファレンス記録の共有

国立国会図書館は，国内の公共図書館，大学図書館，学校図書館，専門図書館がそれぞれのレファレンス事例を登録し，回答に至るプロセスや参考資料を参照することができるデータベースを運用している（レファレンス協同データベース，https://crd.ndl.go.jp/reference/）。

2021年３月末段階で，学校図書館の参加館は65校，4,975件のレファレンス事例が登録されており（一般公開は2,371件），児童生徒からの質問に対する回答や，教職員への支援の内容を知ることができる。公共図書館の事例は177,459件（一般公開は91,574件）あり，質問のキーワードだけでなく，質問者区分で「小中学生」「高校生」を選択し，検索することができるので，学校図書館でも参考になるだろう。特定のテーマやトピックに関する情報源の調べ方を案内した「調べ方マニュアル」もあり，約2,000件が一般公開されている。

この他にも，東京学芸大学学校図書館運営専門委員会が「先生のための授業に役立つ学校図書館活用データベース」（http://www.u-gakugei.ac.jp/~schoolib/htdocs/）を運用している。各教科領域ごとに，学校図書館を活用した授業の実践事例が登録されており，教員や児童生徒へのレファレンスサービスの記録も含まれている。授業のなかで児童生徒からどのような質問があるか，授業を計画・準備する過程で教員からどのような相談が寄せられるかが分かり，回答に用いたレファレンスコレクションの一覧と併せて利用価値が高い。

児童生徒や教職員の質問に答えたり，授業に関連したテーマの資料を収集しブックリストを作成したりする際，このようなデータベースを活用し，他校，他館のレファレンス事例や調べ方マニュアルを確認することで，レファレンスの質を向上させることができる。また，回答に役立ちそうな資料をコレクションに加えることも有益である。

3 学校図書館による情報サービス

(1) 児童生徒へのレファレンスサービス

学校図書館で児童・生徒から受ける質問には，概ね，以下のような内容・領域がある。

①教科の内容に関するもの（教科書単元に沿ったもの）
②探究学習など個々の課題研究に関するもの
③課外活動に関するもの（学校行事，クラブ活動等）
④進路・進学に関するもの
⑤個人的な興味関心や問題に関するもの

学校では，学習内容が学年ごとに定まっており，類似の質問が同時期に繰り返される傾向がある。すなわち，事前の準備として，レファレンスコレクションの形成やレファレンスツールの作製が比較的容易であると言えるが，そのためには，学校の教育課程に目配りし，教職員と積極的にコミュニケーションをとって，どのような資料・情報が必要となるか把握することが必要である。

(2) 利用指導

前述したように，児童生徒に対するレファレンスサービスでは，利用指導の機能が重要である。児童生徒の検索技術や情報選択力が高まるように，発達段階に応じた対応をする。

利用指導の内容は，図書館の使い方指導，すなわち学校図書館や公共図書館には，どのような資料があり，どのように排架され，それをどのように見つければよいのかといった，図書館そのものの利用法を知ることと，情報検索の指導，すなわち事典や統計など図書館資料やネットワーク情報源を使って，求める情報にたどり着く方法の習得することの2つがある。

図14-5は，公益社団法人 日本図書館協会が作成した「図書館利用教育ガイドライン」の学校図書館（高等学校）版である。学校図書館における利用指導は，情報リテラシーの育成という観点で進める必要があり，図書館や図書館資料の利用にとどまらず，広く，情報の利活用に必要な知識・技能・態度を育むことを意図してすすめられる。そのため，ガイドラインに示された目標は，情報の収集から整理，表現など利活用にまたがる内容になっていることに着目してほしい。

利用指導を行う方法としては，①個別の質問に対応する際に取り入れる方法，②年度初めの図書館オリエンテーションのなかで行う方法，③授業の内容と関連付けて授業時間内に必要な項目を指導する方法，の3つがある。

（3）パスファインダー

情報を入手するためのガイドとして作製されるツールのひとつに，パスファインダー（pathfinder）がある。前述した「利用教育ガイドライン」にも情報探索法指導の方法として挙げられている。

パスファインダーとは，特定のテーマに関する様々な情報源や探索方法を紹介したもので，1枚ものの資料として提供される場合もあれば，Webサイトで電子的に提供される場合もある。テーマ別の資料リスト

Ⅲ．目標

	領域１　印象づけ	領域２　サービス案内	領域３　情報探索法指導	領域４　情報整理法指導	領域５　情報表現法指導
目標	以下の事項を認識する。 1．図書館は利用者の年齢にかかわらず，知る権利・読書の自由を保障する 2．図書館は生活，学習，研究を情報面から支援する開かれたサービス機関 3．図書館は利用者の自立を支援する教育機関 4．図書館は憩い，集い，語らうことのできる広場 5．図書館は種々のメディアを提供する機関 6．図書館は物理的な空間というより世界に開かれた情報の窓 7．図書館は気軽，便利，快適で自由な場 8．情報活用能力（情報リテラシー）の重要性	以下の事項を理解する。 1．自分の学校の図書館の特徴 2．施設，設備の配置 3．検索ツールの配置と利用法 4．参考ツールの存在と有効性 5．利用規定（開館時間等） 6．サービスの種類（貸出，予約，リクエスト，レファレンスサービス，情報検索，相互貸借，複写サービス，読書案内，アウトリーチ等） 7．図書館員による専門的なサービスが受けられること 8．図書館員による懇切，丁寧な案内，支援，協力が受けられること 9．利用マナー 10．行事（講演会，展示会，ワークショップ，上映会等）の案内 11．館種の特徴と役割分担	以下の事項を理解し習得する。 1．情報探索法の意義 2．分野ごとの情報伝達形態の違いと固有の資料の存在 3．情報の特性の理解と評価のポイント（クリティカルリーディング等） 4．資料の基本タイプと利用法（図書，雑誌，新聞，参考図書，AV資料，CD-ROM，オンラインデータベース等） 5．情報機能のアクセスポイントと使い方（著者名，タイトル，キーワード，分類記号，件名標目，シソーラス等） 6．情報検索の原理 7．検索ツールの存在と利用法（書誌，索引，目録，OPAC，レファレンスデータベース等） 8．自館資料の組織法と入手法（分類，請求記号等） 9．レファレンスサービスの利用法 10．情報探索ストラテジーの立て方 11．他機関資料の調査法と利用法 12．ブラウジングの効用	以下の事項を理解し習得する。 1．情報整理法の意義 2．情報内容の抽出と加工（要約，引用，パラフレイズ，抄録，翻訳，解題等） 3．メディア別の情報記録の方法（メモ・ノート法，カードの記録法，クリッピング，データベースのダウンロード，録音・録画等） 4．発想法（ブレーンストーミング，KJ法等） 5．メディア別の情報保管法（AV資料の整理法，コンピュータによる保存管理法等） 6．資料の分類とインデックスの作成法（キーワード，見出し語付与，ファイリング法等） 7．書誌事項・アクセスポイントの記録法 8．分野別・専門別の整理法	以下の事項を理解し習得する。 1．情報表現法の意義 2．情報倫理（著作権，プライバシー，公正利用等） 3．レポート，論文，報告書等の作成法（構成，書式，引用規則等） 4．印刷資料の作成法（パンフレット・リーフレット・ミニコミ紙等の編集，印刷，製本の方法等） 5．AV資料の作成法（ビデオの制作・編集法等） 6．コンピュータによる表現法（グラフィック，作曲，アニメーション製作法等） 7．コンピュータによるコミュニケーションの方法（電子メール，インターネット等） 8．プレゼンテーション技法（話し方，資料の提示法—OHP，板書法，ホワイトボード，AV資料，マルチメディア等の活用） 9．分野別の専門的な表現法

出所：日本図書館協会図書館利用教育委員会編『図書館ガイドライン合冊版』公益社団法人 日本図書館協会，2001，p.26

Ⅳ．方法

		領域1　印象づけ	領域2　サービス案内	領域3　情報探索法指導	領域4　情報整理法指導	領域5　情報表現法指導
方法	関連なし	1．ポスター，ステッカー，ちらしなどの広告媒体による図書館の存在の印象づけ 2．校内の広告媒体（学校新聞，校内放送等）による印象づけ 3．図書館出入口付近のサインの工夫と館外から見える場所での展示 4．地域の広報チャンネル（ミニコミ，マスコミの地方版等）の活用 5．ブックトーク	1．新入生オリエンテーション 2．学年別オリエンテーション 3．パンフレット，リーフレット（「利用のてびき」を含む）の配布 4．サービス案内ビデオの上映 5．AV，CAIによる双方向ディスプレイ等を利用したインフォメーション 6．館内ツアーの実施 7．サイン計画 8．窓口での図書館員の対応 9．投書箱の設置 10．リクエストコーナーの設置	1．パスファインダーの用意と配布 2．「図書館クイズ」等資料の配置を把握させるためのゲーム等の企画，実施 3．図書館内オリエンテーリングの実施 4．独習用，集団用学習ツール（ビデオ，パソコンソフト）の制作と提供 5．講習会の開催 6．生徒が自由に利用できる検索システムの導入 7．最寄りの図書館，資料館，博物館等の類縁機関，その他書店，古書店等の紹介	1．情報の整理，加工法の独習用，集団用ツール（ビデオ，パソコンソフト）の作成と提供 2．情報整理，加工に関する学習会および講習会の開催 3．生徒が利用できる情報整理・加工コーナー（パンチ，ステープラー，その他情報整理，加工に必要な用具を用意。領域5の3と共用になる部分もある）の設置 4．発想法の独習用，集団用ツール（ビデオ，パソコンソフト）の作成と提供	1．情報表現法の独習用，集団用ツール（ビデオ，パソコンソフト）の作成と提供 2．情報表現法に関する学習会および講習会の開催 3．生徒が利用できる情報生産コーナー（ワープロ，コピー機，印刷機，ビデオ編集装置等を用意）の設置 4．生徒の発表の場（発表会，討論会，展示会，展示コーナー，新聞，壁新聞，電子会議等）の設置
	関連あり	1．授業の中で教師による図書館の意義への言及 2．授業テーマに関連づけたブックトーク	1．教科別オリエンテーション 2．授業・レポートに関して，レファレンスサービスをはじめとした各種図書館サービスが利用できることを生徒に知らせる。またそれらを利用するように教師から指導する	1．教科の内容と関連づけて，情報探索の方法について，授業時間内に説明し，実習させる 2．テーマ別パスファインダーの提供	1．教科の内容と関連づけて，情報整理の方法について，授業時間内に説明し，実習させる	1．教科の内容と関連づけて，情報表現の方法について，授業時間内に説明し，実習させる
		（これらと並行して「関連なし」の方法も実施される）				
	統合	統合的な情報教育のカリキュラムに従って，図書館と教科が相互に協力して，説明し，実習させる 「関連なし」「関連あり」の段階の方法も，そのカリキュラムに従って体系的に実施される				
評価の指標例		1．学年・クラス・個人別利用率 2．学年・クラス・個人別貸出量 3．授業のための科目別図書館利用時間数	1．好感度 2．オリエンテーションの効果 3．投書箱への意見件数 4．リクエスト件数 5．各行事への参加者数	1．レファレンス件数 2．パスファインダー配布数 3．ツールの利用度，効果 4．催事への参加者数	1．ツールの利用度，効果 2．各催事への参加者数 3．情報整理・加工コーナーの活用度	1．ツールの利用度，効果 2．各催事への参加者数 3．情報生産コーナーの活用度

出所：日本図書館協会図書館利用教育委員会編『図書館利用教育ガイドライン合冊版』公益社団法人 日本図書館協会，2001，p.27

図14-5　図書館利用教育ガイドライン ―学校図書館（高等学校）版―

やリンク集と異なる点として，調べるプロセスに沿って，初歩的・入門的・総論的な資料から，専門的で各論を扱った資料へと展開したり，メディアの特徴を踏まえた調べ方や，特定の切り口に焦点を合わせた探し方を提案したりするなど，様々な調べ方を案内しようとする特徴がある。

探究的な学びを取り入れた授業で，テーマに応じたパスファインダーを作成し配布することによって，児童生徒が，それぞれの情報ニーズや探索プロセスに応じた資料にアクセスしやすくなる。また，毎年繰り返される質問に対してあらかじめパスファインダーを作製し，学校図書館内で自由に手に取れるように置いておくこともできる。学校や学校図書館の Web サイトにリンク集として用意すれば，自宅学習や，長期休暇中の自由研究等にも対応できるだろう。

パスファインダーも，様々な公共図書館や学校図書館が，自館作製資料として公開している。図14-7は，帯広市図書館が児童向けに作製したパスファインダーの一部である。調べるためのキーワードを提示し，概要をつかむための資料や，テーマに該当するいくつかの分類番号とそれに含まれる資料が紹介されている。この他に，新聞記事や雑誌記事，インターネットの Web サイトなど，メディアの特徴と探し方が紹介されており，探索プロセスに沿った調べ方のガイドとなっている。

(4) 教職員への情報サービス

全国学校図書館協議会は，2014年6月に，学校図書館調査の一環として教職員向けサービスの実施状況について調査している（図14-6）。

質問項目の中で情報サービスに相当するものは，「教職員対象オリエンテーション」「逐次刊行物コンテンツサービス」「レファレンスサービス」「カレントアウェアネスサービス」「ブックリストの提供」である。

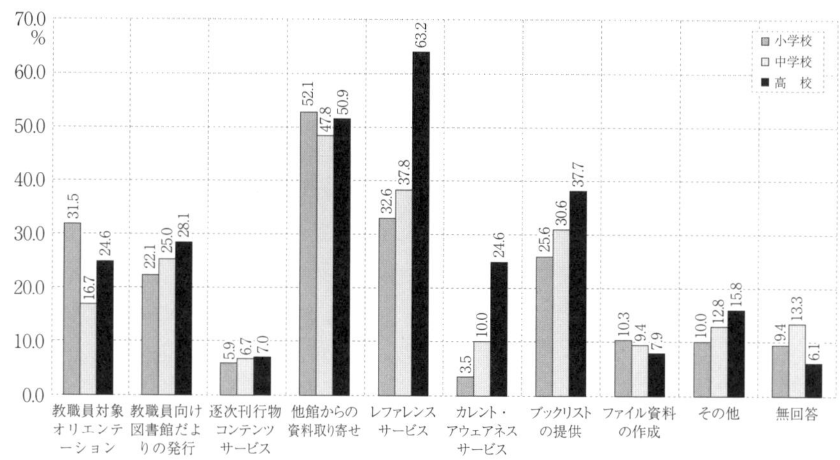

出所：「2014年度学校図書館調査報告」『学校図書館』No.769，公益社団法人 全国学校図書館協議会，2014，p.56

図14-6　教職員への情報サービス実施状況

コンテンツサービスとは，雑誌の最新号の目次をコピーして，回覧等に供するものである。

また，カレントアウェアネスサービスを実施するには，年度初めに教職員から授業計画や関心あるテーマを聞き取るとよい。新刊情報や新聞・雑誌記事など，該当する情報を入手した場合，すみやかに知らせることができる。特に，学習指導要領の改訂や情報環境の変化に伴い，教育方法，情報機器やアプリケーションに関する情報へのニーズは高く，様々なメディアに目を配って適宜，最新情報を配信したい。

ブックリストと同様に，教員向けリンク集の作成も情報サービスの1つである。例えば，著作権に関する情報や，各自治体の教育センターが発信している情報，図書館その他の社会教育施設が提供している情報などは，教員が授業計画を立てる際に参考になる。地域情報や各教科の教

帯広市図書館パスファインダー　2020.7改訂版

昔のくらしについて調べる！

～明治・大正・昭和・平成時代～

昔の人々が、どんなくらしをしていたのか調べてみよう♪

調べるためのキーワード

昔、くらし、生活、歴史、明治、大正、昭和、平成、20世紀、道具、衣食住、うつりかわり　など

図書館の1、2階それぞれに6台ずつある「OPAC（オーパック）」やインターネットで上に書いてあるキーワードで検索してみてください。紹介しているもの以外の本や情報を見つけることができます。

「パスファインダー」とは？

あるテーマを調べるためにやくだつ資料を、わかりやすく紹介したガイドです。わからないことがあったら、カウンターの職員に気がるにたずねてくださいね。

「OPAC（オーパック）」とは？

タッチパネルまたはキーボードで資料を探せるコンピュータです。資料のタイトルや書いた人の名前などを入力してみよう。

ステップ 6　どんな施設があるのかしらべたい！（2020年7月現在）

○帯広百年記念館　〒080-0846　帯広市緑ヶ丘2番地
TEL：(0155)24-5352
http://museum-obihiro.jp/occm/

○昭和ナツカシ館　〒080-0023　帯広市西13条南12丁目1－5
TEL：(0155)24-9070　携帯電話：090-7058-2422

○ふるさと歴史館　ねんりん　〒082-0076　芽室町美生2線38番地15
TEL：(0155)61-5454
http://www.tokachi-a-muse.jp/center/furusato-center/

○大樹町郷土資料館　〒089-2125　大樹町字石坂430
TEL：(01558)6-2133
https://www.town.taiki.hokkaido.jp/soshiki/shakai_kyoiku/shakai_kyoiku/shakai_bunkazai_kyoudo.html

○本別町歴史民俗資料館　〒089-3334　本別町北2丁目
TEL：(0156)22-2141
https://www.town.honbetsu.hokkaido.jp/web/education/details/post_50.html

○北海道博物館　〒004-0006　札幌市厚別区厚別町小野幌53－2
TEL：(011)898-0466（総合案内）
http://www.hm.pref.hokkaido.lg.jp

○昭和館　〒102-0074　東京都千代田区九段南1－6－1
TEL：(03)3222-2577
https://www.showakan.go.jp/　←キッズナビのページがあります。

※開館時間・休館日については、各施設のホームページを見るか直接お問い合わせ下さい。

帯広市図書館
帯広市西2条南14丁目3番地　TEL(0155)22－4700
URL：https://www.lib-obihiro.jp/　E-mail：tosyo@lib-obihiro.jp

ステップ 1　まずはこれでしらべたい！　図書館の中でみてね！

『キッズペディア歴史館』(R21キ)
『日本の歴史 4 幕末～昭和時代(前期)』(21ニ4)
『日本の歴史 5 昭和時代(後期)～現代』(21ニ5)
『日本の歴史 ビジュアル図鑑』(21ニ)
『絵でわかる社会科事典 3, 4, 6』(30.3エ3,4,6)

ステップ 2　もっとしらべたい！

『ニュースからくらしまで絵と新聞でわかる平成時代』(21ニ)
理論社
平成にあったできごとや、流行したものなどを、イラストと新聞でわかりやすく解説。

『明治まるごと歴史図鑑 1～3』
(21フ1～3)
深光富士男／著
河出書房新社
2巻目では庶民のくらしや年中行事を紹介。（写真は2）

『道具からみる昔のくらしと子どもたち1～6』
(38.2ス1～6)
須藤功／編
農山漁村文化協会
昭和20年代から40年代ころのくらしぶりを紹介。（写真は1）

『古い道具と昔のくらし事典 台所と食卓の道具』(38.3フ)
国立歴史民俗博物館
内田順子、関沢まゆみ／監修
金の星社
大正・昭和時代の台所や食卓のうつりかわりを調べてみよう。

『発見！ニッポン子ども文化大百科1～3』
(38.4ハ1～3)
上笙一郎／監修
日本図書センター
各年代の時代背景や歴史、文化を解説。（写真は1）

『昭和のお店屋さん』
(67.2フ)
藤川智子／作
ほるぷ出版
今と、昭和のはじめころのお店屋さんは、どこがちがうかな？

＊ほかにもこんな本があります！

『昭和のくらしがわかる事典』(21シ)
『未来をつかめ！平成ビジュアル図鑑 〔1〕～〔3〕』(21ミ1～3)
『明治時代のサバイバル』(21レ12)　もとじろう／マンガ，チーム・ガリレオ／ストーリー
『大正時代のサバイバル』(21レ13)　柏葉比呂樹／マンガ，チーム・ガリレオ／ストーリー
『ビジュアル日本のお金の歴史　明治時代～現代』(33.7ク)
『知ろう！遊ぼう！すてきな日本の伝統　1巻』(38.2シ1)
『昔の道具うつりかわり事典』(38.3ム)

『お手玉を楽しむ』(38.4ウ)　WILLこども知育研究所／編・著
『あやとり・おはじきを楽しむ』(38.4ウ)　WILLこども知育研究所／編・著
『けん玉を楽しむ』(38.4ウ)　WILLこども知育研究所／編・著

『たこを楽しむ』(38.4ウ)　WILLこども知育研究所／編・著
『こまを楽しむ』(38.4ウ)　WILLこども知育研究所／編・著

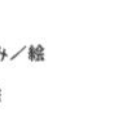

『おばあちゃんの小さかったとき』(38.4オ)　おちとよこ／文　ながたはるみ／絵
『おじいちゃんの小さかったとき』(38.4シ)　塩野米松／文　松岡達英／絵
『昭和の子どもとお店屋さん』(38.4タ)　高部晴市／作　高部雨市／詩

ステップ 3　ほかにどんな本があるのか調べたい！

国際子ども図書館　子どもOPAC　https://iss.ndl.go.jp/children/top

ステップ 4　雑誌でしらべたい！

「ニュースがわかる」2015年2月号：平成と昭和　くらし今昔
「ちゃぐりん」2015年5月号：米作りの道具　いま・むかし

ステップ 5　DVDでしらべたい！

「昭和30年代の日本・家族の生活」(D210シ)
※都会の子どもたち編、都会のくらし編、農村のくらし編
「戦中・戦後昭和の暮らし 1～4」(D210セ1～4)
「日本のまつり 北海道編」(D380ニ)

出所：https://www.lib-obihiro.jp/toshow/html/pathfinder_top.html

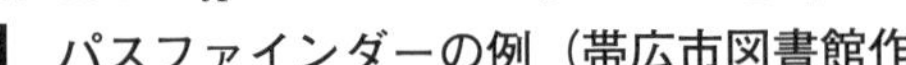

図14-7　パスファインダーの例（帯広市図書館作製）

材情報も，学校図書館を通じて簡単にアクセスできるとよい。

前述の調査では，教職員へのオリエンテーションを実施している割合は，小学校31.5%，中学校16.7%，高等学校24.6%であるが，特に，新任・異動の教職員に対する図書館オリエンテーションは必須である。学校図書館は児童生徒だけでなく，教職員に対しても情報や資料を提供していることを伝え，授業の計画や実施に学校図書館が協力できることを伝えたい。教職員向けの図書館利用案内を発行したり，職員会議で情報を提供したり，教職員向けの情報サービスをすすめるにあたっては，質問や情報要求を待つのではなく，情報サービスの存在を知らしめ，情報ニーズを掘り起こすような働きかけが重要である。

■ 理解を確実にするために

1 次の用語を説明しましょう。

①レファレンスサービス

②レファレンス協同データベース

③パスファインダー

2 次の問いに答えましょう。

学校図書館における情報サービスでは「利用指導」が重要だとされています。その理由を説明してください。

■ 理解を深めるために

① 佐藤敬子『楽しく進める「学び方の指導」：中学校司書教諭のあゆみ』公益社団法人 全国学校図書館協議会，2016

② 学校図書館問題研究会編『学校司書のための学校図書館サービス論』樹村房，2021

■ 参考文献

① 齊藤誠一『学校図書館で役立つレファレンス・テクニック―調べる面白さ・楽しさを伝えるために』少年写真新聞社，2018

② 藤田利江『授業にいかす情報ファイル（はじめよう学校図書館 6）』公益社団法人 全国学校図書館協議会，2011

③ 国立国会図書館，公共図書館パスファインダーリンク集（リサーチ・ナビ），http://rnavi.ndl.go.jp/research_guide/entry/pubpath.php

15 学習／教育活動を支える学校図書館

塩谷京子

《目標＆ポイント》 学校教育のインフラとして学校図書館が存在し機能すること，特に学校図書館機能をカリキュラムに位置づける司書教諭の役割を理解する。また，カリキュラム展開における学校図書館活用について児童生徒の学習効果と関連づけて評価する方法を学ぶ。
《キーワード》 学習／教育活動のインフラ，カリキュラム，年間指導計画，司書教諭と学校司書の協働，学習評価，学校図書館活用評価，アセスメント

1 学校図書館は学習／教育活動のインフラ

学校図書館は「学習／教育活動のインフラ」と言える。『小学校学習指導要領解説総則編』（文部科学省，2017，pp.91-92）第3章　教育課程の編成及び実施の中の「学校図書図書館の利活用」には，次のような記述がある。なお，中学校及び高等学校の『学習指導要領解説総則編』においても，「児童」を「生徒」に代えて同様の文章が見られる。

> 学校図書館については，学校教育において欠くことのできない基礎的な設備であり，①児童の想像力を培い，学習に対する興味・関心等を呼び起こし，豊かな心や人間性，教養，創造力等を育む自由な読書活動や読書指導の場である「読書センター」としての機能，②児童の自主的・自発的かつ協働的な学習活動を支援したり，授業の内容を豊かにしてその理解を深めたりする「学習センター」とし

ての機能，③児童や教職員の情報ニーズに対応したり，児童の情報の収集・選択・活用能力を育成したりする「情報センター」としての機能を有している。

また，これからの学校図書館には，読書活動の推進のために利活用されることに加え，調べ学習や新聞を活用した学習など，各教科等の様々な授業で活用されることにより，学校における言語活動や探究活動の場となり，主体的・対話的で深い学びの実現に向けた授業改善に資する役割が一層期待されている。

（中略）

こういった学校図書館の利活用を進めるに当たって，学校図書館における図書館資料の充実と，学校図書館の運営等に当たる司書教諭及び学校司書の配置の充実やその資質・能力の向上の双方を図ることが大切である。図書館資料については，図書資料のほか，雑誌，新聞，視聴覚資料，電子資料（各種記録媒体に記録・保存された資料，ネットワーク情報資源（ネットワークを介して得られる情報コンテンツ）等）等の図書以外の資料が含まれており，これらの資料について，発達障害を含む障害のある児童の年齢や能力等に配慮することも含め，児童の発達の段階等を踏まえ，教育課程の展開に寄与するとともに，児童の健全な教養の育成に資する資料構成と十分な資料規模を備えるよう努めることが大切である。また，司書教諭及び学校司書については，学校図書館がその機能を十分に発揮できるよう，学校図書館の館長としての役割も担う校長のリーダーシップの下，各者がそれぞれの立場で求められている役割を果たした上で，互いに連携・協力し，組織的に取り組むよう努めることが大切である。（後略）

（下線筆者）

学校図書館の利活用を進めるにあたり，「図書館資料の充実」と「司書教諭及び学校司書の配置の充実やその資質・能力の向上」の両方が必要であると示されている。

教員が授業で学校図書館の機能を活用したいと判断するとき，漠然とはしていても自分の学校の図書館資料の整備状況がイメージできていると，使ってみようかなと気持ちが動きやすい。教員がイメージするためには，職員会議での提案や，図書館通信などの発信，図書館付近の掲示物など，学校図書館担当者である司書教諭や学校司書からの発信が有効になる。このような発信を学校図書館側から行うためには，学校の教育課程（カリキュラム）に学校図書館の機能を位置づけておく必要がある。

学校図書館は，各教科等において「情報・資料の提供」をすることから「情報・資料のインフラ」であり，「情報リテラシー・読書力の育成」に関わることから「学びのインフラ」として学習／教育活動を支えている。

このようなインフラを整えるために，「図書館資料の活用」と「司書教諭及び学校司書の配置の充実やその資質・能力の向上」の双方を図ることが必要になる。

2　「学習の基盤となる資質・能力の育成」に関わる学校図書館

(1) 学校図書館機能を教育課程（カリキュラム）に位置づける

『小学校学習指導要領』総則　第2教育課程の編成（文部科学省，2017，p.19）には「教科等横断的な視点に立った資質・能力の育成」について，次のような記述がある。なお，中学校及び高等学校の『学習指導要領』総則においても,「児童」を「生徒」に代えて同様の文章が見られる。

2　教科等横断的な視点に立った資質・能力の育成

（1）各学校においては，児童の発達の段階を考慮し，言語能力，情報活用能力（情報モラルを含む。），問題発見・解決能力等の学習の基盤となる資質・能力を育成していくことができるよう，各教科等の特質を生かし，教科等横断的な視点から教育課程の編成を図るものとする。

（2）各学校においては，児童や学校，地域の実態及び児童の発達の段階を考慮し，豊かな人生の実現や災害等を乗り越えて次代の社会を形成することに向けた現代的な諸課題に対応して求められる資質・能力を，教科等横断的な視点で育成していくことができるよう，各学校の特色を生かした教育課程の編成を図るものとする。（下線筆者）

ここでは教育課程の編成において，各教科等における資質・能力の育成だけでなく，「学習の基盤となる資質・能力の育成」を示している。つまり，「教科独自で育成していく資質・能力」と，「教科等横断的な視点で育成していく資質・能力」の両方の育成をするという視点で教育課程の編成を行うことを促している。

学校図書館で推進している「読書教育」や「情報リテラシー教育」は，「教科等横断的な視点で育成していく資質・能力」の育成に関わっている。

そのため，司書教諭が年度当初に学校図書館活用の全体計画案や年間指導計画案を作成し提案するとき，校内の教育課程（カリキュラム）のどこに学校図書館の活用を取り入れるのか，どのようにつながっているのかという視点をもちたい（第７章参照)。

（２）司書教諭と学校司書の協働

「情報・資料のインフラ」「学びのインフラ」として，学習／教育活動を支えていくために，学校図書館と教員，さらには児童生徒をつなぐコーディネーターとして役割を担っているのが，司書教諭である。司書教諭は教員であるため，日々授業を担当している。そこで，専ら図書館業務を担う学校司書の存在，そして職務の連携は欠かせない。

2014年６月に学校図書館法が一部改正されて，学校司書の条項が加えられた。

> 第六条を第七条とし，第五条の次に次の一条を加える。
> (学校司書)
> 第六条　学校には，前条第一項の司書教諭のほか，学校図書館の運営の改善及び向上を図り，児童又は生徒及び教員による学校図書館の利用の一層の促進に資するため，専ら学校図書館の職務に従事する職員（事項において「学校司書」という。）を置くように努めなければならない。
> ２　国及び地方公共団体は，学校司書の資質の向上を図るため，研修の実施とその他の必要な措置を講ずるよう努めなければならない。(下線筆者)

この法改正前の2014年３月に，『これからの学校図書館担当職員に求められる役割・職務及びその資質向上方策等について（報告)』（同協力者会議　文部科学省，2014．３）が発表されている。そこには学校図書館担当職員の職務として，次の３つが挙げられている（**図15-1**)。

①「間接的支援」に関する職務

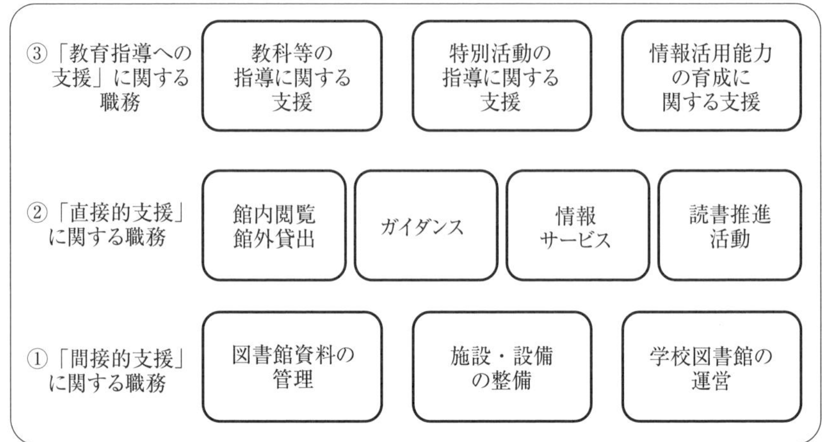

出所：『これからの学校図書館担当職員に求められる役割・職務及びその資質向上方策等について（報告）』同協力者会議，文部科学省，2014. 3

図15-1　学校図書館担当職員の職務（イメージ図）

図書館資料の管理，施設・設備の整理，学校図書館の運営

②「直接的支援」に関する職務

館内閲覧・館外貸出，ガイダンス，情報サービス，読書推進活動

③「教育指導への支援」に関する職務

教科等の指導に関する支援，特別活動の指導に関する支援，情報活用能力の育成に関する支援

2014年６月の改正により，前述の2014年３月の報告書の中に記述されている「学校図書館担当職員」は「学校司書」と読み替えられるようになった。つまり，学校図書館担当者として，司書教諭と学校司書の２つの職務が明記されたのである。

このことにより，「学校図書館の整備・運営」，そして「学校図書館機能の教育課程（カリキュラム）への位置づけ」は，司書教諭と学校司書の協働によって推進できるようになった。

両者の配置状況や勤務状況は自治体によって異なるため，司書教諭と学校司書の役割分担を一律に述べることは難しい現状があるものの，両者の協働を前提に専ら学校図書館の職務に従事する職員である学校司書が「学校図書館の整備・運営」を主として担い，教員である司書教諭が「学校図書館機能の教育課程（カリキュラム）への位置づけ」を主として担当し，協働して学校図書館に関する業務を推進している場合が多い。全国的に学校司書の配置が進むことにより，司書教諭は「学校図書館機能の教育課程（カリキュラム）への位置づけ」に軸足を置いた職務が遂行できるようになる。「学習／教育活動を支えるインフラ（基盤）としての学校図書館」の存在の理解が教員に浸透することは，児童生徒が学校図書館の３つの機能（読書センター・学習センター・情報センター）を活用する場面が多くなることにつながる。

（３）司書教諭の役割

司書教諭が「学校図書館機能の教育課程（カリキュラム）への位置づけ」に軸を置くようになると，年度当初に作成する全体計画案や年間指導計画案は，学校図書館の３つの機能の活用を提案するだけでなく，カリキュラムとの関わりに視点を置いた提案へと変わっていく（第７章参照）。

司書教諭が大切にしたいのは，年度当初の職員会議において校長が示した経営方針における学校図書館の位置づけである。この経営方針をもとに司書教諭は全体計画案を作成するからである。示された経営方針には学校教育目標，目指す子供の姿，そのための組織などが書かれている。このなかに，学校図書館が入っているのかを確認したい。入っていれば，校内において学校図書館がどういう位置づけなのかを理解することができる。もし入っていなければ，その必要性を年間通して校長に伝えていく必要がある注1)。学校図書館の行事や新たに入った本などを会議の場で紹介したりして，全職員にアピールすることから始めても構わない。次年度には，全体計画に入れてもらえるような地道な取り組みが大切であろう。

もう１つ司書教諭が大切にしたいのは，学校図書館で推進している「読書教育」や「情報リテラシー教育」と各教科等とを結びつけた年間指導計画案の作成である。

年間指導計画案を作成するには，全学年・全教科を視野に入れる必要がある。前年度に作成されたものがあれば，それをもとに一部修正する形で提案できる。しかし，教科書が変わったときや作成されていない場合は，司書教諭が年度当初に作成するのは難しい場合もあるだろう。その場合は，年度末に年間指導計画案を作成したい旨を，年度当初の職員会議で伝えておく。そうすることにより，１年間を通して蓄積された実践をもとに年間指導計画案を作成することができる。

年間指導計画案が作成できたら，授業で実施する教員に届くように，配布資料を作成したり，定期的に図書館通信を出したりしている学校もある。**図15-2**は札幌市立発寒中学校（当時）の佐藤敬子司書教諭が職員会議で配布した資料の一部である。年度はじめの職員会議で学校図書館全体計画案を提案し，学校図書館の活用が教育課程のどこにどのように位置づけられているのかを説明する。年間指導計画案をもとに生徒への指導事項を例示し，便利な「グッズ」として共通に使えるツールを作成し利用方法を説明している。さらに，学期末には生徒の図書館活用の状況を示したり，年度末には年度当初の提案と実際に実施した授業を比較したりして評価を行っている。

注１）学習指導要領解説編には，「学校図書館の館長としての役割を担う校長のリーダーシップの下」という文言が記されている。(p.298参照)

4, 学び方の指導（情報の学習）はすべての教科や領域・図書館内外で実施するもの。

（**資料**；昨年度の１・２学年「総合<情報>の計画」、今年度本校の「図書館の利用と資料・情報・読書に関する指導計画」）

●図書館資料を使わせるときに・・・

（1）「**参考図書**」（事典・辞典・年鑑・図鑑・地図・統計・白書等）の使い方を意識して指導しましょう。驚くほどわかっていない子もいるのです。

（2）「**目次**」「**索引**」の使い方を特に意識させましょう。索引はあきらめかけた項目を探すために大変役立ちます。テーマ設定に使うという裏ワザもあります。

●図書館資料を使って情報をまとめ、活用させるときに・・・

（1）情報の獲得の仕方をきちんと指導しましょう。そして**いくつかの情報を付け合わせてそこから選び取る**力をつけさせましょう。

（2）**丸写しはさせない**ようにしましょう。

引用の場合を除き，自分なりにまとめさせます。これは情報を一度自分のものにさせるためです。よく自分でも読めないような文章をそのまま書いている子がいますが，それは最悪のケース。ノートなり情報カードなりにいったんまとめさせてからレポートなどの発表物にまとめさせます。（→２・３年生は情報カードにはもう慣れています。）

（3）引用の場合は必ずその部分がわかるように書かせます。「　」を付けたり一段下げて書かせるなど。

（4）必ず**参考資料は明記**させましょう。情報カードやノートにメモするときにも必ず。『書名・資料名』（出版社・発行所）は最低でも。発行年、著者名等もあるとさらによいでしょう。雑誌の場合は使ったものの年と月も書きます。新聞の場合は、加えて、使った情報の記載されている年月日や朝夕刊の区別も。インターネットの場合は『サイト名』、（出所）、ＵＲＬ、使った年月日を。ただし，言葉の意味を調べただけの辞書類については，普通は書きません。

●発表させるときに・・・

いろいろな発表のさせ方があります。生徒が持っている『国語便覧』にいろいろな例が出ています（後ろの方のページ）。参考にさせるとよいでしょう。

5, 便利な「グッズ」を使って下さい。

（**資料**；情報カード書き方見本、「参考資料リスト」原版、「簡易レポート様式」原版）

（1）情報カード、「情報カードの書き方」見本は図書館に常備してあります（「情報カードの書き方」は各机に１枚ずつ準備し、ソフトケースに入れてあります）。

（2）「参考資料リスト」（記入例付き）の用紙と「簡易レポート様式」の用紙（必要な点を指示してあるもの）も１クラス分は置いてありますし、印刷室のコンピュータ（「マイコンピュータ」の中の「マスター保存先」の中の「各種様式」の中）に原版も入れてあるので、いつでもそのまま印刷して使えます。コピーして使いやすい形に変えることもできます。

出所：札幌市立発寒中学校（当時）　佐藤敬子司書教諭作成

図15-2　司書教諭が配布する資料の例

年間指導計画案をもとに，教員は各教科等と学校図書館の機能を結びつけた授業をどのように行っているのだろうか。

まず，単元のイメージを膨らめたり理解を深めたりするために教科書以外の図書館資料を用いることがある。4年生が消防署に社会科見学に行く。合わせて教室に消防署に関する本を教室に展示しておく。「見学」と「本・パンフレット」という複数の情報源から情報収集をすることにより，児童は「見学したこと」と「本などに書かれていること」をつなげて考え，そこから気づきが生まれる。1年生が生活科であさがおを育て観察するときも，教室にあさがおの本を並べておく。「観察したこと」と「本で読んだこと」を児童はつなげることができる。このように，1つの単元で児童は新しい概念や事象に出合う。以前から，社会科・理科・生活科では見学や観察実験を組み入れてきた。図書館資料が充実することにより，「見学先で見たり聞いたりしたこと」「実験・観察で自分が試したこと」と「本などに書いてあること」をつなげて考えることができる環境を，教員は設定できるようになった。

また，単元の導入で，単元で理解する概念をよりイメージしやすくするために，読み聞かせを行ったり，映像や写真を見たりする使い方である。社会科で憲法を学ぶとき，憲法の役割の理解を補うことを目的として，教員は『おりとライオン』（楾大樹，かもがわ出版，2018）を読み聞かせしていた。憲法を「おり」，権力を「ライオン」に例えてお話が進むので，小学生でも立憲主義のしくみをイメージしやすい。理科の植物のつくりと働きを学ぶときには，『時間のもり～屋久島』（山下大明，そうえん社，2008）の写真絵本を読み聞かせしていた。すると児童は，「どうして、こんなに大きくなるの？」「どうしてこんなに長生きできるの？」などと，問いをもち始める。問いをもつと，「水が関係しているのかな？」などと予想を立て始め，児童の学びは主体的になっていく。

このように各教科等と学校図書館機能の活用を結びつける授業を行うことにより，児童生徒の視野を広げたり，概念形成を助けたり，興味関心を抱いたりするなど，多様な効果が期待できる。

以上，司書教諭の役割をまとめると次のようなものが挙げられる。

①学校全体の教職員が学校図書館を，「学習の基盤となる資質・能力を育成する学習／教育活動のインフラである」という認識をもつよう働きかける。

②学校経営の方針に学校図書館の活用を位置づけた全体計画案を作成・実施・評価する。

③「学習の基盤となる資質・能力」を育成するために，「読書教育」「情報リテラシー教育」と各教科等を結びつけた年間指導計画案を作成・実施・評価する。

④学校図書館の活用を検討し評価する図書館部（又は委員会）を組織化する。

⑤学校図書館担当者として，「役割分担」や，「計画案の実施状況」の確認など，学校司書との打ち合わせを定期的にもつ。

⑥各教科等で共通して活用する「ツール」を作成する。

⑦教科間，学年間の連絡・調整を行う。

⑧「指導方法や授業の組み立て」，「授業研究や教材研究」等について，教職員の相談にのったりTTで授業を行なったりする。

⑨学校図書館活用に関する校内研修を実施する。

⑩学校図書館の整備・活用のために使える資金について，管理職や事務職との対話を心がけ，常にアンテナを張る。

⑪学校図書館活用に関する情報を整理・蓄積・提供する。

⑫「学習の基盤となる資質・能力」を育成するための「読書教育」「情報リテラシー教育」に関して自己研鑽に励む。

3 学校図書館活用の評価

学校図書館活用の評価には，大きく3つの側面がある。①児童生徒に関する評価，②学習／授業に関する評価，③学校図書館活用の教育プログラムに関する評価であり，それぞれに教員，児童生徒，司書教諭，学校司書などが関わる。

(1) 児童生徒に関する評価

学習後の児童生徒に関する評価には，「evaluation」「assessment」がある。前者は，課題を終了した児童生徒の成果に対して教員が行い，後者は，成果のみではなくプロセスをも評価の対象とし，通常，教員のみではなく児童生徒とともに評価を行う。近年，このアセスメントが重視されている。

『小学校学習指導要領』総則　第3教育課程の実施と学習評価（文部科学省，2017，p.22）には「教科等横断的な視点に立った資質・能力の育成」について，次のような記述がある。なお，中学校及び高等学校の『学習指導要領』総則においても，「児童」を「生徒」に代えて同様の文章が見られる。

> 2　学習評価の充実
> 学習評価の実施に当たっては，次の事項に配慮するものとする。
> (1) 児童のよい点や進歩の状況などを積極的に評価し，学習したことの意義や価値を実感できるようにすること。また，各教科等の目標の実現に向けた学習状況を把握する観点から，単元や題材など内容や時間のまとまりを見通しながら評価の場面や方法を工夫して，学習の過程や成果を評価し，指導の改善や学習意欲の向上を図り，資質・能力の育成に生かすようにすること。

（２）創意工夫の中で学習評価の妥当性や信頼性が高められるよう，組織的かつ計画的な取組を推進するとともに，学年や学校段階を越えて児童の学習の成果が円滑に接続されるように工夫すること。

（下線筆者）

学習指導要領においても，「学習の過程や成果を評価し」とあるように，学習の「過程」と「成果」の両方を評価の対象とし，アセスメントが重視されている。さらに，評価してそこで終わるのではなく，「教員の指導の改善」や「児童生徒の学習意欲の向上を図る」ことにつながり，さらには児童生徒の資質・能力の育成に生かすところまで視野に入れた評価である。

（２）学習／授業に関する評価

教員は単元や，１時間ごとの目標をもとに授業を組み立て，授業を実施する。授業後は，児童生徒は目標に到達できたのかを評価することはもとより，教材・教具の選択や提示の仕方は適切であったのか，発問，板書，個に応じた指導などは適切であったのかなど，次回の授業改善に生かすために振り返る。

2009年にアメリカ学校図書館員協会は，学校図書館メディアプログラムの在り方を示すガイドライン（*Empowering Learners: Guidelines for School Library Media Programs*）を発表している。

これは，「①学びのためのビジョンの発展」，「②学習のための指導法」，「③学習環境を作り上げる」，「④リーダーシップを通して学びを育成すること」の４領域で構成されている。

このうちの「②学習のための指導法」の中の「学習のための指導法の評価」には，次のように記されている（『学校図書館メディアプログラムのためのガイドライン』公益社団法人 全国学校図書館協議会，2010，p.29)。

ガイドライン：学校図書館メディアプログラムは，到達目標達成のために，児童生徒の学習の定期的な評価によって進められる。

活動：SLMS（School Library Media Specialist）は

―形成的評価を利用して，児童生徒に作業を見直すための機会とフィードバックを与える。

―教員として，プロセスと成果の総括的評価を利用する。

―ルーブリック，チェックリスト，ポートフォリオ，学習記録，観察，協議，自己評価のような，作業にもとづく評価を利用する。

―カリキュラム，情報，クリティカルな思考の基準をまとめた，児童生徒の作業のためのルーブリックを作る。

―成長を証明するポートフォリオを通して，児童生徒の発達を記録する。

―クリティカルな分析と評価方略を行う。

―探究プロセスを単元修了時に評価するため，児童生徒に意見を求める。

―探究に基づく授業単元の評価の後について，児童生徒に意見を求める。

上述の総括的評価とは，単元の成功と児童生徒の発達を分析するために単元の最後に行うことであり，形成的評価とは，次の段階をどう進めたら良いのかを決めるために現時点を見極めることである。

このガイドラインによると，評価は次のように行われる。

―児童生徒による自己評価を通して，評価される。
―単元学習中の児童生徒の発達を評価するために，担任教師又はSLMS（School Library Media Specialist）と作業した児童生徒によって評価される。
―単元学習中の教授内容を向上させるため，担任教師とSLMSによって評価される。
―プログラムが児童生徒の到達度の向上にどううまく働いているのか決定するために，SLMSによって評価される。

自己評価とは，「内的な基準（自分はいかに学んでいるのか？）や，メタ認知（自分はいかに考えているのか？）による，自己モニタリングという内的なプロセス」であり，**図15-3**のような方法がある（公益社団法人 全国学校図書館協議会『21世紀を生きる学習者のための活動基準』pp.59-61）。この図の「自問」の例として，**図15-4**が示されており，これらの問いかけは児童生徒が気づきを生み出すきっかけとなるように作成されている。

（3）学校図書館活用の教育プログラムに関する評価

ここで扱う評価は，個々の学習活動を振り返るのではなく，学校図書館活用に関わる教育プログラム自体を，学期や年度単位に振り返るものである。

上述のガイドラインの「3．学習環境を作り上げる」の中に「学校図書館メディアプログラムを立案・評価する」として，次のようなガイドラインが示されている（『学校図書館メディアプログラムのためのガイドライン』公益社団法人 全国図書館協議会，2010，pp.32-33）。

ガイドライン：学校図書館メディアプログラムは，学校の使命，努

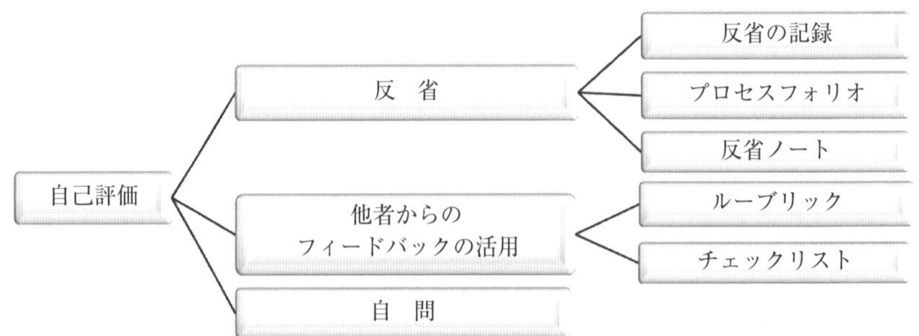

出所：アメリカ・スクール・ライブラリアン協会編，全国SLA海外資料委員会訳・渡辺信一他（監訳）『シリーズ学習のエンパワーメント第1巻「21世紀を生きる学習者のための活動基準」』公益社団法人 全国学校図書館協議会，2010，pp.59-61を参考に作図

図15-3　自己評価の方法

基準1：探究し，クリティカルに思考し，そして知識を得る。

このアイディアやテーマの何が自分をひきつけるのか？
なぜ私はこの調査をするのか？
このアイディアやテーマについてどのように探索すればよいのか？
このアイディアやテーマについて既に知っていることや考えていることは何か？
どのような背景情報があれば，よい問いを作ったりさらに学ぶといった，自分のテーマについての全体像をつかむのに役立つのか？
テーマやアイディアについて人の気持ちをひきつけるような問いがあるか？
調査によって答えられるものか？
何を見つけられると思うか？
調査についての自身の計画はどのようなものか？
使いたい情報源は全体でどのようなものか？
どの情報源が一番役に立ち価値があるか？
それらの情報源をどのように見つけることができるか？
多様な観点から情報源を見つけることができたか？
それぞれの情報源からどのように情報を探すのか？
自分が見つけた情報をどのように評価するか？
自分のすべての問いに答えるために正確な情報を十分に集めたか？
集めた情報の間に齟齬を見つけたか？　追加調査をしてそれを解消したか？
自分が集めた情報について，関連性やパターンを発見したり，注意深く考察し始めているか？
調査から核になるアイディアが生まれてきたか？
自分の探究のプロセスはどの程度うまく行っているか？

基準 2：結論を導き出し，十分な情報に基づいて意思決定を行い，知識を新しい状況に適用して，新しい知識を生み出す。

自分か見つけた根拠は，意見をまとめたり，自分のレポートを裏づけたりすることに役立つか？
自分が見つけた情報を意味づけるために，どのような整理のパターンが役立つか？
自分が見つけた情報を整理したり意味づけするために，どのようなテクノロジーツールが役立つか？
どんな決定や結論を導き出したか？またそれらは根拠に基づいているか？
自分の選んだテーマやアイディアについて，どのような新しい理解を得られたか？
こうした新しい理解（知識）は，他の状況や文脈にいかに適用できるか？
探究について何を学んだか？
自分のテーマやアイディアについて答えを得るために，どのような新しい問いが必要か？

基準 3：知識を分かち合い，倫理的かつ生産的に民主主義社会に参加する。

どのような作品や発表が，想定される聞き手に対して，自分の結論や根拠を効果的に発表するのにふさわしいか？
主旨をはっきりさせ，説得的な根拠を示すために，どう作品や発表をまとめたらよいか？
作品や発表を創作するために，どのテクノロジーを使えばよいか？
自分の作品を修整したり編集したりするためにどのように助けを得られるか？
自分の作品や発表は課題が求めている要素をどの程度満たしているか？
自分の作品や発表をいかに効果的なものにすることができるか？
次の探究プロジェクトに役立てるために，今回の最終作品についていかにフィードバックを得ることかできるか？
他の生徒の学びについて自分はいかに貢献したか？
倫理的に情報を集めて活用するという点において，いかに責任を示すことができたか？

基準 4：人格と美意識を育む。

なぜこのアイディアに興味があるのか？　それは自分にとって重要なこととどう関わっているのか？
このアイディアについて興味深い情報をどのように見つけることができるか？
なぜこの著者やジャンルは私をひきつけるのか？　他にどんなジャンルを試してみたか？
活字メディアおよびオンラインメディア双方の多様な情報源に散らばっている情報に対していかに意味づけができるか？
読んだり見たりしたことのある他の情報と，手元にある情報をいかに比較対照するか？
著者や製作者はなぜこの著作／作品を創作したのか？
この作品は，歪曲した価値観を与えるものではないか？
この体験をどのように他者と分かち合うことができるか？
他者と交流するためのテクノロジーをいかに活用できるか？
自身のアイディアをいかに創造的かつ効果的に表現することができるか？

出所：アメリカ・スクール・ライブラリアン協会編，全国SLA海外資料委員会訳・渡辺信一他（監訳）『シリーズ学習のエンパワーメント第1巻「21世紀を生きる学習者のための活動基準」』公益社団法人 全国学校図書館協議会，2010，pp.62-63

図15-4　生徒の自問の例

力目標，到達目標を反映した長期的戦略的計画に基づく。

活動：SLMS（School Library Media Specialist）は

—プログラムの持続的な向上のために，戦略的計画を用いる。

—学校コミュニティからの意見をもとに，学校の使命，努力目標，到達目標を支える学校図書館メディアプログラムのための使命声明と努力目標を構築する。

—プログラム改善のための包括的で協働的な長期の努力目標を戦略的に計画するために必要なデータを作るために，評価を継続的に実施する。

—データを分析し，努力目標として明示した優先事項を設定する。

—努力目標までの段階，期限，到達目標が達成できたかどうかの決定方法を含めて，それぞれの努力目標のための到達目標を書き出す。

—プログラムの努力目標と立案を支えるために，学習の根拠，特に，学習の成果に関するものを利用する。

—学校図書館教授プログラムの有効性と妥当性を示す学習の根拠を生み出す。

—インタビュー，調査，観察，学習日誌，フォーカスグループ，内容分析，統計などを通して，利用者から意見と根拠を集める方法を提供するため，根拠に基づく学習のツールである，アクションリサーチを用いる。

—意思決定や学習指導法に対して情報提供するためには，調査結果を用いる。

—データ収集，プログラム評価，戦略的計画を通して，将来のために計画を立てる。

我が国では，『学校図書館ガイドライン』（文部科学省，2016）において，「（7）学校図書館の評価」という項目がある（第7章　4.「情報リテラシー教育の評価」参照）。ここでは，学校図書館の館長である校長が学校図書館の評価を学校評価の一環として組織的に行うことや，学校関係者評価の一環として外部の視点を取り入れることというように，学校評価に学校図書館の評価を位置づけて進め，運営や改善に生かす重要性が示されている。さらに，評価項目についても，「アウトプット（学校目線の成果）・アウトカム（児童生徒の成果）の観点から行うことが望ましい」としながら，「それらを支える学校図書館のインプット（施設・設備，予算，人員等）の観点にも十分配慮することが望ましい」というように，評価の観点が示されている。

学校図書館の評価のための「評価項目」としては，全国学校図書館協議会の「学校図書館評価基準」（2008）があり，学校図書館の基本理念，経営，学校図書館担当者，学校図書館メディア，施設と環境，運営，サービス，教育指導・援助，協力体制・コミュニケーション，地域との連携，学校図書館ボランティア，他団体・機関との連携・協力，児童生徒図書委員会，研修の14領域100項目に整理されている。

評価項目の設定の際，『学校図書館ガイドライン活用ハンドブック』（堀川照代，2018）には，**表15-1**のような枠組みが示された表がある。縦は，対象（基本事項）として「図書館資料の状況」「利活用の状況」「児童生徒の状況」，横は，「目的（使命・方針・目的）」「条件（管理と配置）」「活動（運営と効果）」というように分類されている。そして，「対象の目的は，どのように構成（質）され，どの程度達成（量）されているか」，「対象の条件はどのように管理（質）され，どの程度配置（量）されて

表15-1　評価項目の設定

対象（基本事項）／系列	目的 使命・方針・目的	条件 管理と配置	活動 運営と効果
図書館資料の状況（蔵書の冊数・構成・更新等）	対象の目的は，どのように構成（質）され，どの程度達成（量）されているか。	対象の条件は，どのように管理（質）され，どの程度配置（量）されているか。	対象の活動は，どのように運営（質）され，どの程度効果（量）があるか。
利活用の状況（授業・開館等）			
児童生徒の状況（利用・貸出・読書・学力等）			

出所：堀川照代『学校図書館ガイドライン　活用ハンドブック　解説編』悠光堂，2018，p.102

いるか」，「対象の活動は，どのように運営（質）され，どの程度効果（量）があるか」を評価すると整理されている。このように，学校図書館活用のプログラムに関する評価をするときには，ガイドラインや基準などを参考にし，学校の実状に合わせた評価項目の作成が必要になる。『学校図書館ガイドライン』（文部科学省，2016）の「（7）学校図書館の評価」では，「評価に当たっては，学校関係者評価の一環として外部の視点を取り入れるとともに，評価結果や評価結果を踏まえた改善の方向性などの公表に努めることが望ましい」とある。司書教諭は評価結果を学校評価の一環として学校の内外に公表し，次年度の計画の立案へと生かすことまで視野に入れていきたい。

また，ICT の進展により，学校図書館の情報・資料やそれらの提供の仕方，さらには学校図書館の環境整備などが多様になってきていた。司書教諭は，情報教育担当者をはじめ校内の教職員と連携しつつ，学習／教育活動を支えるインフラとしての学校図書館を構築し，「学習の基盤となる資質・能力の育成」につながる「読書教育」「情報リテラシー教育」の推進役を務めていきたい。

4 まとめ

学習指導と学校図書館の最終章では，学校教育のインフラとして学校図書館が存在し機能していることをまとめた。「情報・資料のインフラ」「学びのインフラ」としての学習／教育活動を支えていくためにも，司書教諭のコーディネーターとしての役割を重要視したい。

そこで司書教諭が重点をおきたいのは，学校図書館が学習の基盤となる資質・能力の育成に関わっていることから，学校図書館機能をカリキュラムに位置付けることである。そのために専ら図書館業務を担当する学校司書との連携は欠かせない。

次に重点をおきたいのは，学校図書館の評価を計画的に行うことである。「教員の指導の改善」や「児童生徒の学習意欲の向上を図る」ためにも，学校評価の一環として，学校図書館の評価を進めていきたい。

このように，学習／教育活動を支えるインフラとしての学校図書館を校内で構築できるような役割を司書教諭が担うためには，司書教諭自身の自己研鑽に加え，「司書教諭及び学校司書の配置の充実やその資質・能力の向上」を視野に入れた自治体での推進計画が必要である。

■ 理解を確実にするために

1 次の用語を説明しましょう。

①総括的評価と形成的評価

②学校図書館ガイドライン

③学校図書館評価基準

2 次の問いに答えましょう。

学校図書館の評価を行うときの3つの側面の目的と方法を説明しましょう。

■ 理解を深めるために

① 堀川照代『学校図書館ガイドライン　活用ハンドブック　実践編』悠光堂，2019

■ 参考文献

①アメリカ・スクール・ライブラリアン協会編，全国SLA海外資料委員会訳・渡辺信一他（監訳）『シリーズ学習者のエンパワーメント第1巻「21世紀を生きる学習者のための活動基準」』公益社団法人 全国学校図書館協議会，2010

②アメリカ・スクール・ライブラリアン協会編，全国SLA海外資料委員会訳・渡辺信一他（監訳）『シリーズ学習者のエンパワーメント第2巻「メディアプログラムのためのガイドライン」』公益社団法人 全国学校図書館協議会，2010

③公益社団法人 全国学校図書館協議会「学校図書館評価基準」2008, https://www.j-sla.or.jp/material/kijun/post-44.html2021/1/8参照

④佐藤敬子『楽しく進める学び方の指導』公益社団法人 全国学校図書館協議会，2016

⑤堀川照代『学校図書館ガイドライン　活用ハンドブック　解説編』悠光堂，2018
⑥文部科学省『これからの学校図書館担当職員に求められる役割・職務及びその資質向上方策等について（報告）』同協力者会議，2014. 3，https://www.mext.go.jp/b_menu/shingi/chousa/shotou/099/houkoku/1346118.htm2021/1/8参照

索引

●配列は五十音順。

●あ　行

アイゼンバーグ（Mike Eisenberg）　106
アセスメント　308
アメリカ学校図書館協会（American Association of School Librarians：AASL）　102
アメリカ図書館協会（American Library Association：ALA）　102
アンケート　185
案内表示（サイン）　177
インタビュー　185
インフォメーションファイル　280
ウェビング　154
EdTech　19
X チャート　195, 202, 203
LL ブック　243, 244, 245, 246
奥付　187
オリエンテーション　167, 168, 289
オンライン・データベース　282
オンライン所蔵目録　176

●か　行

学習 / 教育活動のインフラ　297
学習指導要領　16, 17, 18, 25, 26, 27, 28, 29, 30, 31, 33, 34, 37, 40, 45, 66, 77, 78, 79, 80, 113, 120, 259, 299, 308
学習センター　38, 64, 120
学習の基盤となる資質・能力　300
学習評価　232, 308
拡大読書機　243
拡大図書　243
課題設定　68
学校司書　301
学校図書館ガイドライン　140, 315
学校図書館活用の評価　308
学校図書館担当職員　302
学校図書館の手引　97
学校図書館の評価　140
学校図書館評価基準　315
学校図書館法　22, 95, 119, 247, 301
学校図書館メディア・プログラム　103, 314
学校図書館利用指導　95
カリキュラム・マネジメント　27, 29, 42
仮の主張　216
カレントアウェアネスサービス　276
関係付けて考える　198
間接的支援　301
キー・コンピテンシー　12
GIGA スクール　19, 261
教育課程（カリキュラム）　142, 299, 300, 303
教育指導への支援　302
協働　138, 303
くま手図　207
クルトー（Carol. C. Kuhlthau）　104
クロス・カリキュラム　18
形成的評価　310
KWL シート　157
結論　217
言語能力　44, 51
コーディネーター　125
国際バカロレア　14
個に応ずる　44
個別最適な学び　21
根拠と結論（主張）　237
コンセプトマップ　195, 206
コンテンツサービス　293

コンピテンシー　11, 12, 104

●さ　行

サーチエンジン　177
参考図書　171, 172, 183
参考文献の書き方　226
三点決め　147, 148
思考・判断・表現　68
自己評価　233, 235, 312
質的なデータ　193
主体的・対話的で深い学び　28, 34
生涯学習　100
情報カード　188, 189
情報活用能力　66, 78, 112, 125, 126, 261
情報教育　261
情報源　186, 187, 221
情報検索　68
情報・資料のインフラ　301
情報センター　38, 40, 77, 120, 125
情報探索プロセス（Information Search Process : ISP）　105
情報と情報の関係　196
情報ニーズ　77, 275
情報リテラシー　79, 96, 122, 137, 289
情報リテラシー教育　125, 134, 139, 304, 307
序論　217
資料の読解　68
人格形成　44
シンキングツール　199
STEAM　18
墨字図書　243
請求記号　175, 176
全国学校図書館協議会（全国 SLA）　48, 97, 260, 280, 281
全体計画案　126, 127, 135, 303
全体を振り返った評価　236
総括的評価　310
総合的な学習の時間　31, 33, 36, 37, 78, 198
総合的な探究の時間　158
相互評価　233
Society5.0　11, 261

●た　行

体系表　100, 126
対面朗読　243
タブレット端末　261
探究的学習　68, 108
探究的な学習　31, 32, 78, 114
探究モデル（Inquiry Model）　108
チャット　282
直接的支援　302
DAISY 図書　243, 244, 245
データの活用　211
デジタル教科書　264
デジタルコンテンツ　263
電子書籍　272
電子メール　282
読書指導　44, 48, 50
読書センター　38, 39, 44, 46, 50, 52, 54, 120
特別支援教育　239
特別な教育的ニーズ　239
図書館間協力　277
図書館資料　115, 299
図書館の配置図　176
図書館利用教育　95
読解　64, 68
読解力　44, 51

●な　行

なぜ・なにシート　219
21世紀型スキル　13
日本十進分類法（NDC）　167, 172, 173, 174
日本図書館協会　69, 279, 289
年間指導計画案　126, 127, 134, 136, 304

●は　行

パスファインダー　277, 289, 292, 294
バタフライチャート　201, 210
汎用的資質・能力　44, 85
PMI シート　236
比較して考える　198, 201, 202, 203
Big 6モデル（The Big 6）　106
百科事典　122, 123, 171, 172, 179
評価　140, 143, 232, 308
ピラミッドチャート　219, 220, 222
ファイル資料　169
フェイスシート　185
ブルーム（B. S. Bloom）　107
ブレーンストーミング　156
プレゼンテーション　203, 215, 220, 229
文章構成　216, 217
分類して考える　198, 200, 201
ベルコウィッツ（Robert E. Berkowitz）　106
ベン図　195, 203
ペンタゴンチャート　149, 150
ボーン図　208, 209
本論　217

●ま　行

まとめる　216
マトリックス表　195, 200, 203
学び方を学ぶ　100
学びのインフラ　301
マンダラート　153
メディア・プログラム　103
目次・索引　178
問題提起　217
問題発見・解決能力　64, 66

●や　行

ユネスコ学校図書館宣言　69, 71, 85
要約と引用　187

●ら　行

リーディングリテラシー　44, 51
リサーチガイド　157
利用指導　277
量的なデータ　193
リンク集　280
レファレンス　278, 282
レファレンス協同データベース　287
レファレンスサービス　275, 276, 278, 279, 284
レフェラルサービス　276
レポート　224, 225, 226, 227, 228, 229

●わ　行

Y チャート　195, 203

分担執筆者紹介

（執筆の章順）

福本　徹（ふくもと　とおる）

・執筆章→1

1971年　大阪府に生まれる
1992年　大阪大学基礎工学部情報工学科中退
1994年　大阪大学大学院基礎工学研究科情報工学分野博士前期課程修了
1994年　キヤノン株式会社入社
2003年　東京工業大学大学院社会理工学研究科人間行動システム専攻博士後期課程修了
2005年　国立教育政策研究所研究員（常勤）
現在　国立教育政策研究所生涯学習政策研究部総括研究官
専攻　情報教育　教育課程　特別支援教育
主な著書　『資質・能力』（共著）　東洋館出版社　2016
『読書教育の方法』（共著）　学文社　2015
『特別支援教育のアクティブ・ラーニング』（共著）　ジアース教育新社　2017
『育成を目指す資質・能力を踏まえた教育課程の編成』（共著）　ジアース教育新社　2018
『図書館と学校が地域をつくる』（共著）　学文社　2016
『「少ない時数で豊かに学ぶ」授業のつくり方 脱「カリキュラム・オーバーロード」への処方箋』（共著）　ぎょうせい　2021

今井　福司（いまい・ふくじ）

・執筆章→2

1980年　神奈川県に生まれる
2003年　横浜市立大学国際文化学部卒業
2006年　東京大学大学院教育学研究科修士課程修了
2010年　東京大学大学院教育学研究科博士課程満期退学
　東京大学大学院教育学研究科生涯学習基盤経営コース特任研究員，白百合女子大学共通科目講師を経て
現在　白百合女子大学基礎教育センター准教授
学位　博士（教育学）（東京大学）
専攻　図書館情報学
主な著書　『日本占領期の学校図書館』（単著）　勉誠出版　2016
　『学校図書館への招待』（共著）　八千代出版　2017
　『学校図書館への研究アプローチ』（共著）　勉誠出版　2017
　『学校図書館メディアの構成』（共著）　樹村房　2016

庭井　史絵（にわい・ふみえ）

・執筆章→6・14

1972年　兵庫県に生まれる
1997年　関西大学文学部卒業
2001年　慶應義塾大学大学院文学研究科図書館・情報学専攻修士課程修了
2017年　青山学院大学大学院教育人間科学研究科博士後期課程修了
2001年　慶應義塾普通部司書教諭を経て，
現在　青山学院大学教育人間科学部教育学科　准教授
学位　修士（図書館・情報学），博士（教育学）
専攻　図書館情報学
主な著書　『学校図書館への研究アプローチ（わかる！図書館情報学シリーズ，第４巻）』（共著）　勉誠出版　2017
　『学校図書館メディアの構成（朝日奈大作監修．司書教諭テキストシリーズ２）』（共著）　樹村房　2016

編著者紹介

塩谷　京子（しおや・きょうこ）

・執筆章→7・8・9・10・11・15

1955年　静岡県に生まれる
1978年　静岡大学教育学部卒業
　静岡県公立小学校教諭・司書教諭
2006年　静岡大学大学院情報学研究科修士課程修了
2010年　関西大学初等部専任教諭・司書教諭／中高等部兼務
2016年　関西大学大学院総合情報学研究科博士課程修了，博士（情報学）
現在　放送大学客員准教授，アシスト工房 sky 代表，キャリアコンサルタント
専攻　情報社会学
主な著書　『探究の過程におけるすぐ実践できる情報活用スキル55—単元シートを活用した授業づくり』（単著）　ミネルヴァ書房　2019
『増補改訂版　10分で読める伝記』全6巻（監修）　学研プラス　2019
『小学校　明日からできる！読書活動アイデア事典』（共著）明治図書出版　2018
『司書教諭の実務マニュアル　シオヤ先生の仕事術』（単著）明治図書出版　2017
『学校図書館への研究アプローチ（わかる！図書館情報学シリーズ　第4巻）』（共著）　勉誠出版　2017
『すぐ実践できる情報スキル50　—学校図書館を活用して育む基礎力』（単編著）　ミネルヴァ書房　2016
『改訂新版　学習指導と学校図書館』（共著）　放送大学教育振興会　2016
『探究的な学習を支える情報活用スキル—つかむ・さがす・えらぶ・まとめる』（単著）　全国学校図書館協議会　2014
『司教教諭が伝える言語活動と探究的な学習の授業デザイン』（共著）　三省堂　2013
『しらべる力をそだてる授業！』（共著）　ポプラ社　2007
『学校図書館で育む情報リテラシー　—すぐ実践できる小学校の情報活用スキル30—』（共著）　全国学校図書館協議会　2007

鎌田　和宏（かまた・かずひろ）

・執筆章→3・4・5・12・13

1963年　東京に生まれる
1986年　東京学芸大学教育学部（初等教員養成課程社会科選修）卒業
1988年　東京学芸大学大学院修士課程教育学研究科（社会科教育専攻）修了
東京都公立学校教諭，東京学芸大学附属世田谷小学校，筑波大学附属小学校教諭を経て
現在　帝京大学教育学部　教授
専攻　教育方法学，社会科教育学，情報リテラシー教育論
主な著書　『教室・学校図書館で育てる　小学生の情報リテラシー』（単著）　少年写真新聞社　2007
『先生と司書が選んだ　調べるための本　小学校社会科で活用できる学校図書館コレクション』（共著）　少年写真新聞社　2008
『入門　情報リテラシーを育てる授業づくり』（単著）　少年写真新聞社　2016
『シリーズ学校図書館学 3　学習指導と学校図書館』（分担執筆）　全国学校図書館協議会　2011
『探究学校図書館学 3　学習指導と学校図書館』（編著）　全国学校図書館協議会　2020
『移行期からはじめる新しい社会科の授業づくり　3～6年』（共著）　日本標準　2009
『小学校　新教科書　ここが変わった　社会』（単著）　日本標準　2020

放送大学教材　1291955-1-2211（テレビ）

学習指導と学校図書館

発　行　　2022年６月20日　第１刷
編著者　　塩谷京子・鎌田和宏
発行所　　一般財団法人　放送大学教育振興会
〒105-0001　東京都港区虎ノ門1-14-1　郵政福祉琴平ビル
電話　03（3502）2750

市販用は放送大学教材と同じ内容です。定価はカバーに表示してあります。
落丁本・乱丁本はお取り替えいたします。

Printed in Japan　ISBN978-4-595-32361-4　C1300